Thea Leitner
Spiele nicht mit meinem Herzen

Zu diesem Buch

Liebe – ein ewig junges und bewegendes Thema. Thea Leitner spürt dem Phänomen und seinen ungeahnten Aspekten in fünf Liebesgeschichten prominenter Paare aus der Literaturgeschichte nach. War der gehörnte Ehemann von Caroline Lamb ein größerer Liebhaber als ihr Galan, der bisexuelle Lord Byron? Hat Gustave Flaubert wirklich die eigene Mutter seiner Geliebten und Muse Louise Colet vorgezogen und sie nur als Romanvorlage seiner »Madame Bovary« mißbraucht? Trieb die schöne Sophie von Löwenthal ihren platonischen Liebhaber Nikolaus Lenau in den Wahnsinn? Und nützte Gabriele d'Annunzio seine Geliebte, die gefeierte Schauspielerin Eleonora Duse, nur finanziell oder auch für sein Werk aus? Was machte dagegen die Ehe zwischen Alice von Herdan und Carl Zuckmayer so glücklich? Die Autorin gewährt profunde Einblicke in den Verlauf dieser außergewöhnlichen Romanzen und bietet unterhaltsam erzählte Biographien.

Thea Leitner, geboren in Wien, studierte Malerei, Kunstgeschichte und Sprachen und arbeitete als Journalistin. Nach zahlreichen Kinder- und Jugendbüchern gelang ihr mit »Habsburgs verkaufte Töchter« und weiteren Büchern zur österreichischen Geschichte der Sprung auf die Bestsellerlisten. Thea Leitner lebt heute als freie Autorin in ihrer Geburtsstadt.

Thea Leitner
Spiele nicht mit meinem Herzen
Fünf Geschichten von der Liebe

Mit 16 Schwarzweißabbildungen

Piper München Zürich

Von Thea Leitner liegen in der Serie Piper außerdem vor:
Habsburgs verkaufte Töchter (1827)
Fürstin, Dame, Armes Weib (1864)
Habsburgs vergessene Kinder (1865)
Skandal bei Hof (2009)
Die Männer im Schatten (2324)

Ungekürzte Taschenbuchausgabe
Piper Verlag GmbH, München
Mai 2000
© 1998 Verlag Carl Ueberreuter, Wien
Umschlag: Büro Hamburg
Stefanie Oberbeck, Katrin Hoffmann
Umschlagabbildung: E. Kaulbach
(»Porträt Eleonora Duse«, um 1880;
Bildarchiv Preußischer Kulturbesitz)
Druck und Bindung: Clausen & Bosse, Leck
Printed in Germany   ISBN 3-492-23004-0

Inhalt

Protokoll eines Scheiterns
7

»Liebe ist meine Sache nicht«
Caroline Lamb (1785–1828) und George Gordon Byron
(1788–1824)
9

»Spiele nicht mit meinem Herzen«
Sophie von Löwenthal (1810–1889) und Nikolaus Lenau
(1802–1850)
57

»Kümmern ihn denn meine Tränen?«
Louise Colet (1810–1876) und Gustave Flaubert (1821–1880)
99

»Liebe, die alles verschlingt«
Eleonora Duse (1858–1924) und Gabriele d'Annunzio
(1863–1938)
155

»Liebe ist die größte Seelenkraft«
Alice von Herdan (1901–1991) und Carl Zuckmayer (1896–1977)
201

Literaturverzeichnis
275

Bildnachweis
277

Dem bezaubernden Liebespaar
Eva und Walter
herzlich zugeeignet

Was wissen wir ... von den Leiden und Nöten der Liebenden?
Viele weinen heimlich miteinander, wenn sie allein sind,
andere quälen sich und finden nur im Krampf der Versöhnung
zusammen. Manche sind stumm und glücklich.
Carl Zuckmayer (Aus dem Roman »Salwàre oder
Die Magdalena von Bozen«).

Protokoll eines Scheiterns

Ich war fünfzehn oder sechzehn, als ich folgende, auf einen Tanzstundenjüngling gemünzte, seelentriefende Zeilen in mein Tagebuch schrieb:
Ich möcht' mich einmal ganz Dir schenken,
ich möchte einmal nichts mehr denken
nur als dies:
Nimm mich hin
wie ich bin,
so, daß nichts mein Eigen bliebe
als, Dich liebend, meine Liebe.

Als es meine Mutter las – Mütter hatten damals noch keine Hemmungen, in den Tagebüchern ihrer Töchter zu stöbern –, hat sie mir fast den Kopf abgerissen und mir ein »Absinken von Stufe zu Stufe« prophezeit. Mütter sahen zu meiner Jugendzeit in jedem harmlosen Flirt die Gefahr des jungfräulichen Ehrverlustes, einer skandalösen Schwangerschaft sowie den unausweichlichen Absturz in die Gosse.

Ich ließ also vorsichtshalber das Dichten sein, wandte mich dem weniger verfänglichen Beruf der Journalistin zu – aber das Phänomen Liebe hat mich nie mehr losgelassen.

Trotz zweier Ehen – einer weniger geglückten und einer sehr geglückten –, trotz zahlloser leidenschaftlicher, dramatischer, todtrauriger Liebesgeschichten, die sich im Laufe der Jahre in meinem näheren und weiteren Umfeld abgespielt haben, war es mir nicht gelungen, das Rätsel der Liebe zu lösen.

So beschloß ich, dem Mysterium systematisch zu Leibe zu rücken und ihm auf dem Weg über die Biographien von Dichterinnen und Dichtern auf die Spur zu kommen, in der Meinung, daß dermaßen hochsensible Persönlichkeiten einen genaueren Einblick in die Wurzeln und Wunder der Liebe geben könnten – und wie sich die Einstellung dazu im Laufe der Zeit verändert hat. Darum wählte ich fünf Paare aus der Spanne zwischen 1785 und 1991 aus. Es war eine überlange, zeitweise vergnügliche, zeitweise sehr schwierige Recherche. Und was ist dabei herausgekommen?

Herausgekommen sind Binsenweisheiten, deren ich ohnehin schon seit Jahrzehnten teilhaftig bin:
• Zumeist wird sexuelle Leidenschaft mit Liebe verwechselt, was dann zu stürmischen, verletzenden Trennungen führt.
• Die Leidenden, die Angeschmierten und Ausgebeuteten sind vorwiegend Frauen.
• Eine durch die Jahre haltbare Beziehung fordert viel Toleranz und gegenseitiges Einfühlungsvermögen.
• Zeiten der extremen Existenznot können den festesten Kitt für eine Partnerschaft bilden.

Bei meiner Spurensuche nach dem Wesen der Liebe bin ich kläglich gescheitert. Dennoch hoffe ich, ein spannendes, unterhaltsames und vielleicht auch lehrreiches Buch geschrieben zu haben, nach dessen Lektüre jeder seine eigenen Gedanken zum Thema Nummer Eins fortspinnen kann.

Mein spezieller Dank gilt Frau *Maria W. Guttenbrunner-Zuckmayer* und Herrn *Univ.-Prof. Dr. Herbert Zeman,* die mit großer Geduld meine vielen Fragen beantwortet haben, sowie *Maria Jonas:* Ohne ihre Mithilfe wäre ich in schwierigen Zeiten mit meiner Arbeit kaum zu Rande gekommen.

Thea Leitner

»Liebe ist meine Sache nicht«

Caroline Lamb (1785–1828) und George Gordon Byron (1788–1824)

Im Januar 1812 überreichte Samuel Rogers einer jungen Dame aus seinem Bekanntenkreis, Lady Caroline Lamb, die druckfrische Erstausgabe eines epischen Gedichts mit dem Titel »Childe Harold's Pilgrimage«.

»Sie müssen es unbedingt lesen«, sagte er. Zögernd nahm sie das Buch, dessen Autor, ein gewisser George Gordon Byron, ihr gänzlich unbekannt war, las es und war überwältigt.

»Ich muß den Dichter kennenlernen«, bestürmte sie Rogers, »ich sterbe, wenn ich ihn nicht kennenlerne.«

»Aber«, wandte er mit einem maliziösen Lächeln ein, »er hat einen Klumpfuß und kaut Fingernägel.«

»Und wenn er so häßlich wäre wie Äsop, ich will und muß ihn kennenlernen«, entgegnete sie.

Bei nächster Gelegenheit nahm Rogers Lady Caroline zu einer Gesellschaft mit, die auch der Dichter beehren wollte. Sie kamen verspätet. Der Salon des Hauses quoll über vor Menschen, im Mittelpunkt ein Jüngling von düsterer Schönheit, umringt von einer aufgeregt gackernden Schar Damen jeglichen Alters: Lord George Gordon Byron.

Caroline warf einen Blick auf die bunte Szene, drehte sich auf dem Absatz um und lief aus dem Haus. Am selben Abend schilderte sie die Episode in ihrem Tagebuch, und im Hinblick auf Byron vermerkte sie: »Bad, mad and dangerous to know.« (Böse, verrückt und gefährlich, ihn zu kennen.)

Was wie der Schlußpunkt unter ein Ereignis wirken könnte, das im Grunde gar nicht stattgefunden hat, war der Beginn einer monströsen Liebesaffäre. Sie dauerte in Wirklichkeit nur zwei Monate, trug aber entscheidend zum Ruin sowohl der Frau als auch des Mannes bei und ist auch heute noch, zumindest in England, so gegenwärtig wie die Geschichte von Romeo und Julia. Das skandalumwitterte Paar gilt als Inkarnation sündiger Liebe und schockierenden Betragens. Aber wenn ein Mann als »Byronic« bezeichnet wird, eine Frau als »Carolinish«, dann schwingen auch stets Spuren von lüsternem Neid mit.

Byron und Caroline gehörten der nur wenige hundert Personen umfassenden Schicht der Hocharistokratie an, die über alle Macht und alles Vermögen im Lande verfügte; abgehoben vom gemeinen Volk frönte sie – unter dem Deckmantel äußerster Ehrbarkeit – einem Lebensstil, der wenig mit den herkömmlichen Vorstellungen von Ethik, Sitte und Moral zu tun hatte. Byron und Caroline waren zugleich Nutznießer und Opfer dieser durch und durch morbiden Gesellschaft, die schon beider Jugend entscheidend beeinflußt und zerstört hatte. Letzten Endes waren sie zwei verlorene Kinder, auf der ewigen Suche nach einer Liebe, die sie nie erfahren hatten und die zu finden ihnen nicht gegeben war ...

Caroline, zeitlebens Caro gerufen, wurde am 13. November 1785 als Tochter von Frederick Ponsonby, Dritter Earl von Bessborough, und seiner Frau Henrietta, geborene Lady Spencer, im elterlichen Palais in London geboren. Sie schien kaum lebensfähig, und auch ihre Mutter befand sich in (angeblich) besorgniserregendem gesundheitlichen Zustand. So wurde beschlossen, daß Mutter und Kind einige Zeit im gesünderen italienischen Klima verbringen sollten.

Mag sein, daß Lady Henrietta wirklich das Wohl Caros im Auge hatte, mag aber auch sein, daß sie einen Vorwand suchte, sich für einige Zeit von ihrem Gemahl zu trennen. Die Ehe der Ponsonbys wurde durch Konvention mit Mühe zusammengehalten. Jeder ging seine eigenen Wege, jeder hatte seine eigenen Interessen und, vor allem, seine eigenen Amouren. Die vier Kinder, drei Jungen und das Mädchen Caro, spielten in der Beziehung so gut wie keine Rolle, schon gar nicht Caros verzweifelte Anhänglichkeit an den »Engel, meine Mutter«, wie sie sie zu nennen pflegte.

Der »Engel«, die Mutter, genas im milden Klima Italiens sehr schnell und machte sich bald zurück auf den Weg nach London. Caro mußte, nur von einer einfachen Kinderfrau betreut, in der Fremde bleiben – volle neun Jahre lang! Dann erst gefiel es den Eltern, ihre einzige Tochter zurückzuholen, und sie waren außer sich, als sie statt einer vollkommenen kleinen Lady eine von jeglicher Bildung unbefleckte kleine Wilde zurückbekamen, die wie ein Junge gekleidet war und die Manieren eines ungezogenen Buben an den Tag legte.

Der »Engel«, die Mutter, fühlte sich außerstande, des befremdlichen Wesens Herr zu werden – außerdem war sie schon wieder in eine heftige außereheliche Liebschaft mit einem zwölf Jahre jüngeren Mann verwickelt. Nichts Besseres fiel ihr ein, als Caro in die Obhut ihrer Schwester Georgina, Herzogin von Devonshire, zu geben, berühmt für ihre Schönheit, berüchtigt für ihre zahllosen Liaisons, allerdings nur mit Herren der ersten Garnitur, wie etwa Charles James Fox, einem der bedeutendsten Staatsmänner seiner Zeit, oder George, Prinz von Wales. Der Herzog von Devonshire nahm seiner Georgina gar nichts krumm. Er tröstete sich mit der lieblichen Lady Elizabeth Forster, die viele Jahre mit dem Herzog und der Herzogin in einer glücklichen Ménage à trois lebte.

In diesem Haus der fröhlichen Sünde verbrachte Caro die entscheidende und prägende Zeit ihrer Kindheit, unbeachtet und ungeliebt, eher mitgeschleppt als wirksam erzogen. So hat sich, zum Beispiel, niemand darum gekümmert, sie lesen und schreiben zu lehren. Erst mit zwölf Jahren brachte sie es sich mehr oder minder selber bei, denn ihre Intelligenz lag, was lange niemandem auffiel, weit über dem Durchschnitt.

Caro war, als sie zu Tante und Onkel kam, für ihr Alter viel zu klein und viel zu zart, im Wesen aber zügellos und ungebärdig, jederzeit bereit, sich auf den Boden zu werfen und wüste Flüche auszustoßen, vorwiegend auf italienisch.

Der Versuch, sie in einem Internat für adelige Töchter zu disziplinieren, scheiterte bereits nach wenigen Tagen. Es war Caros besorgte Großmutter, Lady Spencer, die auf die Idee kam, das Kind einem Arzt zur Begutachtung vorzuführen.

Dr. Warren untersuchte die Kleine gründlich. Wenn wir die Diagnose des Arztes betrachten, dann will es scheinen, als wäre sie von einem modernen Psychologen und nicht von einem durchschnittlichen Mediziner des 18. Jahrhunderts erstellt worden. Dr. Warren erkannte hochgradige Nervosität und ungewöhnliche Phantasie, außerordentliche intellektuelle Begabung an der Grenze zur Genialität. Was Caro dringend brauche, das sei eine Atmosphäre der Ruhe und der Beständigkeit, vor allem aber Liebe und Zuwendung. Goldene Worte. Sie verhallten ungehört.

Von dem Augenblick an, da sie der Lektüre mächtig war, vergrub sie sich hemmungs- und richtungslos in alles, was zwischen zwei Buchdeckeln aufzutreiben war, und sie begann schon bald, kleine Verse zu dichten, die jedermanns Gefallen fanden.

Da sie von all dem, was sie sich angelesen hatte, nichts bei sich behalten konnte, versuchte sie jeden Erwachsenen, der ihr über den Weg lief, in Gespräche über Kunst und Literatur zu verwickeln – ziemlich erfolgreich, übrigens. Der Herzog war entzückt von dem frühreifen Kind, und selbst Charles James Fox, der große Staatsmann und Liebhaber der Tante, war sich nicht zu gut, der Kleinen politische Zusammenhänge zu erläutern. Zum Abschluß dieser »tiefsinnigen« Gespräche tranken beide auf das Wohl des anderen, Fox aus seinem Weinglas, Caro aus einer großen Tasse Milch.

»Salons, Spiegel, schöne Kleider und Gesellschaften waren mir ein Greuel«, hielt Caro später fest. Ihre zweite große Leidenschaft waren, neben den Büchern, die Pferde. Ihre wilden Ausritte hätten einer besorgten Mutter oder Tante Angstschauer über den Rücken gejagt, doch es gab niemanden, der sich um Caro Sorgen machte.

Allgemeine Aufmerksamkeit begann sie mit fünfzehn, sechzehn Jahren zu erregen. Sie wirkte zwar noch immer wie ein halb entwickelter Knabe, aber ihre dunklen Augen schienen immer größer, strahlender und geheimnisvoller zu werden. Obwohl sie nicht einmal den Ansatz eines Busens zeigte, drehten sich die Jungen nach ihr um. Selbst ältere Herren schwärmten von der kleinen Caro, die bald begriffen und verinnerlicht hatte, daß sie mit den Waffen einer Frau wesentlich mehr an Zuneigung erlangen konnte als durch rüpelhaftes Benehmen.

Auch mit achtzehn war ihre Figur ausgesprochen kindlich, aber sie bewegte sich mit der Anmut einer Elfe; am meisten gerühmt wurde ihre Stimme mit dem ganz ganz leisen Anklang eines süßen Lispelns: »Sie ist sanft, tief, zärtlich und macht einen beträchtlichen Teil ihrer Faszination aus. Selbst ihre Gegner beruhigen sich in dem Moment, da sie Carolines Stimme vernehmen«, schreibt einer ihrer zahllosen Bewunderer.

Caro stieg kometenhaft zum Stern der großen Salons auf. Junge Männer belagerten sie um einen Tanz, ein freundliches Wort, einen gemeinsamen Ausritt. Sie blieb distanziert, verteilte ihre Gunst gleichermaßen und gerecht, und als einer ihrer heftigsten Verehrer, der sechs Jahre ältere Cousin William Lamb aus dem edlen Stamm der Viscounts von Melbourne, ihr einen Antrag machte, sagte sie nein. Wohl im Hinblick auf die katastrophale Ehe ihrer Eltern und das wenig erfreuliche Vorbild von Tante und Onkel meinte sie, vielleicht sei sie gar nicht zur Heirat geschaffen. Auf Williams Drängen stimmte sie zu, es sich vielleicht noch einmal überlegen zu wollen.

Genau ein Jahr später gab sie plötzlich nach – wieso und warum, blieb ihr Geheimnis –, und so heirateten die beiden am 3. Juni 1805, da war Caro noch nicht ganz zwanzig Jahre alt. »Sie wirkte nervös, aber glücklich, er scheint sie anzubeten«, berichtet eine Verwandte von der glanzvollen Hochzeit. Caro hat später erzählt, daß sie am »schönsten Tag im Leben einer Frau« haltlos geweint, ihre Brautrobe zerrissen und schließlich die Besinnung verloren hätte.

Was sie nicht publik machte, kann man zwischen den Zeilen eines Briefes erahnen, den ihre Mutter wenige Tage nach der Hochzeit geschrieben hat: »Anscheinend hat die Erfahrung der körperlichen Liebe die junge Frau zutiefst schockiert. Die arme Caro ist sehr krank«, berichtet Lady Henrietta, »sie will niemanden sehen, nicht einmal mich.«

Das Paar übersiedelte für die Sommermonate nach Brocket Hall in Nottinghamshire, dem Landsitz der Familie Melbourne. Bei Spaziergängen und stundenlangen Ausritten erlangte Caro ihr Gleichgewicht wieder. Die Mutter allerdings fand ihre Tochter »blaß, nicht sehr gesund – alles andere als eine erwachsene Frau. Sie gleicht vielmehr einem Schulmädchen«.

Mit überraschendem Elan stürzte sich Caro jedoch in das winterliche Gesellschaftsleben. Sie vertrieb aus dem altehrwürdigen Melbourne House die feierliche Steifheit, sie ließ, an der Seite ihres blendend aussehenden Mannes, keine Party, keinen Ball, keinen Theaterbesuch aus. London lag ihr zu Füßen, denn sie war witzig und originell, in ihrer Gesellschaft gab es keine langweilige Minute. Auch der Prinz von Wales erlag ihrem Zauber und bot ihr an, Taufpate ihres ersten Kindes zu werden.

Dazu kam es vorerst nicht: Am 31. Januar 1806 brachte Caro einen toten Jungen zur Welt. Zuviel getanzt, zuviel gefeiert, zuviel geritten ... Zwei Monate später starb Caros Tante Georgina, die tolle Herzogin von Devonshire, die auf ihre leichtfertig-zärtliche Art doch so etwas wie ein Mutterersatz gewesen war. Caro verfiel zeitweise in tiefe Schwermut, um dann noch rastloser allerlei Vergnügungen nachzuhetzen.

Die Vermutung ist nicht von der Hand zu weisen, daß Caro auch zunehmend unter der scheinbaren Gefühlskälte ihres Mannes gelitten hat. William Lamb war ansehnlich und geistreich, amüsant und gutherzig, besaß aber, zumindest in den Augen seiner Frau, einen entscheidenden Fehler: eine stoische Gelassenheit, die gelegentlich an Apathie zu grenzen schien. Toleranz am Rande der Ignoranz.

Sosehr er seine Frau geliebt hat – und er muß sie, wie wir später sehen werden, bis an die Grenze der Selbstaufgabe geliebt haben – so wenig zeigte er Eifersucht auch nur in Spuren. »Ich kann ausgehen, mit wem ich will, ich kann flirten, mit wem ich will. Er kümmert sich überhaupt nicht um meine Moral«, klagte Caro in ihrem Tagebuch.

Das kleine Mädchen, das sie noch immer war, das kleine Mädchen, das die Leichtlebigkeit von Mutter und Tante verabscheut und sich nach einem lauteschlagenden Ritter gesehnt hatte, dieses kleine Mädchen war zutiefst enttäuscht. Aber was verlangte sie von William, der in einer ebenso zügellosen Atmosphäre aufgewachsen war wie sie selbst? Es war ein offenes Geheimnis, daß er nicht der leibliche Sohn des Lord Melbourne war, sondern der Sprößling eines Earl of Egremont; sein Bruder George hatte den ehemaligen Prinzen von Wales, jetzt Georg III., zum Vater. Hat William Lamb sich eherne Gelassenheit als Schutzschild vor seelischen Verletzungen anerzogen?

Beide, Caro wie William, begrüßten die Geburt ihres Stammhalters Augustus am 29. August 1807 mit der gleichen Freude. Das vielbestaunte Kind war riesig, fast unglaublich, daß es diesem noch immer kindlich wirkenden Leib der Mutter entsprossen war. Vom frühen Nachmittag bis zum nächsten Morgen dauerte die überhitzt fröhliche Taufparty, bei der sich alles um den hochwohlgeborenen Godfather, den Prinzen von Wales, drehte. Er hatte sein Versprechen eingelöst und Caros ersten Sohn übers Taufbecken gehalten.

Das Kind in Caro wurde übermächtig in ihrer Begeisterung über das Baby. Sie schleppte es buchstäblich überall mit sich herum, von jedermann überschäumende Bewunderung für dieses einmalige Gottesgeschenk heischend. Sogar bei den Ausritten hatte sie Klein Augustus bei sich auf dem Schoß. Allerdings galoppierte sie nicht, wie gewohnt, sondern ließ das Pferd von einem Pagen am Zügel führen.

Die offensichtliche Wonne schlug in schieres Entsetzen, später in steinerne Resignation um, als sich der Knabe zwar körperlich prächtig entwickelte und seinem stattlichen Vater immer ähnlicher wurde, sein Geist aber kaum Fortschritte machte. Tatsächlich blieb Augustus bis ans Lebensende (1836) höchstens auf dem geistigen Niveau eines Fünf- bis Sechsjährigen.

Caros labiles Gemüt kippte wieder auf die melancholische Seite, und schließlich fand sie Halt im Glauben. Sie ergab sich – intensivst, wie bei allem, was sie unternahm – dem Bibelstudium und ließ keinen Gottesdienst, keine Erbauungsstunde in der Kirche aus. William, ratlos, ließ sie gewähren und begann sich seiner politischen Karriere zu widmen, die ihn in nicht allzu ferner Zukunft zum Staatsminister und schließlich zum Premier machen wird.

Das Ehepaar, darüber besteht kein Zweifel, lebte sich auseinander, sie hatten einander nicht mehr allzuviel zu sagen – aber was William eines Nachts in einem Anfall von Zynismus (oder aus Enttäuschung?) sagte, sollte verheerende Folgen haben. Kein Mann von Welt, so erklärte William seiner Frau, würde sie zu seiner Geliebten machen, da sie sexuell unterentwickelt sei. (Sie hat es unter Tränen im Tagebuch vermerkt.)

Nach einer weiteren Fehlgeburt gab sie mit einem Schlag die selbstgewählte Isolation auf und hängte sich an zwei Damen von zweifelhaftem Ruf, Lady Wellesley und Lady Oxford; letzterer werden wir im Laufe unserer Geschichte auf höchst merkwürdige Weise wiederbegegnen. Im Schlepptau der beiden hocharistokratischen Nymphen ließ sich Caro in zahllose Flirts ein: Welche Frau läßt sich schon gern nachsagen, »sexuell unterentwickelt« zu sein? Als sie ihrem Mann geheimnisvolle Andeutungen über ein verborgenes Liebesleben machte, erntete sie schallendes Gelächter.

Außer sich, gestattete sie demonstrativ die Annäherung von Sir Godfrey Wedderburn Webster, eines stadtbekannten Trinkers, Spielers und Verführers. Bis heute ist nicht geklärt, ob sie mit ihm ein Verhältnis hatte oder nur herausfordern, etwas »beweisen« wollte. Ihre Schwiegermutter, Lady Melbourne, jedenfalls glaubte es, und sie, die geübte Ehebrecherin, gab Caro gute Ratschläge mit auf den Weg: Eine Liaison sollte diskret abgewickelt werden, denn »eine verheiratete Frau muß wissen, daß sie durch Lässigkeit nicht nur die eigene, sondern auch die Ehre ihres Mannes gefährdet«. William war – was Caro zur Weißglut brachte – überzeugt, daß seine Frau nicht vom Pfad der ehelichen Tugend abgewichen war, verbot ihr aber den Umgang mit ihrem zwielichtigen Galan. Caro gehorchte auf der Stelle.

Das Gleichgewicht in der Ehe war scheinbar wiederhergestellt. Allerdings: William wurde immer ruhiger, Caroline immer rastlo-

Caroline Lamb mit Ehemann William Lord Melbourne

ser. Sie nahm, gleichgültig ob sie in Melbourne House in der Stadt weilte oder in Brocket Hall auf dem Land, wieder die Angewohnheit auf, stundenlang im gefährlichen Galopp dahinzujagen. Wenn sie sich ausgetobt hatte, war sie zärtlich und anschmiegsam wie ein kleines Kind; wenn die Unruhe sie unvermittelt packte, konnte sie William hysterische Szenen von gigantischem Ausmaß machen, wobei sie sich um so heftiger hineinsteigerte, je gelassener er reagierte.

Und dann kam Byron. Der Mann, von dem sie beim ersten Anblick sagte: »Bad, mad and dangerous to know« und über den sie wenige Wochen später schrieb »I never saw him more beautiful than yesterday, but it was the beauty of death.« (Niemals sah ich ihn schöner als gestern, es war aber die Schönheit des Todes.)

Wer war George Gordon Noel Lord Byron? Ein grober Wüstling und Frauenverächter? Ein mit den Unterdrückten Leidender?

Ein Menschenhasser? Ein Freiheitskämpfer? Ein Snob? Ein nach Liebe Dürstender? Der größte englische Dichter seit Shakespeare? »Ein ausgebildetes Talent ist Lord Byron und deswegen kaum ein anderes ihm vergleichbar«, urteilte Goethe, der in Byron – abgesehen von sich selbst – den hervorragendsten Dichter seiner Zeit sah. Der damals bekannte englische Romancier Robert Southey hingegen nannte ihn, voller Abscheu, den »Führer einer satanischen Schule«. Byron war alles davon und noch viel mehr. Vor allem aber war er das Produkt der wildbewegten Geschichte seiner Familie und seiner eigenen widersprüchlichen Anlagen: Ein Jahrhundertgenie im Kerker eines verkrüppelten Körpers, das am Ende seines kurzen Lebens sagte: »Ich bereue nicht die wenigen Sünden, die ich begangen habe, sondern die vielen, die ich nicht begangen habe.«

Byron entstammte einer alten normannischen Adelsfamilie, die noch den Namen Burun trug, als sie 1066 mit Wilhelm dem Eroberer nach England kam und seither der Krone eng verbunden blieb. Sie hat große Feldherren und große Abenteurer hervorgebracht, Schürzenjäger und Geldvernichter. Byron selbstkritisch: »In mir ist ... das Blut meiner Vorfahren. Es ist lächerlich zu bestreiten, daß unsere Passionen vererbt sind, ebenso wie Podagra oder eine andere Krankheit.«

Byrons Großvater, Admiral John Byron, war einer der bedeutendsten Abenteurer und Weltumsegler seiner Zeit. Dessen Bruder und Chef des Hauses, Lord William Byron, bewohnte das Stammschloß der Familie, Newstead Abbey, ein riesiges ehemaliges Augustinerkloster in Nottinghamshire, das Heinrich VIII. einem Vorfahren geschenkt hatte. Der Lord schien seine Lebensaufgabe darin zu sehen, den Byronschen Besitz systematisch zu vertilgen.

Byrons Vater John, der Sohn des berühmten Admirals, hatte außer Spielen und Lieben nichts im Sinn. Nachdem er das Vermögen seiner frühverstorbenen ersten Frau schneller verschleudert hatte, als die Trauerzeit währte, stand er mit einer kleinen Tochter namens Augusta ohne Mittel da, brachte aber eine kleine dicke Dame aus schottischem Hochadel dazu, sich in ihn zu verlieben und ihn zu ehelichen. Catherine Gordon of Gighty, eng verwandt mit den königlichen Stuarts, war 23 000 Pfund schwer, damals ein Riesenvermögen. So groß konnte ein Besitz gar nicht sein – der »tolle Jack«, wie er allgemein genannt wurde, brachte auch diesen durch. Die letzten siebenhundert Pfund, die er seiner Frau abgepreßt hatte, verjubelte er gerade in Frankreich, als ihm am 22. Januar 1788 sein Sohn George in London geboren wurde.

Zwei Jahre lang wartete Catherine auf ihren Gemahl, dann packte sie ihre Kinder, die kleine Augusta und George, zusammen und begab sich unter die Fittiche ihrer Familie in Schottland. Noch einmal tauchte der Kindesvater kurz auf, entlockte seinem Weib dreihundert Pfund und entwich endgültig nach Frankreich. Dort starb er 1791, den Bettelstab als letzte Stütze.

Catherine wird nicht allzu traurig über den Tod ihres liederlichen Mannes gewesen sein. Was ihr wirklich Schmerz bereitete, war die Tatsache, daß ihr Sohn einen verkrüppelten Fuß hatte, vermutlich infolge der Ungeschicklichkeit einer Hebamme. Jahrelang quälte sie das Kind mit hölzernen Beuge- und Streckmaschinen, bis sie einsah, daß alle Mühe vergeblich war. In der Folge reagierte sie höchst zwiespältig auf die Leiden des Sohnes: Heute verwöhnte und verzärtelte sie ihn, morgen verhöhnte sie ihn als »lahmes Balg«. Ungerührt begegnete sie seinem hilflosen Zorn, er werde sich das »schmähliche Glied« abschneiden lassen.

Immerzu hat Byron gegen das absurde Schicksal rebelliert, ein edles Gesicht, einen zwar kleinen, nur 162 cm großen, aber ebenmäßigen Körper und dazu einen ständig schmerzenden Klumpfuß sein Eigen zu nennen. Kaum den Kinderschuhen entwachsen, kämpfte er mit verbissener Wut und bis an die äußersten Grenzen seiner Kraft gegen dieses Faktum und wurde ein Sportler von hohen Graden. Er focht, er boxte, er schwamm, er ritt wie kaum ein zweiter – sogar an Wettläufen nahm er mit verblüffendem Erfolg teil.

Das angeborene Leiden, die emotionalen Wechselbäder durch die Mutter trieben ihn früh in die Traumwelt der Bücher. Schon der Fünfjährige konnte fließend lesen, und mit üppiger Phantasie verfolgte er Taten sagenhafter Helden, reiste gedanklich in ferne Länder, gab sich dem Zauber des Orients hin – einem Zauber, der ihn nie mehr loslassen sollte.

Früh fühlte er sich zum weiblichen Geschlecht hingezogen – einem Kindermädchen folgte eine Cousine: da war er acht. Und als er sich, mit zwölf, zum zweitenmal unsterblich in eine andere Cousine verliebte, inspirierte diese ihn zu seinem ersten Gedicht. Tausende sollten folgen. Byron war einer Leidenschaft erlegen, die ihn nicht losließ und die er dennoch verachtete. »Wer würde schreiben, wenn er etwas Besseres tun könnte«, notierte er, denn er dürstete nach »Taten, Taten, Taten – nicht schreiben, reimen zuallerletzt ...«

1798 starb der Großonkel, William Byron. Der Titel ging auf den zehnjährigen Großneffen über – kaum mehr als ein Titel: Das Stammschloß Newstead Abbey war dem Verfall nahe, ansonsten hinterließ der alte Lord einen gigantischen Schuldenberg. Byrons Mutter und deren Familie mußten, mühsam genug, für die standesgemäße Erziehung des kleinen Lords aufkommen. In der traditionsreichen Eliteschule Harrow verbrachte Byron, nach eigenen Aussagen, die glücklichste Zeit seines Lebens. Es war ihm gelungen, den Respekt seiner Mitschüler durch enorme sportliche Leistungen zu erringen.

Ein einschneidendes Erlebnis des Fünfzehnjährigen sollte ihn für sein Leben prägen. Wieder einmal war er von einer heftigen Leidenschaft ergriffen, wieder war eine Cousine das Ziel seines Begehrens, Mary Chaworth, zwei Jahre älter als er. Es gefiel ihr, eine Weile mit ihm zu tändeln und Hoffnungen zu erwecken, eine Flut von Gedichten provozierend. Diese einzige, wahre Geliebte fügte dem Jungen einen scharfen Schmerz, eine niemals mehr verheilende Wunde zu, als sie lachend zu ihrer Zofe sagte: »Was soll ich bloß mit diesem kleinen Krüppel?« Er hörte es, hinter einer Tür verborgen, und er ließ alle Hoffnung fahren. Die Liebe, schrieb er seiner Halbschwester Augusta, der er sich seit frühester Kindheit verbunden fühlte, die Liebe sei nichts als fauler Zauber und Betrug.

Unmittelbar nach dieser Enttäuschung verbrachte er einige Ferientage auf dem Sitz seiner Ahnen, der an einen reichen Lord vermietet worden war. Dieser fand Gefallen an dem hübschen Jungen, dieser stieß sich nicht an dem »kleinen Krüppel«, dieser verführte den verstörten jungen Menschen. Byron löste sich zwar sehr bald aus den Armen des Liebhabers – sein Verhältnis zu den Frauen blieb aber für immer gestört.

In jener Zeit begann sich sein tastendes poetisches Schaffen in eine bestimmte Richtung zu entwickeln, die später als »Weltschmerz«-Literatur zum Begriff werden sollte.

Mit siebzehn ging er an die Universität von Cambridge, mehr weil es zum guten Ton unter Aristokraten gehörte, als um sich wirklich Wissen anzueignen. Nicht durch eifrige Studien, sondern vielmehr durch exzentrisches Auftreten machte er von sich reden. Er trug teure, an orientalischen Vorbildern ausgerichtete Garderobe, er hielt als Haustier einen kleinen Bären (Hunde waren auf dem Campus verboten), er pflegte eine homosexuelle Beziehung zu einem Chorknaben – ist aber auch, nach eigenem Bekenntnis, »faul und eingebildet geworden durch das Verseschmieden und Frauen den Hof machen«. Überdies gab es »Getöse und Trunkenheit ... Hasard und Burgunder. Jagd ... Aufruhr und Rennen«. Er genoß es – aufs äußerste gelangweilt. Die liebste Beschäftigung war das Ausgeben von Geld, das er nicht besaß, seine Schuldenmacherei war aller hemmungslos verschwenderischer Vorfahren ebenbürtig.

Den anderen Byron, der zarte, schwärmerische Gedichte schrieb, den lernten die Saufkumpane und willigen Gesellen seines ausschweifenden Lebens vorerst nicht kennen: Die ersten beiden Lyrikbände erschienen 1806 anonym, Zeugnisse einer empfindsamen Seele, die Liebe, Freundschaft, Harmonie in einer verklärt gesehenen Natur suchte. Flucht aus der Welt. Resignation. Und dann wieder scharfe Satire, böser, abgrundtiefer Zynismus. Die ersten Texte, die er, ein Jahr später, unter seinem Namen veröffentlichte, fanden geteilte Aufnahme: wohlwollende und ablehnende Kritiken hielten einander die Waage.

Mit einundzwanzig wurde Byron volljährig, verließ Cambridge ohne irgendeinen Abschluß und zog sich nach Newstead Abbey zurück, das er liebte. Ein altersschwacher Diener betreute ihn, ein kleiner Page und ein blutjunges Hausmädchen erfreuten sich abwechselnd der Zuneigung Seiner Lordschaft. Wenn er nicht die liebliche Hügellandschaft von Nottinghamshire durchwanderte oder, exzessiv wie immer, Sport betrieb, schrieb er Gedichte, bis er sich von Herzen zu langweilen begann. »Von Lust vergiftet lechzt er fast nach Qual, Veränd'rung sucht er, wär' es auch im Schattental ...«

Die Sucht nach Veränderung hatte indes auch einen zwingenden Grund: Byrons Verbindlichkeiten beliefen sich bereits auf 12 000 Pfund, nur sein hoher Adelstitel rettete ihn vor dem Schuldturm. Als Ausweg blieb allein die Flucht ins Ausland, getarnt als die in seinen Kreisen übliche »Kavalierstour«. Die zwei Jahre währende Reise wurde von einem Freund finanziert, der am Spieltisch unvermutet zu ungeheurem Reichtum gelangt war.

Am 2. Juli 1809 stach Byron in See, begleitet von einem Freund und einem fünfzehnjährigen Pagen. Über Portugal ging es nach Malta, wo Byron zum ersten Mal eine Affäre mit einer Dame der Gesellschaft hatte. Die österreichische Frau eines englischen Diplomaten ließ er weinend zurück, als er zu neuen Abenteuern aufbrach.

Albanien, Griechenland, Konstantinopel lagen auf der Route, die meist nur mit großen körperlichen Anstrengungen bewältigt werden konnte. Aber der fußlahme Dichter mußte sich immer wieder und immer mehr beweisen. Eines Tages durchschwamm er den Hellespont in einer Stunde und zehn Minuten. Er schreckte vor keinem Raufhandel mit den wilden Eingeborenen der fremden Länder zurück, und er sammelte gebrochene Mädchenherzen wie andere Leute seltene Pflanzen.

Eine große Leidenschaft begann sich damals allerdings für immer zu verfestigen: seine Liebe zu Griechenland.

Noch während er unterwegs war, begann er seine Abenteuer in Verse zu gießen: Sein erstes großes Werk, das ihn über Nacht weltberühmt machen sollte, trug den Titel »Childe Harolds Pilgerfahrt«.

Am 14. Juli 1811 kehrte er nach England zurück und übergab das Manuskript dem Verleger John Murray mit den hochmütigen Worten: »Es ist nicht wert, daß Sie sich damit beschäftigen, aber

Sie können es nehmen, wenn Sie wollen.« Und er fügte hinzu, daß er selbstverständlich kein Honorar nehmen werde. Es paßte offensichtlich nicht in sein versnobtes Weltbild, daß ein Lord um des schnöden Mammons willen den Musenkuß empfing.

Vierzehn Tage danach starb seine Mutter. Er mußte sich vierzig Pfund ausleihen, um überhaupt zum Begräbnis fahren zu können – an dem er dann doch nicht teilnahm. Reglos blieb er an der Kirchentür stehen und beäugte die Zeremonie von ferne.

Neun Monate später erschienen die beiden ersten Gesänge des umfangreichen Versepos und machten Sensation. 5000 Stück waren binnen eines Monats vergriffen, weitere Auflagen erschienen in rascher Folge, auch im übrigen Europa und in Amerika. Goethe in Weimar war aufs tiefste beeindruckt. Bis in unsere Zeiten der strategisch geplanten Bestsellerhysterie gibt es kein Gegenstück zum naturgewaltig explodierenden Ruhm, der ihn, ehe er es sich versah, zum Idol einer ganzen Nation machte. Aus dieser Zeit stammt Byrons oft zitierter Ausspruch: »Ich erwachte eines Morgens und war berühmt.« Ein Freund von ihm formulierte es so: »Nie zuvor gab es noch einen so plötzlichen Übergang von der Vernachlässigung zur Gunst.«

»Childe Harolds« durchschlagender Erfolg ist erklärlich: Es ist ein fesselnder Bericht über Reisen in Länder, die dem damaligen Leser fast unbekannt waren, voll prallen Lokalkolorits und exotischer Geheimnisse, zugleich eine Apotheose auf die Schönheiten der Natur, insbesondere des Meeres. Im Mittelpunkt des Geschehens steht ein romantischer junger Mann – unschwer als das Alter ego des Dichters zu erkennen – der mannigfache (Liebes)abenteuer besteht, gelegentlich auch mit bissigen Bemerkungen über die Unzulänglichkeiten in der fernen Heimat herzieht. Das Werk fesselte die oberflächlichen Leser, die nur nach erregendem Inhalt suchten, ebenso wie literarische Kenner, denn es war neuartig und doch perfekt in Stil und Form.

Es waren vor allem die Frauen, die der Lektüre des Buches und damit seinem Autor verfielen, einem Mann, der deutlich die Züge seines ruhelos durch die Welt streifenden Helden trug: edel, stolz, geheimnisvoll, das bleiche Antlitz von undefinierbarer Melancholie gezeichnet, ein Einsamer, der offenbar nach Erlösung durch die Liebe lechzte. Byrons Romantik entsprach genau dem Geschmack der Zeit. Was wir heute gern als Kitsch und Kolportage bezeichnen, hat seine tieferen Wurzeln im literarisch unbestrittenen Werk des großen Byron.

Vom nächsten Buch, »Der Korsar«, wurden am ersten Tag bereits 17 000 Exemplare verkauft, und auch die folgenden Texte, »Der Giaur«, »Lara«, »Die Belagerung von Korinth«, die sich allesamt um düstere Heroen ranken, erzielten aus dem Stand Riesenauflagen.

Fast gleichzeitig mit der Veröffentlichung seines aufsehenerregenden Erstlings setzte Byron einen weiteren Paukenschlag. Seine Jungfernrede im Oberhaus wurde ebenso heftig diskutiert wie »Childe Harold«. Der junge Lord hatte sich der liberal-fortschrittlichen Partei der Whigs angeschlossen. Ihr Programm gegen Sklavenhandel, für bürgerliche Rechte und Religionsfreiheit wurde durch Byron um eine weitere Facette bereichert. Er versuchte, die katastrophale Lage der englischen Industriearbeiter zu thematisieren, nicht ohne sich zuvor in Kohlengruben und Fabriken an Ort und Stelle zu unterrichten. Fazit: »Ich habe in der Türkei einige der meistunterdrückten Provinzen besucht, aber nirgendwo, auch unter der tyrannischen Regierung Ungläubiger, solches Elend erblickt wie im Herzen dieses christlichen Landes.«

Noch ehe sie recht begonnen hatte, endete die politische Laufbahn des Lord Byron. Nur noch zweimal ergriff er im Oberhaus das Wort, dann distanzierte sich die eigene Partei von ihm, verschreckt durch seine radikale Kritik an den bestehenden Verhältnissen und seine revolutionären Ideen.

Das Scheitern als Politiker tat seinem Ruhm keinen Abbruch. Nach wie vor öffneten sich, wie durch Zauberhand, sämtliche Türen zu sämtlichen Salons. Für jeden Abend gab es Dutzende Einladungen in die Häuser der Aristokratie ebenso wie zu Künstlern und Gelehrten, und vor allem waren es die Damen, die ihn stürmisch hofierten. Wann mag es ihm schmerzlich aufgegangen sein, daß die Frauen weniger den Poeten umschwärmten als die geheimnisvoll-dämonische Erscheinung mit der dunklen Lockenpracht und dem melancholischen Blick, engelsschön und satansgleich mit seinem Hinkebein? Staunend mußte er erfahren, daß diese lebenslang verfluchte Behinderung auf die von Reizen aller Art übersättigten Schönen eine perverse Anziehungskraft ausübte. Die Tanzwütigsten unter ihnen verspürten plötzlich keine Lust mehr und umringten statt dessen am Rande des Parketts den Dichter.

Dieser auf die weibliche Jeunesse dorée magisch wirkende Mann war zugleich der Schrecken wie der Wunschkandidat für die Mütter heiratsfähiger Töchter. Sie fürchteten seine Verführungskünste und sie erhofften sich die Berühmtheit als Schwiegersohn. Daß hingegen verheiratete Männer dem neuen Star der Salons mit gebündeltem Mißtrauen begegneten, liegt auf der Hand.

Einer von ihnen, William Lamb, nahm das Phänomen Byron allerdings mit denkbarer Gelassenheit hin, obwohl gerade er den geringsten Grund dafür hatte.

Wir erinnern uns, daß Caroline Lamb nach der Lektüre des »Childe Harold« stürmisch verlangte, den Autor kennenzulernen. Ehe es jedoch dazu kam, schickte sie ihm zwei exaltierte Huldigungsbriefe – anonym – und mit dem Zusatz, er solle ja nicht versuchen, ihr Inkognito zu lüften, sondern vielmehr die Briefe verbrennen.

Mehr bedurfte es nicht, sein Interesse zu wecken, und tatsächlich gelang es ihm, die Autorin der Briefe zu enttarnen. Er wartete bereits gespannt auf ihr Erscheinen bei Lady Westmoreland, die ihm erzählt hatte, daß auch die schöne Caroline Lamb geladen sei.

Man stelle sich vor, wie er sich, umgeben von der Blütenschar seiner Anbeterinnen, in Pose setzte für den Empfang der Autorin stürmischer Briefe, man stelle sich vor, wie seine Eitelkeit verletzt wurde durch die plötzliche Kehrtwendung Caros; seine Neugier auf diese merkwürdige Frau war aufs äußerste gereizt, und er setzte alles daran, sie kennenzulernen.

Nach wenigen Tagen gelang es ihm, ihrer im Hause von Freunden habhaft zu werden. Caro beschrieb diese erste Begegnung so: »Ich saß mit Lord und Lady Holland zusammen, als der Diener seine Ankunft meldete. Lady Holland sagte: ›Ich möchte Ihnen Lord Byron vorstellen.‹ Lord Byron sagte: ›Das ist Ihnen schon einmal angeboten worden. Darf ich fragen, warum Sie es ablehnten?‹ Er fragte, ob er mich besuchen dürfe. Er tat es am nächsten Tag.«

Für acht Uhr abends war er geladen, doch kein Dinner erwartete ihn, er wurde vielmehr ins – Kinderzimmer komplimentiert und angehalten, Caros Sohn zu bewundern. Der Mann, der immer erklärt hatte, wie sehr er kleine Kinder verabscheue, ließ sich den schlafenden Knaben in die Arme legen und behielt ihn mehr als eine Stunde lang auf dem Schoß. Mama Caro saß dem Dichter stumm gegenüber. Und das war es dann auch schon. Ihrem Tagebuch vertraute sie vor dem Schlafengehen an: »Dies schöne bleiche Gesicht ist mein Schicksal.«

Drei Tage später überreichte Byron der Lady eine Rose und eine Nelke – kostbare Raritäten in diesem März 1812 – mit der anzüglichen Bemerkung: »Man hat mir erzählt, daß Eure Ladyship für kurze Zeitspannen alles liebt, was neu und selten ist.«

Ihre spontane mündliche Antwort ist nicht bekannt, dafür aber ein seitenlanger überschwenglicher Brief, gespreizt und kokett, worin sie beteuert, daß »die Rose, die Lord Byron Lady Caroline überreichte, verblichen ist, allen Anstrengungen zum Trotz, sie frisch zu erhalten, vielleicht aus Gram über ihr entschwundenes Glück. Hume [David, englischer Philosoph] sagt, daß viel mehr [Menschen] an gebrochenem Herzen sterben, als man annehmen möchte ...«

Ihr Gegengeschenk war von übertriebener Noblesse: ein kostbares goldenes Halskettchen. Ihr schriftliches Angebot, ihm all ihre Juwelen zu überlassen, falls er in Geldnöte käme, beantwortete er nicht. Dennoch schrieb sie ihm unverdrossen weiter, bis zu zehnmal im Tag, auch wenn sie einander dazwischen sahen – und sie sahen einander häufig.

Byron war, was seine schriftlichen Ergüsse anbelangte, nicht weniger emsig. Seiner Feder entflossen ohne Unterlaß Gedichte und zärtliche Briefe. Später vermerkte er einmal: »Sie [Caro] besaß eine unendliche Lebhaftigkeit des Geistes und lebhafte Phantasie, angeheizt durch Romanlektüre … Meine Freunde gratulierten mir zu meiner Eroberung, und ich tat mein möglichstes, um darzutun, daß ich von ihrer Zuneigung nicht unbeeindruckt war. Ich machte viele Anstrengungen, sie zu lieben, und drückte soviel Feuer aus, wie ich nur aufbringen konnte, und hielt die Flamme am Brennen mit ungezählten Liebesbriefen und Versen …«

Mag im Rückblick mehr von der Distanz eingeflossen sein, die er später Caro gegenüber an den Tag legte, so war gewiß von Anfang an ihre Zuneigung weit heftiger als die seine, was nicht weiter verwunderlich ist. Denn im Grund genommen verkörperte Caro nichts von dem, was er an Frauen bevorzugte. Er liebte rundliche Frauen mit ausgeglichener, heiterer Gemütsart, die dürre Caro (von Byron euphemistisch als »elfengleich« beschrieben) mit ihrem sprunghaften, nervösen Temperament war das genaue Gegenteil seines Typs. Aber vielleicht hat sie ihn gerade darum anfänglich so gereizt.

»Ich glaube«, schrieb er ihr, »Sie sind das gewandteste, liebenswerteste, gefährlichste, anziehendste kleine Geschöpf, das gegenwärtig lebt oder während der letzten zweitausend Jahre gelebt hat. … Jedes Wort, das Sie sagen, jede Zeile, die Sie schreiben, beweist, daß Sie entweder aufrichtig oder närrisch sind. Ich habe nie eine unterhaltsamere Frau gekannt.«

Byron wurde täglicher Gast im Melbourne House, vormittags und nachmittags, ungestört und allein mit ihr in ihrem Boudoir oder Salon – angeblich nur seine Gedichte vortragend und ihre im buchstäblichen Sinn kniefällige Bewunderung genießend. Auch abends gingen sie meist gemeinsam aus, wobei das »liebenswerteste, anziehendste, gefährlichste kleine Geschöpf« der letzten zweitausend Jahre eine mehr als erträgliche Anhänglichkeit bewies. Manchmal ließ sie seinen Arm überhaupt nicht los, dann wieder erschien sie in Demutshaltung drei Schritte hinter ihm – als Page verkleidet, immerhin als Page in den Farben der Melbournes.

War er allein eingeladen, lauerte sie ihm oft viele Stunden lang vor dem Haustor seiner Gastgeber auf und bestand darauf, daß er sie in seiner Kutsche heimbringe. Einmal weigerte er sich. Zum Gaudium der Passanten sprang sie aufs Trittbrett, hängte sich mit dem ganzen Oberkörper ins Innere des Wagens und beschwor Byron, sie einsteigen zu lassen, bis er endlich nachgab.

Immer häufiger kam es zu lärmenden, hitzigen Auseinandersetzungen zwischen den beiden, die aber regelmäßig in tränenreichen, von Liebesbeteuerungen untermalten Umarmungen endeten. Caro hat später immer behauptet, es hätte so etwas wie eine heimliche Hochzeit gegeben, man hätte Ringe getauscht und einander Treue bis in alle Ewigkeit geschworen.

Wahr oder nicht wahr – tatsächlich flirtete Byron die ganze Zeit schamlos mit anderen Frauen, und Caro wagte keine Einwendungen. Nur einmal, als er es allzu offensichtlich trieb, biß sie aus einem Kristallkelch, den sie gerade zum Munde führte, ein Stück heraus, so daß ihre Lippen blutig wurden. Zugleich plagte Byron seine Geliebte mit Anfällen blindwütiger Eifersucht und beschuldigte sie, ihren Mann mehr zu lieben als ihn selbst. Im nächsten Augenblick regte er sich darüber auf, daß William Lamb die Eskapaden seiner Ehefrau lächelnd hinnahm, statt vor gekränktem Stolz zu rasen.

Die Beziehung zwischen den beiden wurde immer chaotischer, und es war Byron, dem im Mai 1812, nach nur zwei Monaten, der Atem ausging. Er beschloß, sich eine Weile von Caro zu trennen: »Die Leute reden über uns, als wären wir das einzige absurde Paar in London ... Unsere Narretei entpuppt sich mehr und mehr als ein Fehler. ... Diese letzten zwei Monate müssen vorübergehen, wir müssen uns wenigstens darum bemühen. Ein Monat Trennung würde uns zu Verstand bringen. Wir hatten beide tausend verrückte Träume, aber es ist besser, sich von ihnen zu trennen, als nach der Maxime von Rochefoucault zu bereuen.« (Die Maxime lautet: »Nur wenige Leute schämen sich einer Liebe nicht, sobald sie nicht mehr lieben«.)

Ende des Monats floh er nach Newstead Abbey – was ihn nicht hinderte, Caro eine Reihe von zärtlichen Briefen zu schreiben und ihr plötzlich – Gipfel des Aberwitzes – eine Entführung vorzuschlagen. Schwer abzuschätzen, ob er dies wirklich wollte oder ob er glaubte, Caro gut genug zu kennen, daß sie diesen letzten, entscheidenden Schritt vielleicht doch nicht wagen würde.

William brachte seine ob der Abreise Byrons verzweifelte Frau auf den Familiensitz Brocket Hall, unerschütterlich freundlich und loyal. Es war offensichtlich, daß er Caros Affäre nicht ernst nahm, ein Umstand, der sie in Kummer und Zorn versetzte. Sie war eine Romantikerin reinsten Wassers, sie verlangte nicht nur Liebe, sondern auch Anbetung, Leidenschaft, überbordende Gefühle – all dies hatte der nüchterne Lamb nicht zu bieten. Er liebte sie, gewiß, er duldete ihre Capricen, er verzieh ihre Tollheiten mit nicht zu überbietender Noblesse. Caroline war ihm dankbar, mehr nicht. Vielleicht hätte William ihr eher geholfen, wenn er mit gehörigem Theaterdonner auf ihre Eskapaden reagiert hätte. So aber verfiel sie Byron zunehmend, und je mehr er versuchte, sich von ihr zu lösen, desto ungezügelter wurde ihre Zuneigung.

Byron kehrte nach London zurück, und kaum hatte sie davon Kunde erhalten, eilte auch Caro wieder nach Hause. Am 29. Juli 1812 stürmte sie, in der Kleidung eines Pagen, in Byrons Haus. Ehe jemand sie aufhalten konnte, stürzte sie in den Salon, wo Byron mit einem Freund plaudernd saß. Sie machte dem Geliebten eine schreckliche Szene und verlangte von ihm, sie auf der Stelle zu entführen. Die beiden Männer sprachen lange beruhigend auf sie ein, bis sie zugab, daß eine Entführung nicht so ohne weiteres zu bewerkstelligen wäre. Das Haus zu verlassen weigerte sie sich aber.

Von einem neuen Wutanfall gepackt, griff sie sich ein an der Wand hängendes Kurzschwert und erklärte, es werde Blut fließen, sollte man sie zum Gehen zwingen. Mit sanfter Gewalt entwand ihr Byrons Freund das Schwert und brachte sie schließlich so weit nachzugeben. Sie tat es unter der Bedingung, daß Byron sie spätestens in drei Tagen besuchen müßte. Byron nickte stumm. Er sei, so sagte er nachher, bereits am Ende seiner Kräfte gewesen und hätte der Entführung zugestimmt, hätte der Freund ihn nicht aus dieser heiklen Situation gerettet.

Caro war nun wirklich nicht mehr bei Trost. Wenige Tage nach diesem Zwischenfall sandte sie Byron ein Brieflein, gezeichnet mit »Antilope«, und darin verschlossen – ein Büschel Haare von ihrer intimsten Körperstelle. Dazu die Bitte um eine gleichwertige Gegengabe, aber er möge achtgeben und sich nicht schneiden, so wie es ihr passiert sei.

Und dann verschwand sie plötzlich spurlos. Nach einem Streit mit ihrem Schwiegervater, Lord Melbourne, raste sie aus dem Haus und tauchte im Straßengewühl unter. Die nachgeeilten Diener verloren sie bald aus den Augen. Kopflos suchte die ganze Familie nach ihr, natürlich zunächst bei Byron – vergeblich. Byron versprach, Nachricht zu geben, falls sie bei ihm auftauchen sollte.

Sie selbst erschien nicht, dafür aber ein Bote mit einem verzweifelten Abschiedsbrief. Byron bestach den Mann, ihm zu sagen, wo die Absenderin zu finden sei. Bei einem Chirurgen, einem alten Freund der Familie, wurde sie schließlich aufgestöbert. Sie war am Ende ihrer Kräfte und ließ sich widerstandslos heimbringen wie ein verlaufenes Kind.

Liebevoll nahm William seine verstörte Frau wieder auf, und auch die übrige Familie enthielt sich jeden Vorwurfes. Apathisch ließ sich Caro einreden, daß es das Beste wäre, für eine Weile weit, weit fortzugehen. Es wurde beschlossen, Caro zusammen mit ihrer Mutter auf das Schloß von Verwandten nach Kildaton im Süden Irlands zu bringen. William wollte später nachkommen.

»Sie ist zum Skelett abgemagert, bleich wie der Tod, und ihre Augen stehen hervor, ständig ist sie in Tränen aufgelöst ... Sie scheint knapp am Rande des Wahnsinns, und meine Tante bestätigt mir, daß es gelegentlich schon fast soweit war«, schrieb ihre Cousine Harriet Leveson-Gower nach Caros Ankunft.

Es bedarf keiner großen Phantasie, sich vorzustellen, welche weitere Gefühlsexplosion ein Brief ausgelöst haben muß, den Caro bald darauf von Byron erhielt: »Gott weiß allein, daß ich Dich glücklich sehen will, und selbst wenn ich Dich verlasse oder wenn Du mich, aus Rücksicht auf Deinen Gatten und Deine Mutter, verläßt, so verspreche und schwöre ich Dir immer wieder und wieder, daß keine Deinen Platz in meiner Zuneigung einnehmen wird, die nur Dir geweiht ist ... Du weißt, daß ich alles hier aufgeben würde ... und mit Dir fliehen, wann und wohin Du allein bestimmen würdest.«

Einem Freund beichtete er: »Wenn es ihr [Caro] gefällt, die Meine zu sein, werde ich der Ihre sein, und für den Rest meines Lebens werde ich den vergeblichen Versuch unternehmen, sie mit sich selbst zu versöhnen.«

So weit, so gut – oder vielmehr schlecht, wenn man weiß, daß Byron just zu jener Zeit, da er diese gefühlvollen Ergüsse von sich gab, eine heftige Affäre begonnen hatte. Und zwar mit einer stadtbekannten Kurtisane, zeitweiliger Geliebten des Prinzen von Wales und anderer zahlungskräftiger Herren aus den Kreisen des höchsten Adels: Lady Aspasia Oxford, dieselbe Lady Oxford, die seinerzeit ihre Freundin Caroline Lamb zu Laster und Frivolität zu verführen versucht hatte.

Byrons Gefühle für die leichtfertige Lady scheinen eher oberflächlich gewesen zu sein – wie es überhaupt fraglich ist, ob der in seinen Schriften so sensible Dichter selbst tieferer Gefühle fähig war.

Aufschlußreich ist in diesem Zusammenhang ein Brief, den er an Caros Schwiegermutter, Lady Melbourne, richtete, mit der ihn anscheinend eine echte Freundschaft verband. Er schrieb der Lady, sie brauche sich keine Sorgen mehr zu machen, seine Affäre mit Caroline sei endgültig Vergangenheit, und dann den Schlüsselsatz: »Es ist nicht so, daß ich eine andere liebe, denn *Liebe ist überhaupt meine Sache nicht* – und ich bin es müde, ein Narr zu sein.«

Obwohl Byron nun kaum mehr an Caro schrieb, überschüttete sie ihn mit langen Briefen und kurzen Handzetteln, die präzise ihre jeweilige Stimmungslage widerspiegelten: himmelhoch jauchzend (es geht ihr gut, Irland ist lustig und herrlich) – zu Tode betrübt (warum schreibt er nicht, sie ist dabei, an gebrochenem Herzen zu sterben).

»Ändere Deine lächerliche, sprichwörtliche Eitelkeit, laß ab von Deinen Launen und gib mir endlich Ruhe«, replizierte er.

Nicht ahnend, daß Lady Oxford mit Byron längst unter einem

Dach lebte, flehte sie die Freundin an: »Liebste Aspasia, Byron ist wütend auf mich. Bitte sage ihm, daß ich doch nichts getan habe, ihn zu ärgern, und daß ich mich miserabel fühle. Er ist meiner überdrüssig, das geht aus seinen Briefen hervor. Ich werde ihm nun nicht mehr schreiben, nicht mehr in ihn dringen. Aber bitte erreiche, daß er mir vergibt.«

Die Antwort kam prompt – von Byrons Hand, die aber mehr oder weniger von Lady Oxford geführt worden war: »Lady Caroline, wir sind nicht Herren unserer Gefühle. Die meinen sind vergeben, denn ich liebe eine andere ... Nicht länger mehr bin ich Ihr Liebhaber, ich bin nicht einmal mehr Ihr Freund. Es wäre unehrenhaft derjenigen gegenüber, der ich nun voll und ganz ergeben bin.« Der Brief war nicht mit Byrons Siegel verschlossen, sondern pikanterweise mit dem der Lady Oxford: Cupido in einem von zwei Rössern gezogenen Wagen!

Caroline hegte, nicht ohne Grund, den Verdacht, daß Aspasia den Brief diktiert hatte, denn »was tut eine Frau nicht alles, um ihre Rivalin loszuwerden. Sie wußte ganz genau, daß Byron mich noch liebte, und sie wußte, daß dieser Brief mich zerstören würde ... Als ich nach England zurückkam, war ich ein Wrack.«

Schlimmer als ein Wrack: Nach Erhalt des ominösen Briefes versuchte sie sich die Kehle mit einem Rasiermesser durchzuschneiden und konnte nur in letzter Minute davon abgehalten werden. Mehr tot als lebendig kehrte sie nach England zurück, heftiges »Nervenfieber« zwang sie für Wochen ins Bett. Nur einmal noch wollte sie den Geliebten sehen, »um mich zu rechtfertigen – wofür, ich weiß es nicht«. Byron lehnte ein »letztes Treffen« ab, Caro verfiel in Apathie.

Williams Familie bestürmte ihn, sich von dieser gräßlichen Person zu trennen. Er aber brachte es nicht übers Herz, seine Frau in ihrem desolaten Zustand dem sicheren Untergang preiszugeben. Vage hoffend, daß sie in der Stille des Landlebens an Leib und Seele genesen könnte, brachte er sie nach Brocket Hall – mit durchschlagendem Mißerfolg. In offenbar selbstzerstörerischer Absicht verbrachte Caro ihre Tage im Sattel. Jedermann war überzeugt, daß sie eines Abends von ihren halsbrecherischen Parforceritten nicht mehr zurückkehren würde. Triumphierend schrieb sie an Byron: »Sie haben mir einmal erzählt, wie sich die Frauen im Ausland rächen. Ich werde Ihnen zeigen, wie es eine Engländerin tut.«

Den zweiten Teil der »Rache« vollzog sie auf bizarre Weise. Sie kleidete einige Mädchen aus dem nahegelegenen Dorf in wallende weiße Gewänder, gruppierte sie zu nächtlicher Stunde um einen Holzstoß, entzündete ihn und warf ein Bild Byrons, seine Bücher und Briefe (vorsichtshalber nur Kopien) in die Flammen, während die Mädchen um das Feuer tanzen und ein von ihr gedichtetes und komponiertes Klagelied anstimmen mußten. (»Brenn, Flamme, brenn ... London, leb wohl, adieu, eitle Welt, eitles Leben. Nimm die letzten Tränen, die ich um dich weine. Ich verlasse die Welt für immer, niemals mehr, niemals kehre ich zurück.«)

Wie schon der Text andeutet, hatte Caro zunächst die Absicht, sich selbst auf den Scheiterhaufen zu werfen, ließ aber dann doch davon ab. Sie unterließ es auch nicht, Byron eine genaue Schilderung der gespenstischen Zeremonie zu schicken. Er wird die Öffentlichkeit sicher nicht selbst unterrichtet haben, dennoch war die makabre Bücher- und Bilderverbrennung das Tagesgespräch in den Londoner Salons. Die Verachtung für Caro schlug in Mitleid um. Man war sich einig, daß Byron das arme Kind in den Wahnsinn getrieben hatte. Der Wind begann sich sachte, sachte zu drehen.

Byrons Treiben vermochte nun selbst die abgebrühte Londoner Gesellschaft zu schockieren: Nicht länger machte er der Lady Oxford allein den Hof, sondern auch deren bildschöner kleiner Tochter Charlotte. Er schenkte ihr einen Ring, den einst Caro ihm gegeben hatte, und schrieb nieder, er würde sie »in alle Ewigkeit lieben«, wenn sie nur immer *elf* [!] Jahre bliebe, »und die ich vielleicht sogar heiratete, wenn sie alt und verderbt genug ist, eine moderne Frau zu werden«.

Caro bestürmte ihn um ein letztes Wiedersehen, er aber lehnte ab, »denn bis zur letzten Stunde werde ich diese Frau hassen. Dieses Gefühl ist Teil meines Lebens geworden, es hat meine ganze künftige Existenz vernichtet«.

Erstaunlicherweise kam es am 29. April 1813 im Melbourne House doch zu einem persönlichen Zusammentreffen, über das wir aus Byrons Feder keine Nachricht haben – Caros Schilderung ist mit der gebotenen Vorsicht zu betrachten: »Er bat mich um Vergebung für alles, was er mir angetan, und er weinte. Ich bewunderte ihn noch immer, aber meine Gefühle waren abgestorben.« An Byron schrieb sie: »Dein Anblick hat mich für immer zerstört ... Du liebst mich ja noch ... Nimm mich mit Dir, mein Herr und Meister.«

29. Juni 1813: Abgang Lady Oxford samt Tochter Richtung Frankreich, unmittelbar danach Auftritt Augusta Leigh, Byrons Halbschwester, ehemalige Hofdame der Königin, jetzt mit einem zänkischen Ehemann und einer Schar ewig quängelnder Kinder belastet, von Geldsorgen geplagt. Die Geschwister haben einander seit Jahren nicht gesehen, beide sind tief deprimiert. Byron, für sie noch immer ihr geliebtes »Baby Byron«, dem sie als Kind mütterliche Zuneigung entgegengebracht hat, wirft sich seiner Schwester überglücklich an die Brust.

Augusta und er sehen einander ähnlich wie Zwillinge aus einem Ei, wie Zwillinge verstehen sie einander, auch ohne Worte. Was im langentbehrten traulichen Familienglück bei ausgedehnten Spaziergängen und ausführlichen Gesprächen beginnt, gewinnt bei dem von Genüssen aller Art übersättigten und stets nach neuen Reizen jagenden Mann plötzlich eine andere, gefährliche Dimension: »Das Gefühl, das mich ganz ausgefüllt hat, hat einen Beigeschmack des Schrecklichen, der alle anderen ... als schal erscheinen läßt ... Diese perverse Leidenschaft war meine tiefste ...« schreibt er später.

Diese »schreckliche Liebe« ist in zweifacher Weise fruchtbar. Byron verfaßt eine Verserzählung (»Die Braut von Abydos«) sowie zwei Dramen (»Kain«, »Manfred«), die um das Thema Geschwisterliebe kreisen. Drei bedeutende Texte, darüber besteht kein Zweifel. Und Augusta gebiert eine Tochter, Elizabeth Medora (15. April 1814). Bis heute steht noch nicht ganz fest, ob sie wirklich Byrons Kind war, verschiedene Indizien sprechen allerdings stark dafür. Vor allem: Elizabeth Medora ist ganz gewiß nicht die Tochter des fernen Ehemanns von Augusta, den sie seit Monaten nicht gesehen hat. Und Byron ist in dieser Zeit Augustas ständiger, hingebungsvoll angebeteter Begleiter. Wer also sonst ...?

Zur Zeit, da die Beziehung zwischen Byron und seiner Schwester (zumindest nach außen) noch äußerst ehrbar war, kam es zu einer dramatischen Begegnung zwischen ihm und Caro, und zwar auf einem Ball bei einer Lady Heathcote. Er traf, diesmal nicht von Augusta begleitet, verspätet ein, und plötzlich, mitten im Gewühl der Menge, stand er Caro gegenüber. Byron wurde blaß, Caro begann heftig zu zittern, voll hochgespannter Erwartungen scharten sich Gaffer kreisförmig um die beiden. Ins betretene Schweigen begann plötzlich die Kapelle zu spielen. Lady Heathcote, zutiefst verlegen, flatterte herbei und zwitscherte, ob denn Caro nicht tanzen gehen wolle. »Aber ja«, würgte sie hervor, »ich bin ja bester Laune.« Zu Byron gewandt, spitz: »Ich nehme an, ich darf jetzt Walzer tanzen?« Byron, sarkastisch: »Mit jedem, wenn Sie wollen. Es wird mir ein Vergnügen sein, Ihnen zuzusehen.«

Caro rauschte mit einem Galan ab, riß sich aber unvermittelt los und taumelte in den Speisesaal, eine Schar Neugieriger hinter sich herziehend. Sie ergriff ein Fleischmesser, drehte es unschlüssig hin und her. Byron ätzte: »Passen Sie auf, wohin Sie stechen, besser in Ihr eigenes Herz als in das meinige.« Sie schrie auf: »Byron« und lief, wild mit dem Messer fuchtelnd, davon. Einige Herren folgten ihr, versuchten ihr mit vereinten Kräften das Messer zu entwinden, wobei Caro schwere Verletzungen an beiden Händen erlitt. Blut spritzte über ihr Ballkleid, und dann schwanden ihr die Sinne. Durch ein stummes Spalier trug Lamb seine ohnmächtige Frau zum Wagen und brachte sie nach Hause.

Am nächsten Tag war die Klatschpresse voll mit detaillierten und vielfach aufgebauschten Berichten über das »Scandalum Magnum« in der allerfeinsten Gesellschaft, wobei die einzelnen Schmierblätter geteilter Meinung waren, ob Lady Caroline sich selbst oder ihren verflossenen Liebhaber vom Leben zum Tode befördern wollte. Schließlich einigten sich Klatschbasen beiderlei Geschlechts, daß Lady Caroline sich selbst umbringen wollte. Das allgemeine Mitleid wandte sich William Lamb zu – weil der Selbstmordversuch mißglückt war!

Hernach verschwand Caro für eine geraume Weile in der Versenkung, unsichtbar, aber gewiß nicht unhörbar für die Außenwelt. Sie hatte den Wunsch geäußert, Harfe zu spielen. Sofort engagierte William eine Lehrerin. Doch Caro verlor bald die Lust und begehrte nun, auf einer Orgel zu musizieren. Das Instrument wurde umgehend angeschafft, ein weiterer Lehrer angeheuert, und nun dröhnte das Haus Stunden um Stunden von donnernden Klängen, bis allen Hören und Sehen verging. Nachts geisterte Caro schlaflos durch die Flure des alten Gemäuers, ein armes, ruheloses Gespenst. An Byron schrieb sie: »Versuchen Sie, mich zu vergessen, mich nicht zu sehr zu verabscheuen.«

Es wird Byron nicht schwergefallen sein, Caro aus seinem Gedächtnis zu verbannen. Seine Gedanken kreisten beständig um eine andere Frau – nicht aus Liebe, sondern aus kalter Berechnung. Einerseits brauchte er dringend Geld, sehr viel Geld, denn noch immer weigerte er sich in seinem borniertem Dünkel, Honorare für die Produkte seines geistigen Schaffens zu nehmen, andererseits drängte ihn Augusta zu einer Ehe, um so der inzestuösen Umklammerung zu entkommen.

Annabella Milbanke, eine Cousine Caros, schien das passende Objekt. Lady Melbourne, Byrons mütterliche Freundin, wurde eingeschaltet und verdiente sich auch brav ihr Kuppelpelzchen, obwohl ihr eigentlich klar sein mußte, daß Byrons Absichten keineswegs redlicher Natur waren. »Was die Liebe betrifft – nun, eine Ehe funktioniert besser durch Wertschätzung und Vertrauen als durch romantische Gefühle ... Sie [Annabella] ist hübsch genug, um von ihrem Ehemann geliebt zu werden, und nicht so aufregend schön, um zu viele Rivalen anzuziehen«, schrieb er. An anderer Stelle, mit brutaler Deutlichkeit: »Nur eine rasche Ehe kann mich retten. Wenn Ihre Nichte mich haben will, werde ich sie vorziehen, wenn nicht, dann nehme ich die erstbeste Frau, die nicht danach aussieht, als wollte sie mir ins Gesicht spucken.«

Einem Freund gegenüber hat er einmal bemerkt, er würde niemals heiraten, denn er habe »noch niemanden gesehen, der durch die Ehe gewonnen hätte. Alle meine kopulierenden Zeitgenossen haben Glatzen und sind unzufrieden.«

Miß Annabella Milbanke also, die ihm zwar – zumindest am Anfang – nicht ins Gesicht gespuckt hat, ansonsten aber die denkbar ungeeignetste Partnerin für den Exzentriker Lord Byron war.

Miß Milbanke, eine blasse Blonde, war das, was man damals schon einen »Blue stocking«, einen Blaustrumpf, nannte. Sie hatte ernsthaft Philosophie und Mathematik studiert, daher der ihr von Byron verliehene Spitzname »Prinzessin Parallelogramm«, und sie entsprach in keiner Weise seiner Vorliebe für anschmiegsame, unterwürfige Weiblichkeit mit begrenztem geistigem Horizont: »Ich hasse Esprit in Unterröcken«, hat er einmal gesagt. Gegen Geld in Unterröcken hatte er hingegen nichts einzuwenden.

Nirgendwo ist belegt, daß Annabella Milbanke ihren zukünftigen Ehemann geliebt hat, erwiesen ist aber, daß die tief religiöse, von missionarischem Eifer besessene Frau es sich zum Ziel gesetzt hatte, die verlorene Seele des Lord Byron zu erretten und ihn seinem sündigen Lebenswandel zu entreißen. Daß sie dabei weder mit Geschick noch mit Takt vorging, beweist schon ein Detail: Sie pflegte ihn »Duck« (Ente) zu nennen. Indem sie auf seinen Watschelgang anspielte, traf sie ihn an seiner allerempfindlichsten Stelle und sprach somit, lange vor der Hochzeit, das Todesurteil über ihre Beziehung.

Die endgültige Verbindung der beiden war noch längst nicht spruchreif und publik, als Caro und Byron einander im Laufe des Jahres 1814, anläßlich der unzähligen Feste und Bälle zum (vorläufigen) Ende der Napoleonischen Kriege, flüchtig begegneten – ohne großes Aufsehen zu erregen. Caro war wieder genesen, verhielt sich normal und unauffällig. Dennoch: die beiden müssen einander irgendwo und irgendwann heimlich und allein getroffen haben. Dies geht eindeutig aus Tagebuchaufzeichnungen hervor. Byron schreibt: »Ich habe sie gesehen. Ich bin genauso verrückt wie C., aber auf andere Weise, denn ich mache niemals eine Szene.«

Geheimnisvoller wirkt zunächst die Eintragung von Caro, die erst später tiefere Bedeutung gewinnt. Sie schreibt: »Als wir uns das letzte Mal trafen, drückte er seine Lippen auf die meinen und sagte: ›Arme Caro, wenn alle Welt mich haßt, du, das weiß ich, wirst deinen Sinn niemals ändern.‹ Doch ich sagte: ›Ich habe mich geändert und werde dir nie mehr näherkommen.‹ Denn damals zeigte er mir Briefe und erzählte mir Dinge, die ich nicht wiederholen kann, und all meine Zuneigung war dahin.« Caro hat die »Dinge« dann sehr wohl wiederholt und damit entscheidend zu Byrons gesellschaftlicher Vernichtung beigetragen ...

Durchaus nicht dahin war Caros Zuneigung, als sie gerüchteweise von einer bevorstehenden Verlobung Byrons mit Annabella Milbanke erfuhr. »Ich werde eine Pistole kaufen, ich werde vor ihn und seine Braut hintreten und mich erschießen, zuvor aber sagen, daß ich sterben will, wenn ich nicht mit ihm leben kann.« Als die Verlobung offiziell bekanntgegeben wurde, schickte sie ihm herzliche Gratulationen: »Gott schütze Sie, mögen Sie glücklich werden.«

Der Hochzeitstermin war für den 2. Januar 1815 angesetzt. Unmittelbar vorher fuhr Byron noch einmal mit seiner geliebten Schwester, der schwesterlichen Geliebten, nach Newstead Abbey, um Abschied zu nehmen. In den Stamm einer alten Ulme ritzten sie ihre ineinander verschlungenen Initialen ...

Byron wünschte sich eine Hochzeit in aller Stille, und noch wenige Tage davor schrieb er seiner Braut einen verzweifelten Abschiedsbrief. Auf Zureden Augustas vernichtete er ihn aber.

Während der Trauung war, so ein Augenzeuge, Annabella »starr wie ein Fels«, während Byron peinlich lange zögerte, ehe er sein »I will« hervorstieß. Es gab danach keinen Empfang, kein Fest, Annabella erhielt von ihrem Mann, abgesehen von einem schlichten Ring, der noch von seiner Mutter stammte, keine Morgengabe.

Die Flitterwochen verbrachten die Jungvermählten auf dem Landsitz von Annabellas Eltern, in Yorkshire. Sie erreichten Halnaby Hall kurz vor dem Abendessen, und Byron vermerkte lakonisch in seinem Tagebuch: »Ich hatte Lady B. noch vor dem Dinner.«

Lord George Gordon Byron mit Ehefrau Annabella

Dieser Honeymoon muß für Byron ein Alptraum gewesen sein: »Schrecklicher Zustand des Einerleis und des Stillstandes. Kompottessen, Herumspazieren, langweilige Kartenspiele ... Die verdammten Monologe älterer Herren, die sie Konversation nennen.«

Während Lord und Lady Byron sich, so gut es ging, in London etablierten – Annabella war bereits nach zwei Ehemonaten schwanger – begab sich die Hautevolée fast geschlossen auf den Kontinent, um in Paris und Brüssel die endgültige, vernichtende Niederlage Napoleons zu feiern (18. Juni 1815). Caroline, samt Ehemann und Mutter, hielt sich zunächst in Brüssel auf, um Colonel Frederick Ponsonby, Caros Bruder, zu besuchen. Er war in der Schlacht von Waterloo schwer verwundet worden.

Mit Caro war eine wundersame Verwandlung geschehen. Keine Spur mehr von Depressionen, keine Anzeichen hysterischer Anfälle. Sie war wieder ganz sie selbst, das bildschöne, witzige, lebenslustige Wesen, das vor Jahren einstmals die Londoner Gesellschaft entzückt hatte. Gewiß, sie gebärdete sich ein wenig exzentrisch, gewiß, sie trug mehr als gewagte, auf raffinierte Weise fast durchsichtige Toiletten, doch eindeutig hatte sie, fern der Heimat, fern von Byron, ihr Gleichgewicht, ihren Lebensmut wiedergewonnen. »Diese berühmte Lady C – L – erregt jedermanns Aufmerksamkeit, vom General bis zum einfachsten Soldaten«, schreibt bewundernd eine Fanny Burney.

Nachdem Frederick Ponsonby wieder einigermaßen hergestellt war, übersiedelten die Lambs nach Paris, um sich mit größtem Vergnügen in den Strudel der Siegesfeiern zu stürzen und wo Caro wieder, wie in Brüssel, »Anbeter um sich versammelt«, erfahren wir durch Lady Harriet Leveson-Gower.

Auch der Held des Tages, der Sieger von Waterloo, Herzog Arthur Wellington, konnte sich dem irritierenden Charme der Lady Caroline nicht entziehen und lud sie zu einem intimen Abendessen. Um dieses Tête-à-tête ranken sich noch heute teils romantische, teils pikante Gerüchte. Bewiesen ist keines davon. Belegt ist nur der Ausspruch des Herzogs, die kleine Lady sei »närrisch wie ein Märzhase«.

Gleichmütig wie immer und amüsiert beobachtete William Lamb das muntere Treiben seiner Frau, wahrscheinlich beruhigt, daß sie anderes in ihrem unberechenbaren kleinen Lockenkopf hatte als den schrecklichen Lord Byron. Mit sichtlicher Befriedigung ließ er sich von einem Gespräch berichten, das seine Frau während eines Galadiners mit ihrem Sitznachbarn geführt hatte. »Wen, glauben Sie, halte ich für den hervorragendsten Mann, den ich je getroffen habe?« fragte Caro. Auf die Antwort, das könne nur Lord Byron sein, bemerkte sie lächelnd: »Nein, es ist mein eigener Gemahl, William Lamb.«

Merkwürdigerweise nahmen Caro und Byron wieder einen regelmäßigen Briefverkehr auf – wahrscheinlich von Caro begonnen –, oberflächliches Geplauder zwischen Bekannten, die einander wenig mitzuteilen haben. Sie plapperte nichtssagend über ihre Eindrücke von Brüssel und Paris, er antwortete höflich, ohne auf Persönliches einzugehen. Im übrigen hoffe er, sie sei in Gesellschaft der Armee ebenso glücklich wie er mit Annabella. Byron hat in seinem Leben oft gelogen. Diesmal tat er es besonders dick.

Byron war alles andere als glücklich. Um genau zu sein, es ging ihm und seiner Frau miserabel. Annabella hatte weder den Mut noch die Kraft aufgebracht, ihren Mann auf den »rechten Weg« zu bringen. Sie konnte nicht verhindern, daß er weiterhin sinnlos das Geld zum Fenster hinauswarf, und bald war ihre stattliche Mitgift von 10 000 Pfund verjubelt. Da sich ihr Vater weigerte, dem jungen Paar finanziell zu Hilfe zu kommen, begann der Schuldenberg, wieder einmal, ins Unermeßliche zu wachsen.

Byron verkaufte die kostbaren antiken Möbel seines Stammschlosses, doch das war nur ein Tropfen auf den heißen Stein. Bald wurden die Gerichtsvollzieher Stammbesucher in der Stadtwohnung in Picadilly Terrace, langsam leerten sich die eleganten Räume, und sogar vor Byrons geliebter Bibliothek machten die Büttel der Gläubiger nicht halt. Allein der Tatsache, daß er dem höchsten und exklusivsten Adelskreis und, zumindest nominell, noch immer dem Oberhaus angehörte, hatte es Byron zu verdanken, daß er nicht in den Schuldturm geworfen wurde. Als ihm aber eine Freundin einen Scheck über 1500 Pfund schickte, um ihm über die gröbsten Schwierigkeiten hinwegzuhelfen, wies Byron ihn hoffärtig zurück.

War es dieser Scheck, der Annabellas Mißtrauen erregte, waren es andere Indizien – sie jedenfalls belastete sich nebst allen anderen Sorgen noch mit quälender Eifersucht. Nichts Besseres hatte sie zu tun, als das ihr verbliebene bißchen Geld allerlei Spitzeln, Kammerzofen, Stubenmädchen und Lakaien zuzustecken, um irgendwelche eindeutigen Beweise für seine Untreue zu erhalten.

Das Klima zwischen den Ehepartnern wurde zunehmend giftiger und unerträglicher, Byron floh in den Alkohol, in Opiumräusche und begann häufig zu randalieren, gelegentlich auch wie wild um sich zu schießen.

Als ihm am 10. Dezember 1815 eine Tochter geboren wurde, schleuderte er in seinem Studio schwere Flaschen gegen die Wände, um dann inmitten des Scherbenhaufens schluchzend zusammenzubrechen. Diese Tochter wurde über Byrons dringenden Wunsch auf den Namen Ada getauft: Ada *Augusta!*

Der Raserei folgte eine Phase von Mattigkeit und Weltschmerz. Unvermittelt begann er seiner Frau Geständnisse zu machen. Genauer gesagt, nicht eigentlich offene Bekenntnisse, sondern dumpfe Andeutungen über »fürchterliche Verbrechen«, die er auf sich geladen hätte. Welcher Art diese Verbrechen waren, verschwieg er jedoch beharrlich.

Annabella mußte nicht lange über die Art von Byrons Untaten grübeln. Von einem bösen Dämon getrieben oder vielleicht in einem Anfall von geistiger Verwirrung machte sich Caro, längst wieder in London eingetroffen, zunächst schriftlich an Lady Byron heran. Caro verriet ihr dann unter vier Augen, was sie – angeblich von ihm selbst – über seinen lasterhaften Lebenswandel erfahren hätte: seine zahlreichen homosexuellen Eskapaden und, vor allem, seine inzestuösen Beziehungen zur Schwester Augusta.

Fassungslos, ratlos begann Annabella am Verstand ihres Mannes zu zweifeln und wandte sich an einen befreundeten Arzt, mit der Bitte, Byron auf seinen Geisteszustand zu untersuchen. Der Mediziner konnte, abgesehen von einer »Reizbarkeit des Temperaments« keine auffälligen Merkmale feststellen. Das mag den Ausschlag gegeben haben: Annabella, unterstützt und aufgestachelt von ihren Eltern, beschloß, sich von ihrem Mann zu trennen. Unter dem Vorwand, Ada Augusta ihren Angehörigen vorführen zu wollen, verließen Mutter und Kind am 15. Januar 1816 Piccadilly Terrace, das ohnehin wenige Wochen später zwangsgeräumt werden sollte. Am Abend vor der Abreise fragte Byron seine Frau: »Wann werden wir uns wiedersehen?« Sie antwortete kryptisch: »Ich hoffe im Himmel.« Als am nächsten Morgen Frau und Kind das Haus verließen, um in Begleitung eines Kindermädchens die Reise anzutreten, ließ sich Byron nicht blicken. Beide sollte er nicht mehr wiedersehen.

In dürren Worten teilte ihm der Schwiegervater unmittelbar darauf mit, daß seine Tochter nicht die Absicht hätte, die Ehe aufrechtzuerhalten. Annabella selbst reagierte kühl auf seine flehende Bitte um Vergebung, auf seine Beteuerungen, daß er sich bessern werde:

Instinktiv hatte er erfaßt, daß die Trennung von seiner Frau ihn des letzten Rückhalts in der Gesellschaft berauben würde. Sie teilte ihm mit, daß sie keinesfalls gewillt sei, länger mit ihm zusammenzuleben. Sie hätte geglaubt, ihn »retten« zu können, müsse aber einsehen, daß er hoffnungslos verderbt sei. Allenfalls wäre sie bei ihm geblieben, wenn er krank gewesen wäre. So aber sähe sie keinen Grund, an seiner Seite auszuharren.

Zunächst erklärte Byron Freunden gegenüber, daß Annabella ihm das Herz gebrochen hätte, äußerte aber bald darauf, seine Frau sei »der höllische Feind, dessen Vernichtung [er] noch erleben werde«.

Die Scheidung war dann nur noch eine Formsache, sie wurde leise und unspektakulär abgewickelt. Byron willigte in die Trennung ein, nachdem ihm seine Frau durch ihren Anwalt hatte ausrichten lassen, sie werde sein »schuldvolles Geheimnis« preisgeben, sollte er Widerstand leisten.

Das »schuldvolle Geheimnis« sickerte dennoch durch. Krakenarmen gleich krochen die Gerüchte durch die Stadt und begannen den Dichter tödlich zu umklammern. Es wurde leise getuschelt und laut gelästert, die Presse schlachtete Einzelheiten aus seinem Privatleben genußvoll aus, sprach vom »zweiten Nero«, dem »wiedererstandenen Caligula«, dem Rohling, dem Sadisten, dem Homophilen, dem Blutschänder. Bekannte schnitten ihn, Gläubiger hetzten ihn, auf der Straße wurde er angepöbelt. Aus dem Allerweltsliebling war innerhalb von nur wenigen Monaten ein Unberührbarer geworden, ein wie vom Aussatz Befallener.

Einen letzten Rettungsversuch unternahm eine alte Freundin. Sie gab eine große Gesellschaft, zu der auch der Dichter und – ausgerechnet! – seine Schwester Augusta geladen waren. In dem Augenblick, da die beiden den Salon betraten, erhoben sich, wie auf ein geheimes Kommando, alle anderen Gäste und verließen den Raum.

Es war abzusehen, daß es nur eine Frage von Tagen sein konnte, bis Byron, Hochadel hin, Oberhausmitglied her, ein Gerichtsverfahren angehängt bekäme. Ihm blieb nichts als eine überstürzte Flucht – nicht so überstürzt, als daß er nicht doch in letzter Minute seinen präpotenten Stolz über Bord geworfen und alles Nötige zur Sicherung seiner finanziellen Zukunft eingeleitet hätte: Newstead Abbey sollte in absehbarer Zeit verkauft werden, und er erklärte sich huldvoll bereit, hinfort den reichlich sprudelnden Born seiner Tantiemen auszuschöpfen.

Am 23. April des Jahres 1816 verließ Byron, noch vor Morgengrauen, sein Haus. Trotz der frühen Stunde harrte eine große Menschenmenge vor dem Gebäude, um »das Monster« mit Pfiffen und Schmähungen zu überschütten. Die Kutsche, die ihn erwartete, war eine perfekte Kopie von Napoleons Reisewagen. Sie hatte 2500 Pfund gekostet.

Zwei Tage später bestieg Byron in Dover das Schiff. Wieder war der Pier schwarz von Menschenmassen. Byron warf keinen einzigen Blick zurück auf die Insel: »If was whispered ... was true, I was unfit for England; if false, England was unfit for me.« (Wenn wahr wäre, was man über mich raunte, wäre ich ungeeignet für England, wenn falsch, dann wäre England ungeeignet für mich.)

Die Erhitzung der Gemüter über Byrons kopflose Flucht flaute ab – schon zwei Monate später gab es einen neuen Skandal, in dessen Mittelpunkt diesmal Lady Caroline Lamb stand.

»Herz und Seele leiden Qualen – als wäre ein Schwert durch mich gestoßen ... Bald werde ich sterben, sagt allen, daß ich genug gelitten habe, sagt es Byron – aber ich klage mich an, nicht ihn«, schrieb sie nach Byrons Abreise. Dies waren für längere Zeit die einzigen klaren Worte. Ihre Stimmungen wechselten minutenschnell, ebenso rasch änderte sich ihr äußeres Bild. Jetzt sah sie aus wie ein hilfloses kleines Mädchen, im nächsten Augenblick glaubte man, eine orientierungslose Greisin vor sich zu haben.

Lady Caroline sprach beim Dinner großen Unsinn, war aber angenehmer als üblich. »Anzeichen eines heftigen Sturmes«, schrieb der Hausarzt nach einem Besuch in Brocket Hall.

Ebendortselbst kam es dann zu einem dramatischen Zwischenfall. Sie beobachtete den Butler, wie er die Tafel für die abendliche Dinnerparty dekorierte, und forderte von ihm mit schriller Stimme »mehr Ausdruck und Höhe«. Der gute Mann wußte damit nichts anzufangen und fuhr mit seiner Arbeit fort – bis Caro auf den Tisch sprang, mit aufgehobenen Armen einen Tafelaufsatz imitierte und von dem Butler verlangte, er möge es ihr gleichtun.

Der Mann rannte, so schnell ihn seine Beine trugen, in die Bibliothek und holte den Hausherrn. William schlich mit leise lockenden Rufen: »Caroline, Caroline« an die Tafel heran, kletterte hinauf, umfaßte sanft seine Frau und brachte sie, mit Hilfe des Dieners, auf den Boden zurück. Dann trug er sie, indem er ihr beruhigende Worte ins Ohr flüsterte, ins Bett.

Einigermaßen undramatisch verliefen die nächsten Tage. Doch plötzlich fing sie, buchstäblich aus heiterem Himmel, an zu trinken. Sie fluchte wie ein alter Kutscher, wild und ungebärdig, und je mehr sich William um sie bemühte, desto aggressiver wurde sie. Lord und Lady Melbourne und die ganze übrige Sippe redeten auf William ein, sich von dieser unmöglichen Frau zu trennen und sie am besten in eine Anstalt zu stecken. Zögernd stimmte er zu. Als die Scheidungspapiere bereit lagen, verweigerte er, zum Entsetzen der Angehörigen, die Unterschrift.

Vermutlich hat er das sehr bald bereut, denn am 16. Mai platzte die Bombe: Es erschien der Roman »Glenarvon«, der buchstäblich über Nacht zum Bestseller wurde und dessen Autorin niemand anderer war als seine Ehefrau, Lady Caroline Lamb. Sie hatte es nicht einmal für notwendig befunden, diesen anstößigen Schlüsselroman unter einem Pseudonym erscheinen zu lassen.

Während alle in der Familie vermutet hatten, daß Caro während ihrer schlaflosen Nächte schlimmstenfalls harmlosen Unsinn trieb, stellte sich nun heraus, daß sie zu dunkler Stunde monatelang am Schreibtisch gesessen war und in aller Heimlichkeit an der Schmach der Familie gestrickt hatte. Ihr alter Freund Samuel Rogers trug das Manuskript zu einem Verleger. Der lehnte es umgehend ab, wohl ohne es, wie das zuweilen Verlegerart ist, eines Blickes gewürdigt zu haben. Was, so mag er sich gefragt haben, würde wohl von der verrückten Lady Caroline zu erwarten sein? Mit Sicherheit nichts.

Verleger Henry Colburn griff mit beiden Händen zu, sobald er die ersten paar Seiten gelesen hatte, und kaum war das Buch erschienen, orderten die Buchhändler ständig Nachbestellungen. Die Presse kommentierte das Werk eingehend, das Publikum verschlang es.

»Glenarvon«, im Stil der romantischen mittelalterlichen Schauerdramen (wie sie damals in Mode waren) und nicht einmal besonders gut geschrieben, interessierte wegen der Aussagen, die nur allzuleicht zwischen den Zeilen zu lesen waren. Die einzelnen Personen der Handlung waren ohne Mühe als Mitglieder der englischen Hocharistokratie zu erkennen – wenig schmeichelhaft gezeichnet, bis auf eine einzige. Die Gegenspielerin des negativen Helden Glenarvon (eindeutig Byron) war ein Mädchen namens Calantha, jung, impulsiv, schön und unschuldig. Kein Zweifel, daß sich Caro darin selbst verewigte.

»Glenarvon« ist das Musterbeispiel eines Ritterromans, bestückt mit unheimlichen Ruinen, durchtost von wilden Stürmen, umkreist von kreischenden Todesvögeln in finsterer Nacht. Calantha (Caro) heiratet den Grafen von Avondale (Lamb), der sie wegen ihrer Kindlichkeit verlacht und vor der Hochzeitsnacht vergewaltigt. Ruhelos streift das unglückselige junge Weib durch die Wälder, sieht einen zauberschönen jungen Mann flötespielend an einem Baum lehnen. Die süße Melodei spiegelt ihr vor, auf »ein fühlendes Herz« gestoßen zu sein, und so nimmt das Unglück seinen Lauf. »Wehe all denen, die Glenarvon je geliebt haben ...«

Kaum kaschiert beschreibt Caro die Stationen ihrer Beziehung zu Byron, und zu guter Letzt verhaucht Calantha in den Armen ihres Gemahls ihr junges Leben. Der Graf fordert den Verführer seiner Frau – und wird getötet. Glenarvon flieht, heiratet, wird ständig von den Gespenstern der Verblichenen verfolgt und halb wahnsinnig. Schließlich sinkt er während eines Sturmes ins nasse Grab, wobei eine hohle Stimme aus wolkenverhangenen Himmelshöhen ihm zuruft: »Unverbesserlicher Sünder, das Maß ist voll ... Das Beil der Gerechtigkeit wird auf dich herabstürzen.«

Interessanterweise scheint die Figur des Glenarvon, trotz aller Verworfenheit, letzten Endes doch in seiner melancholischen Romantik eher positiv als negativ, ein unglücklicher Mensch, gleichermaßen geliebt wie gehaßt. Mit ihrem Mann ging Caro-Calantha weniger glimpflich um, mit den übrigen Mitgliedern der Familie schon gar nicht.

Caros Erfolg als Autorin – drei Auflagen in drei Monaten, Übersetzungen in mehrere Sprachen – war desaströs für ihre Ehe. Caro hatte zwar allen Leuten erzählt, ihr Mann hätte das Manuskript noch vor der Drucklegung gelesen, doch daran war kein wahres Wort. Lamb war wie vor den Kopf gestoßen, zornig und bestürzt über die schamlose Offenherzigkeit, mit der seine Frau selbst intimste Einzelheiten ihrer Ehe preisgegeben hatte. »Ich wollte, ich wäre tot«, sagte er zu einem Freund. Scheiden ließ er sich trotzdem nicht. Immer mehr kristallisierte sich heraus, daß William die tragischste Figur in diesem Liebesdreieck Byron – Caro – Lamb war.

Caro kam nicht auf die Idee, sich bei ihrem düpierten Mann zu entschuldigen. Aber sie schrieb an Byron im Hinblick auf ihr Buch: »Ich habe gegen jeden Menschen gesündigt, besonders Ihnen gegenüber. Ich leide von ganzer Seele für alles, was ich getan habe, und klage niemanden an, ausgenommen mich selbst.«

Gute Freunde beeilten sich, Byron ein druckfrisches Exemplar von »Glenarvon« zu schicken – und er reagierte mit erstaunlicher Gelassenheit: »Ich habe den Eindruck, daß die Autorin die Wahrheit geschrieben hat und nichts als die ganze Wahrheit ... Die Romanze allerdings war nicht nur romantisch, sondern unterhaltsam. Was die Ähnlichkeit meines Portraits betrifft – ich bin nicht lange genug Modell gesessen ...«

»Glenarvon« erreichte Byron in der Schweiz, und zwar in Genf, wo sein Freund und Dichterkollege Percy Shelley lebte. Byron mietete eine elegante Villa, verbrachte aber viel Zeit im Hause Shelleys, zusammen mit dessen Ehefrau, der noch heute wohlbekannten Schriftstellerin Mary Wollstonecraft-Godwin (»Frankenstein«) und Marys Schwester Claire Clairmont. Als Claire im März 1817 ein kleines Mädchen namens Arabella zur Welt brachte, war Byron, der Kindsvater, schon über alle Berge nach Italien entwichen.

Längere Zeit hielt er sich in Venedig auf, rastlos, selbstzerstörerisch im Sexrausch und Arbeitsdelirium. Er habe, so schrieb er pubertär-angeberisch seinen Freunden, einundzwanzig Frauen besessen, »Gräfinnen, Schustersfrauen, einige von hohem, einige von niederem Stand – und allesamt Huren«. Daneben aber entstanden einige seiner schönsten und bedeutendsten Werke: »Manfred«, »Tasso« und eine Fortsetzung von »Childe Harold«.

Das hektische Leben hinterließ tiefe Spuren in Byrons Äußerem: er wurde dick und schwammig, bleich und glatzköpfig. Der noch nicht einmal Dreißigjährige sah aus wie fünfzig, und er fühlte sich »wie sechzig«.

Dennoch eroberte er das Herz der wunderschönen Gräfin Teresa Guiccioli, achtzehn Jahre jung und mit einem vierzig Jahre älteren Mann verheiratet. Sie wurde die Gefährtin der nächsten Jahre, das Verhältnis vom alten Grafen halbherzig geduldet. Selbst die Rota Romana ließ diskret Gnade walten, indem sie die Ehe Guicciolis für ungültig erklärte. Durch Teresa geriet Byron in den Sog der italienischen Freiheitsbewegung und ins Visier der österreichischen Polizei. Er mußte mehrmals fliehen oder untertauchen, weil er sich dem Geheimbund der »Carbonari« angeschlossen hatte, deren Ziel es war, die Fesseln der österreichischen Besatzung in Venetien und in der Lombardei abzuschütteln.

Eine Reihe historischer Dramen entstanden in jener Zeit, die mehr oder minder deutlich Byrons Sympathie für den Freiheitsdrang der Italiener wie auch der Griechen bekundeten, die unter türkischer Herrschaft schmachteten. Parallel dazu arbeitete er unermüdlich an seinem bedeutendsten Werk, »Don Juan«, einem vielschichtigen Versepos, das in mehrfacher Hinsicht zu fesseln vermochte.

Die kriegerischen und erotischen Abenteuer eines Jünglings aus spanischem Adelshaus boten den Vorwand für tiefsinnige philosophische Weltbetrachtung. Satirische Passagen rechneten rigoros mit dem Pharisäertum und Dünkel der herrschenden englischen Schichten ab. Byron geizte nicht mit Seitenhieben auf bestimmte Personen, deren Identität nur oberflächlich durch exotische Phantasienamen verschleiert war. Byrons geschiedene Frau wurde ebenso unbarmherzig gegeißelt wie Lady Caroline.

Das Epos entzückte wohl Kenner und Liebhaber großer Literatur. Mit wütender Ablehnung, Abscheu und Entsetzen reagierten die aufrechten Söhne und Töchter Albions, die ihr Vaterland einmal mehr durch Byron in den Schmutz gezogen sahen. »Don Juan« wurde in England sofort auf den Index gesetzt, andernorts mit Begeisterung und Staunen angenommen. »Don Juan ist ein grenzenlos geniales Werk, menschenfeindlich bis zur herbsten Grausamkeit, menschenfreundlich in den Tiefen süßester Neigung sich versenkend«, urteilte Goethe.

Nach fast siebenjährigem Aufenthalt verließ Byron Italien ziemlich überstürzt. Der Freiheitskampf der »Carbonari« kam nicht voran, die süße Teresa war zur täglichen Gewohnheit geworden. Seine Lordschaft langweilte sich, war aber, wie er seinem Tagebuch anvertraute, »zu träge, um mich zu erschießen«.

Da erschien, wie vom Himmel gesandt, unter größten Ehrfurchtsbezeugungen, eine Delegation aus Griechenland und bat den großen Dichter, der in seinen Werken tiefe Neigung für Hellas ausgedrückt hatte, den Freiheitskampf des griechischen Volkes zu unterstützen. Es steht nicht fest, ob die braven Griechen nur an Geld oder tatsächlich an einen persönlichen Einsatz des Poeten gedacht hatten. Er tat beides: er spendete Geld, viel Geld (60 000 Dollar – ein Vermögen!), und er war bereit, sich selbst ins Kampfgetümmel zu stürzen. Ohne sich von Teresa auch nur zu verabschieden, verließ er das Land, um endlich zu verwirklichen, wonach seine in einem verkrüppelten Körper gefangene Seele zeitlebens gedürstet hatte: »Taten, Taten, Taten.«

Seit ihrer glorreichen Antike waren die Griechen von zahllosen Völkern und Mächten okkupiert, unterdrückt, verfolgt, gequält und zunehmend ihrer Identität beraubt worden. Den Römern folgten die Germanen, die Slawen, die Araber, die Normannen, die Franken und schließlich die Türken. Jahrhundertelang hatten die Griechen stillgehalten, aber dann explodierte ihre Wut. 1821 metzelten sie auf einen Schlag 15 000 Türken nieder, die dann ihrerseits 23 000 griechische Männer ermordeten sowie 47 000 Frauen und Kinder in die Sklaverei verschleppten. Die Welt sah tatenlos zu – Byron handelte.

Am 5. Januar 1823 landete er in Mesolongion im Golf von Patras, einem Zentrum des Aufruhrs. Die Kämpfe wurden von beiden Seiten nach wie vor mit unglaublicher Härte und Grausamkeit geführt. Byron rekrutierte eine kleine Armee von sechshundert Mann, dichtete ein weiteres feuriges Kriegslied: »Dort winkt Ehre, dort winkt Gold ...«, und stürmte mit den Seinen gegen die Festung Lepanto. Die Ehre blieb aus, das Gold tat seine Wirkung. Gegen einen Batzen Geld öffneten die Türken die Festungstore.

Kraft seiner zündenden Worte und seines leuchtenden Vorbildes hat Byron mehr für das geliebte Griechenland getan als die meisten Kriegs- und Maulhelden. Der dichterische Funke seiner Begeisterung entzündete in ganz Europa ein gewaltiges Feuer.

Überall schossen philhellenische Vereine aus dem Boden, Geldströme ergossen sich gen Süden und unterstützten die Freiheitskämpfer. Später, aber nicht zu spät, begannen sich die Großmächte Frankreich, England und Rußland einzumischen. Sie verhalfen mit ihren Kanonenbooten den Griechen zum Sieg.

1830 konnten sie ihre Loslösung von der Türkei feiern und einen eigenen Staat gründen.

Byron war es nicht mehr vergönnt, den Triumph seiner Idee zu erleben. Er erlag am 19. April 1824 einer Malaria-Attacke. Mitte Mai traf die Todesnachricht in England ein und löste die heftigsten Emotionen aus. Während seine Feinde jubelten, waren seine (wenigen) Freunde fassungslos vor Schmerz. Unberührt blieb niemand, denn, so »London Magazine«: »Die Nachricht erschütterte London wie ein Erdbeben. Wenn es geheißen hätte, daß Sonne oder Mond vom Himmel gefallen wären, hätte das nicht mehr erschüttern können.«

Walter Scott, Thomas Moore und natürlich Goethe betrauerten den Heimgang eines säkularen Genies, wenn auch der große Alte von Weimar genau zwischen Werk und Autor unterschied: »Sich selbst alles erlauben und anderen nichts billigend, mußte er es mit sich selbst verderben und die Welt gegen sich aufbringen.« In der Figur des Euphorion in Faust II hat Goethe aber dem englischen Dichter ein wunderbares Denkmal gesetzt.

Mit der Brigg »Flora« erreichte Byrons einbalsamierter Leichnam am 29. Juni die Themsemündung. Auf dem Deck tollten vergnügt und unbekümmert die drei Doggen des Verblichenen. Ein Ehrengrab in Poet's Corner in Westminster Abbey, wie es dem bedeutendsten englischen Dichter seiner Zeit eigentlich zugestanden wäre, wurde ihm verweigert wegen »seines amoralischen Verhaltens als Mensch und Künstler«.

An der in London abgehaltenen Trauerfeier nahmen nur Schwester Augusta Leigh und wenige Freunde teil. Seine geschiedene Frau Annabella Byron erschien nicht, ebensowenig die damals neunjährige Tochter Ada Augusta. Das Kind hat nie erfahren, wer sein Vater wirklich war. Annabella hat wenig später Byrons Verleger die Memoiren ihres Mannes unter einem Vorwand entlockt und Blatt für Blatt verbrannt.

Die Leiche des Dichters wurde am 14. Juli nach Newstead Abbey übergeführt und dort in der Famliengruft beigesetzt. Und dies ist genau der Augenblick, da der tote Dichter und seine ehemalige Geliebte Caroline Lamb einander zum letzten Mal begegneten.

Sie hatte sich in den Jahren nach Byrons Abreise und nachdem sich die Wogen der Entrüstung über ihren Roman »Glenarvon« geglättet hatten, unauffällig verhalten – wenn man davon absieht, daß sie oft tagelang das Bett nicht verließ und nur jenen einzigen Stuhl anstarrte, auf dem Byron so oft gesessen war. Auch stand sie stundenlang reglos an einem Erkerfenster ihres Wohnhauses und sah angespannt auf die Straße, als erwarte sie jemanden, der aber niemals kam. Nachts saß sie meist am Schreibtisch und verfaßte zwei weitere Romane, »Graham Hamilton« und »Ada Reis«, die aber ruhmlos untergingen. Ihr bescheidenes schriftstellerisches Talent hatte sie mit »Glenarvon« restlos verbraucht.

Bereits Monate vor Byrons Tod wurde Caro von Alpträumen und bösen Vorahnungen gepeinigt. Im März 1824 erlitt sie einen Schwächeanfall und konnte wochenlang das Bett nicht verlassen.

Ärzte und Pflegepersonal gaben einander in Brocket Hall die Klinke in die Hand.

Der Stimmungswechsel kam, wie so oft bei ihr, praktisch über Nacht. Sie wirkte ausgeglichen, scherzte gelegentlich mit dem Personal – bis zu dem Augenblick, da der verhängnisvolle Brief Williams aus London eintraf: »Caroline, bitte sei gefaßt«, schrieb er. »Ich weiß, es wird Dich treffen. Lord Byron ist tot.« Sie hatte die Zeilen noch nicht ganz zu Ende gelesen, als sie lautlos zusammensank. Diener trugen sie ins Bett, das sie bis zum 14. Juli nicht verließ.

An diesem Tag fühlte sie sich überraschenderweise wohl und unternehmungslustig. Die Luft war lau, die Sonne schien – Caro wünschte sich eine Fahrt ins Grüne. Sie stieg in die Kutsche, William ritt nebenher. Lachend und einander neckend begaben sich die beiden in Richtung des Dorfes Welwyn, das nicht weit entfernt von Byrons ehemaligem Stammschloß Newstead Abbey lag.

Kurz bevor die Ausflügler – noch immer bester Laune – umwenden und heimkehren wollten, begegnete ihnen ein schwarz verhangener Leichenwagen, gezogen von vier Rappen mit schwarzen Federbüschen auf dem Kopf. Caro nahm weiter keine Notiz davon, William ritt zum Kondukt, wechselte ein paar Worte mit dem schwarzgekleideten Kutscher und kam sichtlich bestürzt und schweigsam zurück. Caro schien seinen Stimmungsumschwung nicht zu bemerken und maß dem Leichenzug keine Bedeutung bei, denn sie hatte angenommen, daß Byron in Westminster begraben würde. Als sie Tage später erfuhr, daß sie ihrem toten Geliebten begegnet war, brach sie abermals zusammen.

Sobald sie fähig war, das Bett zu verlassen, entwickelte sie eine fieberhafte Korrespondenz. Sie versuchte herauszufinden, wer an Byrons Sterbebett gestanden war, sie bombardierte diese Todeszeugen mit Briefen und versuchte aus ihnen herauszupressen, daß Byron mit ihrem Namen auf den Lippen gestorben wäre. Doch nicht ein einziges Mal hat er sie in seinen letzten Stunden erwähnt. Durch seine Fieberdelirien geisterten die Namen Augustas, Annabellas und Ada Augustas, vor allem beschäftigte ihn das weitere Geschick Griechenlands.

Möglichst schonend, unter vielen Umschreibungen und Ausflüchten, teilte man Caro die für sie niederschmetternde Tatsache mit. Ihr Ausbruch war fürchterlich. Sie zertrümmerte ein ganzes Porzellanservice samt den dazugehörigen Gläsern, sie ging mit Zähnen und Klauen auf ihren Hausarzt los, riß ihm die Taschenuhr von der Kette und zertrat sie.

Caro war am Ende. Und William war es auch. Endlich gab er seiner Familie nach und erwog die Scheidung. Er *erwog* sie vorerst nur, doch sein Entschluß stand endgültig fest, nachdem seine Eltern das Thema mit Caro erörtert hatten – so schonungsvoll, wie es ihnen möglich war – und Caro daraufhin in konvulsivische Zuckungen verfiel, sich schreiend auf der Erde wälzte.

William floh nach Brighton; er schrieb seiner Frau, daß er nicht gewillt sei, jemals wieder mit ihr unter einem Dach zu leben. Caro begriff, was das bedeutete. Es bedeutete, daß sie ihr geliebtes Brocket Hall für immer würde verlassen müssen, und sie schickte einer ihrer Freundinnen einen herzzerreißenden Brief: »Ich kann es nicht ertragen [Brocket Hall aufzugeben] ... Ich würde alles geben, was ich auf Erden besitze, um das zu sein, was ich einmal war. Ich würde nun ganz gehorsam und sanft sein. Aber ich werde vor Kummer sterben ... Mein Leben war das beste nicht. Ich war Sklavin meiner plötzlichen Eingebungen – und ich bin in meine eigene Zerstörung gestürzt.«

Im Juni 1825 willigte Caro »gehorsam und sanft« in die Scheidung ein. Eine Apanage von 2 500 Pfund wurde ihr zugesagt, unter der Bedingung, daß sie Brocket Hall bis spätestens August räumte und sich dann in London in einem Haus niederließe, das William für sie erworben hatte.

Nur in Begleitung einer Zofe verließ sie Brocket Hall am 12. August 1825. Die Diener und fast sämtliche Dorfbewohner bildeten ein schweigendes Spalier, ihr Auszug aus dem Paradies vollzog sich höchst manierlich. »Welch ein Glück. Sie ging ohne Trommelwirbel ... In besserer Laune und Verfassung als seit langem ... sie war ganz still und sagte gar nichts«, berichtete eine Augenzeugin.

Caro reiste mit ihrer Begleiterin geradewegs nach Paris, war aber schon nach wenigen Wochen wieder in England. Wie nicht anders zu erwarten, obsiegte Williams weiches Herz über Verzweiflung und Abneigung und erlaubte Caro, sich für immer in Brocket Hall niederzulassen. Er selbst besuchte sie gelegentlich, blieb aber nie länger als ein paar Stunden, schon gar nicht über Nacht.

Caro tat zunächst so gut wie nichts. Dann begann sie wieder zu trinken. Im Oktober 1825 schreibt ihr Hausarzt: »Lady Caroline hat eine starke Veranlagung für geistige Umnachtung und ist besonders durch geistige und körperliche Überanstrengung gefährdet ... Ich bin überzeugt, daß Ihre Ladyship, wenn sie gleichmäßig und freundlich behandelt wird, gesunden könnte oder zumindest ruhiger werden ... *Aber es müssen Maßnahmen ergriffen werden, daß sie weniger Wein trinkt ...*«

Niemand behandelte sie gleichmäßig freundlich, niemand ergriff Maßnahmen, um sie vom Wein abzuhalten. Zunächst waren Nachbarn und Freunde noch ihren Einladungen gefolgt, dann blieben sie aus, nachdem Caro mehrmals bei Tisch unmäßig getrunken und wüst randaliert hatte. Sie dachte sich ein großartiges »Versöhnungsbankett« für achtzig Personen aus, eine Riesentafel bog sich unter erlesenen Köstlichkeiten, zwanzig Musiker sollten aufspielen, aber niemand kam. Verzweifelt schickte sie Kutschen aus, die Gäste herbeizuholen. Die Wagen kamen leer zurück. Das Essen wurde nicht serviert, die Musiker gingen nach Hause, Caro betrank sich.

Sie hatte, das steht fest, von da an einige Liebhaber – wie und wo sie diese kennengelernt hat, bleibt unklar. Manchen erlaubte sie, einige Wochen, anderen nur wenige Tage an ihrer Seite zu bleiben, und wer gerade in ihrer Gnade war, durfte einen Ring tragen, den ihr Byron geschenkt hatte.

Ihr letzter Anbeter war ein gewisser Bulwer-Lytton, ein bildschöner Junge, achtzehn Jahre jünger als sie, und seine bestechendsten Eigenschaften waren eine gewisse Ähnlichkeit mit Byron und seine Absicht, Schriftsteller zu werden. Lytton hat später über sie gesagt: »Sie sah wesentlich jünger aus, als sie war, vielleicht dank ihrer zarten Figur und der kindlichen Art, ihr Haar zu tragen, das matt golden schimmerte und in winzige Löckchen gedreht war.« Er bezeichnete ihre Unterhaltung als »animierend«, dieses sprunghafte Hin und Her zwischen tiefen Gefühlen und kindischem Unsinn. Besonders habe ihn ihre sanfte, von leisem Lispeln begleitete Stimme erregt.

Als Bulwer-Lytton ziemlich überraschend ein besonders hübsches Mädchen heiratete, wurde Caro ernstlich krank und verschlossen wie nie zuvor. Wenn sie überhaupt sprach, dann nur von Byron und der wundervollen Zeit, die sie mit ihm verbracht hatte. Wir erinnern uns: Es waren ganze zwei Monate!

Im Mai 1827 übersiedelte William Lamb als Staatssekretär nach Irland und hatte keine Möglichkeit mehr, seine geschiedene Frau wenigstens sporadisch zu besuchen. Im Herbst desselben Jahres gingen erschreckende Veränderungen mit Caro vor sich. Ihr Leib schwoll ballonartig auf, und die Diagnose ihrer Umgebung lautete lapidar auf »Wassersucht«, ein Begriff, mit dem man damals viele Leiden umschrieb. Einhellig war die Meinung, daß dies eine Folge ihrer Trunksucht sei.

Ihr Hausarzt schrieb an William, er sei in größter Sorge, denn der Unterleib Ihrer Ladyship hätte sich mit einer »ungeheuren Menge an Flüssigkeit« gefüllt und in den Eingeweiden bestünden »gefährliche Blockaden«. Lady Caroline sei überzeugt, nicht mehr zu genesen, aber sie sehe dem Tod gefaßt entgegen.

Dr. Goddards Diagnose mag nach heutigen Begriffen sehr vage klingen – doch damals war es einfach nicht möglich, den Ursprung der Krankheit genau festzustellen. Caro könnte ebensogut an Leberzirrhose wie an Krebs gelitten haben, auch ein schwerer Herzfehler scheint nicht ausgeschlossen.

Caro hatte dem Arzt aufgetragen, William mit der Wahrheit über ihren Zustand nicht zu behelligen, denn »ich möchte nicht, daß er sich Sorgen macht. Er hat dort drüben in Irland soviel Wichtigeres zu tun und zu bedenken als mich und meine Krankheit«.

Sie war schon zu schwach, um selbst die Feder zu führen, und diktierte darum einen Brief an William: »Ich fühle mich wirklich besser, die Medizin beginnt zu wirken und ich habe alles, was ich mir wünschen kann ... Gott schütze Dich, mein liebster William, ich werde Dir sobald wie möglich selbst schreiben. Vergiß nicht, mir ein paar Zeilen zu schicken ...«

Im Brief an eine Freundin klingt es ganz anders: »Ich liege auf meinem Sterbebett. Ich wünschte, ich wäre durch einen Diamanten gestorben, nun sterbe ich durch einen Ziegelstein ... Der einzig noble Mensch, dem ich je begegnet bin, ist William.«

Lamb war gerührt von den scheinbar zuversichtlichen Zeilen seiner Frau und erschüttert über die düstere Prognose des Arztes, verzweifelt, daß er in Irland beruflich unabkömmlich war. »Mein Herz bricht, daß ich nicht bei Dir sein kann«, schrieb er seiner Frau. »Welch ein Unglück, daß Du krank bist und ich hier durch die Umstände festgehalten werde.« (In Irland versuchte sich die katholische Bevölkerung erstmals zu emanzipieren.)

Von Irland aus verfügte William Lamb, man möge seine Frau von Brocket Hall in ihr kleines Londoner Haus bringen, und bestellte die besten Ärzte der Metropole an ihr Krankenbett. Doch keine der Kapazitäten konnte wirklich helfen.

Von Weihnachten an dämmerte Caro nur noch vor sich hin. In einem lichten Augenblick bat sie, man möge William so rasch wie möglich herbeiholen, und tatsächlich ließ er alles stehen und liegen, um zu seiner sterbenden Frau zu eilen. Stundenlang saß er an ihrem Bett und hielt stumm ihre Hand.

Als sie am 26. Januar 1828 ihren letzten Atemzug tat, war er zufällig nicht im Zimmer. Man holte ihn herbei, er kniete nieder, barg den Kopf in den Händen, zeigte aber sonst keinerlei Gefühlsregung. Das Sterbezimmer Caros hat er von dem Augenblick an nicht mehr betreten, und sofort danach verkaufte er das ganze Haus.

Sechs Monate nach Caro starb Williams Vater, der Titel eines Viscount auf Melbourne ging automatisch auf den Sohn über. Der neue Lord Melbourne widmete nun alle Kräfte seiner politischen Laufbahn, die ihn in lichte Höhen trug. Als Premierminister wurde er der treueste Freund, ergebenste Diener und väterliche Ratgeber eines blutjungen Mädchens, das in seiner Herzlichkeit und unbekümmerten Frische viele Erinnerungen an die junge Caroline geweckt haben muß: Königin Victoria von England.

»Spiele nicht mit meinem Herzen«

Sophie von Löwenthal (1810–1889) und Nikolaus Lenau (1802–1850)

»Eins von uns beiden muß wahnsinnig werden«, prophezeite Sophie von Löwenthal, die schöne Frau des österreichischen Generalpostdirektors und Mutter dreier Kinder, als sie aus der Zeitung erfuhr, daß ihr langjähriger Herzenssklave sich durch Heirat ihrer lähmenden Umklammerung zu entziehen beabsichtigte. Sophie von Löwenthal wurde nicht wahnsinnig. Wahnsinnig wurde Nikolaus Niembsch, Edler von Strehlenau, der sich Nikolaus Lenau nannte, einer der berühmtesten und umschwärmtesten Poeten deutscher Sprache in der ersten Hälfte des 19. Jahrhunderts.

Es wäre natürlich abwegig, Sophie zu unterstellen, sie sei die Ursache der Katastrophe gewesen – was ihr zeitlebens von Lenaus Freunden vorgeworfen wurde. Der Dichter ist höchstwahrscheinlich eines der ungezählten Opfer einer venerischen Krankheit geworden. Allerdings: Auch vom Elternhaus her war er erheblich belastet. Sowohl Vater wie auch Mutter verhielten sich nicht »normal« im landläufigen Sinn.

Lenau kam als einfacher Nikolaus Niembsch am 13. August 1802 im ungarischen Csatád bei Temesvar zur Welt. (Der Adelstitel »von Strehlenau« kam erst später hinzu.) Vater Franz entstammte einer wohlbekannten und hochangesehenen österreichischen Offiziersfamilie, deren Spuren bis ins 16. Jahrhundert nachzuvollziehen sind – er war es, der den glänzenden Ruf der Familie binnen weniger Jahre ruinierte.

Ebenfalls zum Offizier bestimmt, interessierte er sich weniger fürs Kriegshandwerk als für Glücksspiel, Weiber und mehr Tokaier, als ihm guttat. Das lustige Leben endete mit einem Schlag, als er ein braves Bürgermädchen, Therese Maigruber, Tochter einer ehrbaren Witwe, schwängerte. Therese drohte, sich in die Donau zu stürzen, falls er sie nicht heirate. Seine Eltern drohten, ihn zu enterben, falls er Therese heirate. Franz erwies sich einmal, dieses eine Mal, als Kavalier, quittierte den Dienst und ehelichte am 6. August 1799 Therese. Drei Wochen später wurde die Tochter Magdalena geboren. 1801 folgte eine Therese, 1802 Sohn Nikolaus und 1804 eine weitere Magdalena, nachdem die erste dieses Namens dreijährig gestorben war.

Mit dem Tod dieses Mädchens verbindet sich das düsterste Kapitel in der tragischen Ehegeschichte von Franz und Therese Niembsch. Nachdem Franz schon bald nach der Hochzeit sein liederliches Leben wieder aufgenommen und die bescheidene Mitgift seiner Frau durchgebracht hatte, war es Therese allein, die mit Hilfe ihrer Mutter die Familie über Wasser hielt.

Zufällig war er jedoch daheim, als das Kind, an Gehirnhöhlenwassersucht (Gehirnhautentzündung) lebensgefährlich erkrankt, plötzlich zu röcheln und die Augen zu verdrehen begann. Therese schickte ihren Mann zum Arzt, doch weder Franz noch der Doktor tauchten auf. Hilflos mußte die Mutter mitansehen, wie Lenchen dahinstarb.

Nach sieben langen Stunden endlich Schritte an der Tür. Therese reißt sie auf. Vor ihr stehen zwei wildfremde Männer und überreichen ihr einen von ihrem Mann unterzeichneten Schuldschein: Franz hat das Geld für den Arzt in die nächste Spielhölle getragen, verloren und immer weiter verloren. Die Männer drohen: Falls Therese nicht die Schuld übernimmt und dies durch ihre Unterschrift bestätigt, wird Franz sofort in den Schuldturm geworfen. Angesichts des Leichnams ihres Kindes greift Therese zum Federkiel und lastet sich bis fast an ihr Lebensende eine zentnerschwere finanzielle Bürde über 17 000 Gulden auf.

Keuchend unter dem Schuldenjoch drohten sie, angesichts einer vierten Schwangerschaft, die letzten Kräfte zu verlassen, und sie übersiedelte mit dem einjährigen Nikolaus und der zweijährigen Therese zu ihrer Mutter nach Ofen, wo die zweite Magdalena das Licht der Welt erblickte. Der Kindsvater indes hatte sich bereits wieder aus dem Staub gemacht, unter dem Vorwand, in Wien eine Stellung zu suchen. Welcher Art die »Stellung« war, wissen wir nicht. Vermutlich hat er, »der schöne Niembsch«, sich von Frauen aushalten lassen. Es hieß, daß er in einer eleganten Wohnung mit Dienerschaft lebte und sich sogar Pferd und Wagen hielt.

Nach einem halben Jahr war er wieder daheim – abgebrannt, ausgemergelt, krank. Er starb 1807, noch nicht einmal dreißig Jahre alt, vermutlich an Tuberkulose.

Thereses Reaktion auf den Tod des Mannes, der sie so tief ins Unglück gestürzt hatte, war äußerst befremdlich. Sie packte den fünfjährigen Sohn, stellte sich mit ihm auf die ziemlich morsche, in den Keller führende Falltür und trampelte, hysterisch schluchzend und schreiend, darauf herum. Das Holz sollte endlich brechen, sie wollte mitsamt dem Kind in die Tiefe stürzen. Die Tür hielt dem Toben stand, Therese kam wieder zu sich – und verhielt sich weiterhin höchst merkwürdig.

Kurz nach dem Tod von Franz Niembsch meldeten sich dessen Eltern, die ihren Sohn seiner Heirat wegen verstoßen und enterbt hatten. Der Kommandant der Militär-Monturskommission in Brünn, Oberstleutnant Joseph Niembsch, und dessen Gemahlin Katharina, geborene Freiin von Kellersberg, erboten sich, ihren Enkelsohn aufzunehmen und ihn standesgemäß zu erziehen. Es darf vermutet werden, daß nicht reine Menschen- und Nächstenliebe der Anlaß für diesen Vorschlag war, sondern daß vielmehr der kleine Niki an die Stelle des verlorenen Sohnes treten und die Ehre der Niembsch wiederherstellen sollte.

Therese lehnte kurzerhand ab. Niemals würde sie ihren einzigen Sohn auch nur eine Minute hergeben. Nach wenigen Wochen der nächste Plan: Therese sollte mit allen ihren Kindern nach Brünn übersiedeln, bis an ihr Lebensende wäre sie aller Sorgen enthoben.

Therese zog die Sorgen vor. Mit keinem Menschen auf der Welt wollte sie ihren Niki teilen, ihr allein sollte er gehören, und sie nahm es auch in Kauf, daß die Schwiegereltern sofort die kleine Unterstützung strichen, die sie ihr bis dahin gewährt hatten.

Thereses Liebe zu Nikolaus war monströs. Sie trieb einen wahren Götterkult mit dem hübschen, hochbegabten Knaben, der schon vor Schuleintritt lesen und schreiben konnte und bereits als Kind im Violinspiel brillierte.

Dieses »Meisterstück der Natur«, wie sie ihn zärtlich nannte, wurde verwöhnt und verhätschelt, nicht nur von der Mutter, sondern auch von den Schwestern. Während die Frau und die Mädchen Einbrennsuppe und Kraut aßen, bekam der Knabe die feinsten Leckereien vorgesetzt, und jeden Tag brachte sie ihm das Frühstück ans Bett: Kipferl und Kaffee – für die anderen trockenes Brot und dünner Kräutertee. »Ich könnte mich für dich schinden lassen. Es gibt keine Marter, die ich um deinetwillen nicht ertrüge«, sagte sie einmal zu ihm; so hat es Lenau später berichtet.

Irgendwann kam der Augenblick, da sie das Gefühl hatte, es bei aller Liebe für Niki nicht mehr allein zu schaffen: Sie heiratete 1811, nicht aus Neigung sondern in blankem Kalkül, den praktischen Arzt Dr. Karl Vogel, mit dem sie später noch zwei Kinder hatte. Dr. Vogel war zwar ein weicher, unendlich gütiger Mensch, aber – vielleicht gerade deswegen – kein sehr erfolgreicher Arzt.

Im fernen Tokaj rechnete er sich bessere Chancen für eine Praxis aus, und so übersiedelte die Familie 1816 dorthin. Bereits ein Jahr später war Therese mit ihren Kindern aus erster Ehe wieder in Pest: In Tokaj hatte sich kein passendes Gymnasium für Niki gefunden. Wieder begann das Hungern und Darben, denn Dr. Vogel verdiente so wenig, daß er die Frau mit ihren drei Kindern kaum unterstützen konnte.

Auf nicht bekannten Wegen haben die Großeltern Niembsch, mittlerweile nach Stockerau bei Wien übersiedelt, vom Hungerleben der Schwiegertochter erfahren. Erneut machten sie das Angebot, Niki zu sich zu nehmen, erneut lehnte Therese ab.

Es muß sie wie ein Donnerschlag angerührt haben, als sie erfuhr, daß Niki danach hinter ihrem Rücken Verbindung mit den Großeltern aufgenommen hatte. Der nagenden Not und wohl auch der besitzergreifenden Liebe seiner Mutter überdrüssig, fragte er an, ob er nicht zu ihnen kommen und bei ihnen bleiben dürfe.

Keine Frage: Die alten Niembsch waren überrascht, hochbeglückt und sie triumphierten. Mit herablassender Großmut boten sie an, nicht nur Niki, sondern auch dessen Schwester Leni aufzunehmen. Therese tobte – aber dem starren Willen des sechzehnjährigen Sohnes war sie nicht gewachsen. Er und Leni machten sich auf den Weg nach Stockerau, Therese kehrte zu ihrem Mann nach Tokaj zurück. »Entrissen ist mir alles, jede Freude meines Lebens«, schrieb sie klagend dem Sohn.

Es ist dem Jungen sehr bald klargeworden, daß er vom Regen in die Traufe geraten war: kein Kipferl ans Bett, keine überströmende mütterliche Zärtlichkeit, dafür Drill und Gehorsam, Pünktlichkeit, Reinlichkeit, strenge Etikette, ein ganzes langes Jahr, bis endlich das Abitur geschafft war und Aussicht auf ein wenig persönliche Freiheit bestand. Militär? Nein, zum Militär wollte Niki keineswegs. Da er keine sonderliche Neigung für irgendein spezielles Fach verspürte und seine dichterischen Talente noch tief verborgen schlummerten, entschied er sich, in Wien Jura zu studieren – mit Segen der Großeltern, aber auch mit strengen Auflagen.

Keineswegs durfte er zu seiner Lieblingsschwester Therese ziehen, die mittlerweile einen kleinen Beamten namens Anton Xaver Schurz geheiratet hatte und in Wien lebte. Nein, die Großeltern zwangen ihn, bei einem ehemaligen Untergebenen des Obersten Niembsch, dem Hauptmann Volz, einem soldatisch korrekten Hagestolz, Quartier zu nehmen, der ein scharfes Auge auf den Jungen haben sollte. Einziger Lichtblick: Mutter Therese bewog ihren Mann, den armen Dr. Vogel, seine eben ein bißchen florierende Praxis in Tokaj aufzugeben, um in Preßburg, das Wien erheblich näher lag, erneut von vorn anzufangen.

Mutter und Sohn sahen einander nun regelmäßig, und in dem Maße, in dem Therese wieder Einfluß auf ihren Sohn gewann, entfremdete er sich von seinen Großeltern. 1821 kam es, nach einem an sich unbedeutenden Streit mit der Großmutter, zum Bruch. Mit dem dramatischen Aufschrei: »Lieber verhungern als Sklave in goldenen Ketten sein«, verließ er das Haus. Er nahm nichts mit als den erblichen Adelstitel Niembsch Edler von Strehlenau, den Kaiser Franz I. 1820 dem verdienstvollen Großvater verliehen hatte. Der Oberst starb bald danach, und erst Jahre später sollte es zur Versöhnung mit der Großmutter kommen. Sie starb 1830 und hinterließ dem Enkel ein nicht unbeträchtliches Vermögen, das ihn in die Lage versetzte, ausschließlich seinen dichterischen Neigungen zu leben.

Doch noch war lange keine Rede davon. Niki eilte, so schnell ihn die Postkutsche trug, dorthin, wo, wie er nun wußte, sein einziges Zuhause, sein einziges Nest, die einzige Liebe war: nach Preßburg, in die Arme der Mutter. Doch schon bald trieb es ihn wieder fort. Fort von der Mutter, fort von den Rechtswissenschaften, fort nach Ungarisch-Altenburg – in die Ackerbauschule. Niki, von Kindesbeinen an und bis an sein Lebenende der Natur aufs innigste verbunden, vermeinte im Agrarstudium den rechten Weg gefunden zu haben. Kaum hatte er sich in Ungarisch-Altenburg eingerichtet, erschien die ganze Vogel-Sippe, angeführt von Mutter Therese, und der gehorsame Dr. Vogel machte wieder einmal eine neue Praxis auf. Für wie lang?

Für gar nicht lang: Niki entwich nach Wien, weil er glaubte, endlich seine wahre Berufung zu kennen. Er inskribierte Medizin. Die Frage nach dem Verbleib der übrigen Familie beantwortet sich von selbst. Natürlich übersiedelte sie auch nach Wien, und Therese hielt ihre schützende Hand über das von ihr hervorgebrachte »Meisterstück der Natur«.

Des mütterlichen Trostes und Rates bedurfte er dringend, nachdem er unvermutet und kopfüber in seine erste hitzige Liebesaffäre gestolpert war: Bertha Hauer. Obwohl erst fünfzehn, war sie eine kleine Herumtreiberin zweifelhafter Herkunft, aber er sah sie durch rosig verklärte Schleier: »Ich liebe! Einem armen, vaterlosen, verlassenen Mädchen ... ohne eigentliche Bildung schenkte ich mein Herz mit dem festen Entschluß, es nicht wieder zurückzunehmen«, vertraute er einem Freund an.

Bertha jedoch scheint es weniger auf Gefühle des Herzens als auf Bares abgesehen zu haben. Sie und ihre Mutter holten aus dem Jungen, was nur herauszupressen war. Therese Vogel, durch eine Erbschaft nach ihrer Mutter sorgenfrei geworden, gab Niki willig das Geld, das die Hauer-Frauen von ihm verlangten.

Langsam wurde Niki in seiner Liebe wankend, bezeichnete Bertha als »unfleißig und bequem ... viel Kälte in einem so jungen Herzen ... gänzliche Entblößtheit aller Gefühle«. Bertha gebar eine Tochter namens Adelheid, aber ihre Behauptung, daß Niki der Vater wäre, stand auf tönernen Füßen. Allzu bekannt war mittlerweile ihr mehr als flatterhafter Lebenswandel.

Nachdem es zwischen ihr und Niki zum endgültigen Bruch gekommen war, angelte sie sich einen reichen griechischen Kaufmann und entschwand auf Nimmerwiedersehen in südliche Gefilde.

Dennoch: Der sensible Niki war tief getroffen, und der Seelenschmerz preßte seine ersten poetischen Ergüsse aus ihm heraus, Klagelieder über enttäuschte Liebe und zerbrochene Hoffnungen. Vor aller Augen verborgen begann sich ein Talent in der Stille zu formen.

Niki war ein ausgezeichneter Student, und seine Fortschritte waren hervorragend, obwohl er neben Medizin auch Vorlesungen in Philosophie, Geschichte und Literatur mit großer Anteilnahme besuchte, Bildung aus allen Richtungen wie ein Schwamm aufsaugend.

Die meiste freie Zeit verbrachte er im Zentrum des literarischen Wien, dem »Silbernen Kaffeehaus« in der Plankengasse, wo man nächtelang diskutierte und Billard spielte. Gebannt hing der Junge an den Lippen der Großen und schon teilweise Berühmten, wie etwa Eduard von Bauernfeld, Anastasius Grün, Eduard von Feuchtersleben, Ferdinand Raimund, Johann Nestroy und Franz Grillparzer.

In der illustren Gesellschaft befand sich auch ein strebsamer Beamter, Max von Löwenthal. Wie anstrengend seine Tätigkeit als Hofpostrat auch gewesen sein mag, er fand Zeit und Muße, sich der Dichtkunst zu widmen, die er als seine eigentliche Bestimmung empfand. Ein Theaterstück, ein umfangreiches Vers-Epos, zahllose Gedichte harrten noch der Verleger, aber mit einem nüchtern geschriebenen Reisetagebuch (Deutschland, Frankreich, England) konnte er einige Leser gewinnen. Im »Silbernen Kaffeehaus« wurde der geistreiche, die Dichter bedingungslos verehrende Mann von den Literaten als einer der Ihren akzeptiert – auch von Nikolaus Niembsch.

Auf die Frage der Freunde, ob er nicht selbst Lust hätte, etwas zu schreiben, gestand Nikolaus zögernd, daß er »auch« ein wenig dichte, sträubte sich aber, davon etwas preiszugeben. Tatsächlich hat er sich schon in sehr jungen Jahren, etwa ab 1821, in Nachdichtungen (vor allem von Horaz) versucht, und, wie erwähnt, nach der Trennung von Bertha Hauer die ersten eigenen tastenden Schritte gewagt.

Nach dem qualvollen Krebstod seiner Mutter, um die er lebenslang trauerte, schrieb er regelmäßig Poeme von zarter Innigkeit, überschattet von tiefer Melancholie, die zunehmend von ihm Besitz ergriff. Selbst in seinen tiefempfundenen Naturschilderungen schwingt stets ein Unterton von Trauer über die Vergänglichkeit allen Seins.

1828 erschien dann doch sein Gedicht »Jugendträume« in dem Almanach »Aurora« unter dem Namen Niembsch. Ein Jahr später veröffentlichte die vielgelesene »Damenzeitung« über Vermittlung des bereits arrivierten Dichters Anastasius Grün einen weiteren Text unter dem Pseudonym Nikolaus Lenau, das er nun für immer beibehalten sollte.

Durch die Freunde ermutigt und nach dem Tod der Großmutter Niembsch in halbwegs gesicherten Verhältnissen, beschloß Lenau, das Studium endgültig an den Nagel zu hängen und als freischaffender Autor zu leben. Die Freunde aus dem »Silbernen Kaffeehaus«, einerseits von seinen überreichen geistigen Gaben überzeugt, andererseits allesamt von der österreichischen Zensur geplagt, empfahlen ihm, sein Glück bei dem Stuttgarter Verleger Cotta zu versuchen – dem großen Johann Friedrich Cotta Freiherr von Cottendorf, der die Werke von Schiller und Goethe herausbrachte und fast alle Autoren des berühmten »Schwäbischen Dichterkreises«.

Lenau hatte Glück: Cotta lud ihn nach Stuttgart ein, erwarb für fünfzig Gulden die meisten seiner Texte, brachte sie 1832 unter dem schlichten Titel »Gedichte« heraus. Das Bändchen fand, zunächst im engsten Umkreis von Stuttgart, ein überaus freundliches Echo. »In drei Monaten«, berichtete Lenau nach Hause, »ist man hier mehr bekannt als in Wien in drei Jahren.« Und er blieb fürs erste gleich in Stuttgart, herzlichst aufgenommen im Schwäbischen Dichterkreis, deren hervorragendste Persönlichkeiten Justinus Kerner, Ludwig Uhland und Gustav Schwab (»Deutsche Heldensagen«) waren.

Für die biederen Schwaben mag der Aristokrat mit ungarischen Wurzeln aus der glanzvollen Kaiserstadt Wien den Reiz des Exotischen besessen haben – doch ist bekannt, daß Lenau darüber hinaus auf jedermann eine außerordentliche Anziehungskraft besaß. Geradezu hymnisch klingen die Aussagen derer, die ihn gut kannten: »Er ist eine der schönen Dichtergestalten, die selbst wie ein Gedicht durchs Leben gehen«, berichtet der eine. Ein anderer beschreibt ihn als »eher klein, denn groß«, aber »in den braunen Augen zwei unergründliche Brunnen voll Geist, Tiefsinn und Schwermut ... welch ein herrliches Gesicht ... Hand und Fuß aristokratisch fein und klein ... In der Kleidung gewählt und zierlich, stets rein und behandschuht.«

Eine seiner zahllosen Verehrerinnen charakterisiert ihn so: »Schöner, bedeutungsvoller Kopf ... Er sieht bleich und düster aus ... Merkwürdige Augen! Eine Geistermacht. Er hat wirklich etwas Schauerliches, Überwältigendes und doch Holdes zugleich.«

Und eine weitere Stimme aus dem Chor seiner Bewunderer verkündet: »Lenau war es kein Bedürfnis zu sprechen. Angeregt von einem ihn interessierenden Gegenstand, sprach er aber oft lange, und dann wie aus einem tiefen Brunnen geschöpfte mächtige Gedanken in frappanten Wortwendungen und scharfen Bildern ... Es lag in seiner ganzen äußeren Haltung etwas Vornehmes ... Wenn er in Gesellschaft erschien ... war sein Betragen bescheiden, voll weltmännischen ruhigen Anstandes. Frauen begegnete er ... mit zarter Aufmerksamkeit. Er bezauberte sie mit seiner klangvollen Stimme ... Es ist erklärlich, daß eine so bedeutende, edle, von jungem Ruhm schon umglänzte Persönlichkeit in der Gesellschaft eine lebhafte Aufmerksamkeit, namentlich der Frauen, sich erwarb.«

Eine besonders innige Beziehung knüpfte Lenau zum Ehepaar Reinbeck. Georg von Reinbeck war Professor für deutsche Literatur und Ästhetik und schätzte Lenaus Genie. Seine Frau Emilie, unglücklich in ihrer kinderlosen Ehe, entwickelte mütterliche Gefühle für den jungen Dichter; sie war ihm bis ans Ende seiner Tage eine aufrichtige Freundin. Lenau wohnte, wenn er sich in Stuttgart aufhielt, wie der eigene Sohn im Hause Reinbeck.

Und er kam oft nach Stuttgart, wo er es aber ebensowenig lange aushielt wie in Wien, an das früh geprägte Daseinsmuster gebunden, das seinem ganzen Lebensweg den Anschein einer ewigen Flucht geben sollte. Flucht vor sich selbst, Flucht vor der Mutter, deren Bindung er allerdings auch nicht entkommen konnte, wie später den zärtlichen Fesseln einer Geliebten, die sich standhaft weigerte, seine *wirkliche* Geliebte zu werden.

Von Stuttgart, vom selbstgewählten Beruf des Dichters entflieht Lenau nach Heidelberg, um wieder Medizin zu studieren und endlich eine neue Liebe zu finden: Charlotte Gmelin, Tochter eines Beamten, liebreizend, natürlich, auf der Stelle entflammt. Auch Lenau kann sich dem Zauber dieser »himmlischen Rose« nicht entziehen – aber mehr als eine Reihe seelenvoller Gedichte (die berühmten »Schilflieder«) bleibt nicht von dieser Liebelei. Noch immer unter der Enttäuschung durch Bertha Hauer leidend, schreibt er einem Freund: »Mein Innerstes ist tief verletzt ... und es scheint mir darin eine Sehne zerrissen, die wohl nimmermehr ganz wird. Ich habe nicht den Mut, diese himmlische Rose an mein Herz zu drücken.«

Ade »himmlische Rose«, ade Medizin, ade Heidelberg – und ade Europa. Plötzlich und überstürzt faßte Lenau den Entschluß, nach Amerika auszuwandern. Was zog ihn fort? Die Angst vor Bindungen? Die unendliche Freiheit? Die Sehnsucht nach unberührter Natur? Gewiß, gewiß – aber ach, es lockte auch und vor allem der

Traum, über Nacht reich zu werden. Denn der junge Herr in zierlicher Kleidung, reinlich und immer behandschuht, hatte weit über seine Verhältnisse gelebt, sich dann an ein paar tölpelhafte Spekulationen gewagt und so in kurzer Zeit den Großteil des großmütterlichen Vermögens vertan. »Niembsch ist von Amerika ganz besessen«, berichtete Justinus Kerner sorgenvoll, und die Stuttgarter Freunde warnten ihn unisono vor dem Sprung ins Ungewisse. Dies um so mehr, als die württembergische Regierung eine öffentliche Warnung gegen die in Ulm ansässige Auswanderungsgesellschaft ergehen ließ, der Lenau 5000 Gulden in den Rachen geworfen hatte. Dafür wurden ihm 1000 Morgen »besten Ackerlandes« in der Neuen Welt »überschrieben«, die ihm jährlich mindestens 3000 Gulden Gewinn bringen würden.

Lenau schlug alle Warnungen in den Wind und stach am 27. Juli 1832 von Amsterdam aus in See. Nach einer stürmischen Überfahrt, gequält von dauernder Seekrankheit und, wegen der miserablen Ernährung, von Skorbut befallen, wankte er mehr tot als lebendig in Baltimore an Land – augenblicklich von entsetzlichem Heimweh gepackt.

Die Gesellschaft, die ihn nach Amerika vermittelt hatte, war inzwischen pleite gegangen, und erst nach langem Hin und Her erhielt er in der Nähe von Pittsburgh 400 Morgen fast wertlosen Landes, das er sofort weiterverpachtete – um nie mehr auch nur einen einzigen Cent aus seinem Grundeigentum herauszuholen.

Da er nun schon einmal da war und doch noch ein bißchen Geld übrig hatte, bereiste er Teile des »unheimlichen Landes«, kam bis zu den Niagarafällen und nach New York, aber nichts, absolut nichts, fand in seinen Augen Gnade. »Bruder«, schreibt er einem Freund, »diese Amerikaner sind himmelan stinkende Krämerseelen, tot für alles gesittete Leben, mausetot ... Eine Niagarastimme gehört dazu, um diesen Schuften zu predigen, daß es noch höhere Götter gebe als die im Münzhaus geschlagen werden ...« Amerika sei »das wahre Land des Untergangs, der Westen der Menschheit.« Nirgendwo habe er »so ausgebrannte Menschen, ziellos gewinnsüchtig, allesamt von fürchterlicher Hohlheit« getroffen.

Dennoch: Einige seiner stärksten Gedichte entstanden nach dieser unglückseligen Reise: »Niagara«, eine kraftvolle Skizze von raffiniertem dramatischen Aufbau und, lange vor Karl May und seiner verklärenden Romantik, die ebenso authentische wie erschütternde Schilderung vom Untergang eines stolzen Volkes (»Der Indianerzug«, »Die drei Indianer«).

Fast auf den Tag genau ein Jahr nach seiner Flucht aus Europa betrat er in Bremen endlich wieder den heimatlichen Kontinent und feierte das freudige Ereignis gebührend. Dabei dürfte er sich die Syphilis geholt haben, die sein Leben vorzeitig zerstörte.

Am 31. Oktober 1833 traf er wieder in Wien ein. Es war zwar nicht so, daß er wie sein Dichterkollege Lord Byron »eines Morgens aufwachte und berühmt« war, doch während seiner Abwesenheit war er in ganz Deutschland und Österreich aufgrund seines schmalen Gedichtbandes bekannt geworden. Allerorts wurde er mit schulterklopfender Anerkennung empfangen. Angefeuert und berauscht von diesem unerwarteten Erfolg, wagte er sich an ein großes episches Werk, das seinen Zweifel an Gott und der Welt widerspiegelt. Konsequenterweise findet sein »Faust« keine Erlösung, sein Selbstmord wird von Mephistos Hohngelächter begleitet.

Wie hoch auch die Auflagen seiner »Gedichte« gewesen sein mögen – es folgte bald ein zweiter Band –, leben konnte er davon nicht. Der »Faust«, von dem er materiellen Erfolg erwartete, sollte erst 1836 erscheinen. Die Hoffnung, als Literaturprofessor an einer Schule unterzukommen, zerschlug sich, sein bester Freund starb, seine jüngste Schwester Magdalena wanderte wegen verschiedener Betrügereien ins Gefängnis – Lenaus Hang zur Schwermut verdichtete sich zusehends.

In all den Widrigkeiten standen ihm seine Schwester Therese und ihr Mann Anton Xaver Schurz treu zur Seite, die Freunde aus dem »Silbernen Kaffeehaus« griffen ihm nach besten Kräften unter die Arme – allen voran Max von Löwenthal, der in Lenau all das verkörpert sah, was er selbst so gern gewesen wäre: ein bedeutender Dichter.

Immer wieder bedrängte er Lenau, doch in sein Haus zu ziehen, vor allem rühmte er seine »unwiderstehliche Frau«, die Lenau bestimmt gefallen würde. Hartnäckig widersetzte sich Lenau dem Drängen des Freundes. Er war weder an dem anhänglichen und aufdringlichen Löwenthal noch an der »unwiderstehlichen« Madame Löwenthal interessiert.

Erst ein Jahr später, etwa im September 1834, ließ er sich zu einem Besuch überreden – mit der festen Absicht, nicht so bald wiederzukommen. Frau Löwenthal sei »lärmend«, die ganze Familie »auf leichteren, geselligen Genuß gestellt« schreibt er an Marie Reinbeck.

Widerwillig und nur dem Gebot der Höflichkeit folgend, nahm er dann doch eine zweite Einladung an, die einen überraschenden Sinneswandel herbeiführte. »Er und sie sind mir sehr zugetan. Recht gute, feine Menschen«, berichtet er nach Stuttgart.

Am 8. November 1834 veranstalteten die Löwenthals eine große Gesellschaft zu Ehren Lenaus, der einem illustren und zunehmend enthusiasmierten Publikum, darunter Franz Grillparzer, aus dem im Entstehen begriffenen »Faust« vorlas. Jubelnder Applaus zum Schluß. Still in einer Ecke, zutiefst berührt, mit den Tränen kämpfend, Sophie Löwenthal.

Eine Woche später überreichte Lenau Sophie drei Gedichte, darunter dieses:

Ach, nur ein leises Wort, ein Hauch, ein Blick
– und wär' es nur ein mitleidsvoller Trug –,
daß du mich liebst, es ist genug, genug,
auf immer zu verwandeln mein Geschick.«

Unmittelbar darauf ergreift er die Flucht, reist unter fadenscheinigem Vorwand nach Stuttgart. Doch es gibt kein Entrinnen mehr. Sein Schicksal, das Sophie von Löwenthal heißt, ist besiegelt.

Sie war eine geborene Kleyle. Ihr aus Deutschland stammender Vater, Franz Joachim Kleyle, war einer der bedeutendsten Ökonomen seiner Zeit, engster wirtschaftlicher Berater Erzherzog Karls, des berühmten Siegers von Aspern über Napoleon. Kleyle hat übrigens auch die Ackerbauhochschule von Ungarisch-Altenburg gegründet, an der Lenau kurze Zeit studierte.

Kleyles Kinder, zwei Söhne und zwei Töchter, wurden, eine Ausnahme zu den damaligen Gepflogenheiten, völlig gleichwertig und gleichberechtigt erzogen, ihr Bildungsniveau lag weit über dem Durchschnitt, besonders auf dem Gebiet von Kunst und Kultur. Sophie Kleyle besaß eine beachtliche malerische Begabung, und schon als junges Mädchen gehörte ihr Herz der Literatur.

Die Kleyles führten ein großes Haus, in dem Geist und Kunst, Adel und Bürgertum einander ein ungezwungenes Stelldichein gaben. Es wurde diskutiert und getanzt, getafelt und gelacht, winters in der geräumigen Stadtwohnung, sommers in dem von einem ausgedehnten Garten umgebenen Haus weit vor den Toren der Stadt. Penzing hieß das kleine Dorf, Schmidgasse lautete die Adresse.

Die Kleyle-Töchter waren kaum halbwüchsig, als sich auch schon die ersten Anwärter auf Herz und Hand und die vermutlich reichliche Mitgift der jungen Damen einstellten. Derjenige, der im Handumdrehen das Herz der sechzehnjährigen Sophie eroberte, hieß Köchel, Dr. Ludwig Köchel – erst viel später kam ein »von« dazu.

Er war sechsundzwanzig Jahre alt, Sohn des Bürgermeisters von Krems an der Donau. Es lag nahe, daß er früher oder später mit den Kleyles in Verbindung kommen würde, denn Köchel fungierte als Erzieher im Hause des Generaladjutanten von Erzherzog Karl.

Sophies Tagebuch gibt rührend Auskunft über das Erblühen ihrer ersten Liebe, über das für Sechzehnjährige auch heute noch charakteristische »himmelhoch jauchzend – zum Tode betrübt« und über das linkische, dem Mädchen oft befremdliche Verhalten des jungen Mannes aus der Provinz, der sich offensichtlich über seine Gefühle nicht klar werden konnte – bis es zu spät war.

Köchel wird am 1. Januar 1826 zum ersten Mal in Sophies Tagebuch erwähnt. »Nach Tische ... kam Köchel ... Er ist so gut und liebenswürdig!« Am 13. Januar hat er ihr die Hand gedrückt, und bereits am 15. steht ihr Herz in vollem Aufruhr. Er hat ihr wieder die Hand gedrückt – diesmal nur »leise«, »hat mich mit leuchtenden Augen angesehen, aber gesagt hat er nie etwas ... Herr im Himmel, gib mir ein Zeichen, daß er mich liebt, daß ich hoffen darf; wo nicht, so sende mir Nachricht vom Gegenteil, und ich will mich losringen und den Kampf mit meinem Herzen beginnen, in dem zu siegen ich die Kraft in mir fühle.«

Köchel geht es ziemlich scharf an: Am 23. April läßt uns Sophie wissen: »Seit zehn Tagen kam Köchel täglich und in den letzten Tagen zweimal täglich!«

Trügerische Hoffnungen bezieht Sophie aus einer an sich nebensächlichen Episode. Köchel hat für sie einen kleinen, nicht besonders wertvollen Ring zur Reparatur gebracht und kommt mit zwei zurück, dem ihrigen und einer Kopie. Er bittet sie, ihren Ring behalten zu dürfen und dafür den anderen anzustecken. Zögernd, zugleich beglückt, stimmt sie zu. Beide tragen die Ringe ständig, und Sophie fühlt sich bereits so gut wie verlobt. »Es ist klar und entschieden, daß Köchel mich liebt!« schreibt sie am 4. Juni.

Ihr Glück ist vollkommen, als Köchel ihr zwei Liebesgedichte widmet, die sie, in aller Unschuld, der Mutter zeigt. Scharf wird sie von der Mama befragt, »was zwischen uns vorgefallen sei«. Offensichtlich war die Auskunft befriedigend, denn »[Mama] war sehr gütig zu mir«. Später erfährt Sophie jedoch betrübt, daß Mama sich hinter ihrem Rücken ziemlich deutlich geäußert hat: Sophie sei »so rein und so hübsch«, sie hätte »sich was Besseres verdient ... Meier und Walcher [zwei weitere Aspiranten auf Sophies Hand] seien ihr lieber als Köchel«.

Was Mama nicht ahnen konnte: Die Namen Meier und Walcher sind längst verweht und vergessen, Köchel, der Verfasser des »Köchel-Verzeichnisses« wird auf immer und ewig mit der Musik Wolfgang Amadeus Mozarts verknüpft sein.

Seine Gefühle scheinen nach der Ring-Geschichte merklich abgekühlt zu sein. Am 13. Juli beklagt sie sich, daß Köchel »so kalt« gewesen sei, »daß wir den ganzen Abend beisammen waren, ohne ein Wort zu sprechen«.

Im Januar 1827 verwirrt sie der Galan aufs heftigste: »Er kann einen ganzen Abend da sein, ohne mit mir zu sprechen ... Wenn wir allein sind, ist er ganz Liebe; wie ein Dritter da ist, ganz Kälte und Geringschätzung.«

Im Mai möchte sie Köchel am liebsten sagen ... »er soll eine Liebe aufgeben, die uns beiden nur Schmerzen und Dornen brachte, aber ich habe nicht den Mut dazu ... Mein physisches Leiden, ein beständiges Herzzittern, auch manchmal ein bedeutender Schmerz am Herzen, macht mich ... zu jedem Genusse untauglich.«

Jubel im Juni: »Ich bin ganz zufrieden. Ludwig und ich haben uns versöhnt, ich habe seine wahre, treue Liebe ... ich bin recht vergnügt.«

Leider kann sich die »wahre, treue Liebe« zu keiner endgültigen Erklärung durchringen, Sophie schwankt pausenlos zwischen Hoffnung und Verzweiflung, bis endlich Vater Kleyle den Jammer nicht mehr mitansehen mag und seine Tochter ins Gebet nimmt. Worauf Sophie ihrem wankelmütigen, unentschlossenen Verehrer einen »Scheidebrief« schreibt, in dem sie ihm, so gut sie sich erinnert, die Vorhaltungen des Vaters wiederholt. Kernstück der väterlichen Philippika: »Hat er [Köchel] in diesen ganzen zwei Jahren auch nur einen Schritt getan, um seinem Ziele, nämlich dich zu besitzen, näher zu kommen? Ich weiß von nichts. Daß er sich in der Welt herumtreibt, die Beschäftigung ergreift, die ihm der Zufall zuwirft, tadle ich nicht, ich habe es selbst einmal so gemacht; daß er aber das Schicksal eines anderen Wesens an das seinige knüpft und so planlos in den Tag hinein lebt, das tadle ich sehr ... Wenn er keine andere Absicht hat, als sich von dem Ungefähr regieren zu lassen ... wenn er keinen Wunsch hat, dich zu besitzen, dann war es sehr gefehlt, den Frieden einer achtbaren Familie zu stören, um einer gewöhnlichen Liebelei willen.«

Sophies Tagebuch gibt keine Auskunft über Köchels Reaktion sowie über ihre eigenen Empfindungen nach diesem »Scheidebrief«. Wer jemals an einer enttäuschten Liebe gelitten hat – und wer hätte das nicht? – kann es sich aber lebhaft ausmalen.

Das damals probateste Mittel, einem jungen Mädchen die »Flausen« zu vertreiben, wandten Sophies Eltern zielstrebig an: Die Kleine mußte baldmöglichst unter die Haube kommen! Von Meier und Walcher war die Rede nicht mehr. Der neue Kandidat hieß

Max von Löwenthal, stattlich, redlich, strebsam im höheren Postdienst und aus vermögendem Haus. Was konnte sich ein Mädchen Besseres wünschen?

Sophie scheint nicht ganz dieser Meinung gewesen sein, denn sie sträubte sich fast zwei volle Jahre, ehe sie endlich ihr Jawort gab. Die Ehe war – zumindest von ihrer Seite – kühl und distanziert, Sophies wahres Glück wurden ihre drei Kinder, denn: »Die Natur hat das Weib nur zu einer Leidenschaft, der für Kinder, angewiesen; Mutterherz ist sein wahres, eigentliches Wesen«, schreibt sie. Wie sie ihren Mann einschätzte, stellte sie, kaum kaschiert, so dar: »Das ist der Jammer des Lebens, daß so manche Menschen ihr Herz verschenken müssen an Mittelmäßige, weil kein anderer da ist.«

Kernpunkt ihrer Aussagen: »Bei der Ehe, wie sie unter uns ist, finde ich vieles herb und roh! Das gemeinschaftliche Existieren in denselben Räumen! Die Verpflichtung, Kinder zu erzeugen! Ich begreife nicht, wie die Mädchen nicht viel mehr Widerwillen gegen die Ehe zeigen als die Männer ... Ein gesunder und starker Mann scheint ein Bedürfnis zu haben, welches einem Weib unbekannt bleibt als solches.«

Aus diesem ihr »unbekannten Bedürfnis« zog sie, erst sechsundzwanzig Jahre alt, die für Max vermutlich äußerst betrübliche Konsequenz: Sie trennte sich physisch von ihrem Mann, bestand auf einem eigenen Schlafzimmer. Sophie war – durch und durch frigid! Dies diagnostizierte Dr. J. Sager, enger Mitarbeiter von Sigmund Freud, in einer Studie von 1909, die sich ausführlich mit der Beziehung zwischen Lenau und Sophie Löwenthal beschäftigte.

Wenn das wahr ist, dann löst sich viel von dem geheimnisvollen Nebel, der über dieser tragischen Liebesgeschichte liegt. Dann konnte *sie* die Wonnen der Liebe genießen und, ohne zu leiden, die letzten Konsequenzen verweigern, während *er* fast wahnsinnig wurde an seinem bis zum Äußersten gereizten und niemals gestillten Verlangen.

Der unglückliche dritte Protagonist in diesem ausweglosen Drama: Max von Löwenthal, hin und her gerissen zwischen bohrender

Eifersucht, der Gewißheit, daß seine Frau ihm niemals körperlich untreu werden würde, und einer geradezu hündischen Ergebenheit für Lenau. Ihm widmete er ein vielstrophiges, pathetisches Gedicht, dessen erster Vers so lautet:

Laß mich dich fassen an der biedern Rechten,
Sie drücken an die frohbewegte Brust.
Du bist, ich fühl' es, von den Reinen, Echten,
Hast auf dem Fels der Ewigkeit gefußt,
Geliebt, umleuchtet von des Himmels Mächten.
Oh, daß ein guter Geist in holder Lust
Mit Flammenschrift dir's in die Seele schriebe,
Wie fromm ich dich verehre, warm dich liebe.

Zyniker an der Wende zum dritten Jahrtausend mögen aus den letzten Worten »warm dich liebe« dem braven Max eine verborgene homophile Neigung unterstellen. Dem war gewiß nicht so. Männer- wie auch Frauenfreundschaften wurden in jenen Tagen viel offener zur Schau getragen und ausgedrückt als heute; ihr Vokabular war praktisch identisch mit dem von heterosexuellen Liebschaften.

1834 also war es Löwenthal endlich geglückt, den »Reinen, Echten« in sein Haus zu locken – und Sophie verstand es, den auch von ihr schon lange aus der Ferne angeschwärmten Dichter darin festzuhalten.

Wir wissen nicht, wie Sophie sich zu Lenaus erstem Liebesgedicht verhalten hat; wir wissen nur, daß zunächst die Bindung Lenaus an die *ganze* Familie Löwenthal immer fester und inniger wurde. Wenn er in Wien weilte, wohnte er meistens bei ihnen, entweder in ihrer Stadtwohnung oder im Sommerhaus in der Schmidgasse in Penzing.

Das Verhältnis zwischen dem Ehepaar und dem Dichter war von herzlicher Freundschaft getragen. Lenau vergötterte die drei Kinder, mit denen er übermütig durchs Haus tollte, denen er von seinen Reisen ausführliche Briefe schrieb und mit denen er gelegentlich sogar lernte.

Er hatte endlich das gefunden, was er von Kindheit an vermißte:

ein ruhiges, von gegenseitiger Liebe und Achtung getragenes Familienleben; es bot noch den Vorteil, daß er darin die unumstrittene Nummer eins wurde – so wie er einstens das Zentrum im Denken und Fühlen und Handeln seiner Mutter gewesen war.

Der Dichter und enge Freund Lenaus, Eduard von Bauernfeld, vermittelt uns ein plastisches Bild der Idylle: »Die ganze Familie war gewohnt, den Dichter als den eigentlichen Mittelpunkt ihres geselligen und gemütlichen Seins zu betrachten und danach zu handeln, ihm auch alle ... Behaglichkeit und Bequemlichkeit zu verschaffen, jede seiner Launen nicht nur zu befriedigen, sondern sie zu erraten und ihnen zuvorzukommen.«

Lenau wußte, was er an den Löwenthals hatte, und zögerte auch nicht, es einzugestehen: »Mich freut es, daß ich Euch so lieb habe und mein Leben so an das Eure geheftet habe. Dadurch hat mein Leben eine gewisse wohltätige Passivität und wenigstens den Anstrich einer gewissen Heimatlichkeit bekommen, deren Mangel ich früher so oft gar bitter empfand. Betrachten Sie diese Heimatlichkeit meines Lebens als Ihr viertes Kind ...«

Die Umstände brachten es mit sich, daß Lenau und Sophie viel mehr Zeit allein zusammen verbrachten als in Gegenwart des Gemahls, der ja einem schnöden Brotberuf nachgehen mußte, während Lenau sein Dichterhandwerk ausübte, wann ihm gerade der Sinn danach stand.

Sophie war, schon rein äußerlich, eine einnehmende Erscheinung. Lenau rühmte ihre »schlanke Gestalt von plastisch edler Form«, den »anmutigen Mund«, »ihre blauen, feucht verklärten Augen, beseelte, verständnisvolle Augen« und schließlich und vor allem »den scharfen, schlagfertigen Verstand ... »Sie ist voll Geist, nichts, worin sie mir nicht ebenbürtig wäre, worüber ich nicht mir ihr sprechen kann«, berichtet er seinen Freunden nach Stuttgart.

An Sophie selbst schreibt er einmal: Sie haben soviel gesunden und feinen Geschmack, daß man alle unseren kritischen Journale damit versehen könnte.« Wiederholt versicherte er ihr, daß wesentliche Teile seiner Dichtung ohne sie nicht zustande gekommen wären; an die Neuauflagen seiner Hauptwerke, die epischen Dichtungen »Faust« und »Savonarola«, ließ er sie letzte, kritische Hand anlegen.

Sophie wurde das, was man nach neuester psychologischer Definition als »enge Bezugsperson« für Lenau bezeichnen würde – im Grunde genommen eigentlich die einzige. Nichts in seinem Leben gab es, das ihr nicht vertraut war, an dem sie nicht Anteil genommen hätte. An erster Stelle natürlich alle Probleme, die sein Schaffen betrafen, bis hin zum Ärger mit Verleger und Kritikern.

Sie hatte auch vollkommenen Einblick in seine Freundschaften, seine Reisepläne, seine finanziellen Angelegenheiten, seine Depressionen, seine ungezählten chronischen Krankheiten, die von Jugend an einen ständigen Quell der Qual und der Verzweiflung bildeten. Fast jedes Jahr suchte ihn eine böse Angina heim, begleitet von krampfartigen Schluckbeschwerden. Gallenfieber, schwerer Rheumatismus bereits im frühen Mannesalter, daraus resultierend eine Herzbeutelentzündung. Gar nicht zu reden von seinen Migräneanfällen, Verstopfungen, Mattigkeit, Appetitlosigkeit und den vielen schlaflosen Nächten.

Daß er ein manischer Kettenraucher war, hat gewiß nicht zur Stärkung der Gesundheit beigetragen. Sein Arbeitszimmer soll ständig so vernebelt gewesen sein, daß man nicht von einer Wand zur anderen sehen konnte. Doch wenn man ihm Vorhaltungen machte, behauptete er: »Ich könnte keine Zeile schreiben ohne eine Pfeife ... eine Zigarre im Mund und einen Plan im Kopf muß ich fast immer haben.«

Frau Sophie stand ihm stets mit Rat und Tat zur Seite, sie vertrieb seine Schwermut, sie pflegte ihn, wenn er krank war, sie war eine geduldige Zuhörerin. Allmählich geriet er in eine tiefe emotionale Abhängigkeit zu der starken und selbstbewußten Frau, der es jedoch nicht an wohldosierter Mütterlichkeit mangelte.

Wann genau die wärmende Glut, die »Heimatlichkeit« des Hauses Löwenthal in lodernde Flammen der Leidenschaft umschlug, ist nicht genau zu bestimmen. Vermutlich geschah es im Sommer 1835 in Ischl (heute Bad Ischl), wo die Löwenthals mitsamt ihrem »vierten Kind«, wie jedes Jahr, Quartier genommen hatten. Max war dienstlich in Wien festgehalten, die Kinder wurden vom Personal betreut, Sophie und Lenau wanderten stundenlang zu zweit umher, trunken von der Schönheit der Landschaft, die sie gleichermaßen liebten und bewunderten, erhitzt von der Sonne und der Sehnsucht nach der großen Passion, der sie beide bisher noch nicht begegnet waren.

Von da an jedenfalls funktionierte das Familienleben Löwenthal-Lenau sozusagen zweigleisig. Von seinen Reisen berichtet Lenau, wie immer, ausführlich an alle und im korrekten »Sie«, Sophie schickt er seitenlange, von ihm so genannte »Liebeszettel«, selbst wenn sie unter einem Dach lebten, und oft zweimal am Tag, im vertraulichen Du. Anhand seiner Briefe, die zu den schönsten Liebeszeugnissen der Weltliteratur zählen, läßt sich die Entwicklung der verhängnisvollen Affäre recht genau nachzeichnen – wenn auch wesentliche Facetten fehlen, denn Lenau hat in seinem ersten Wahnsinnsanfall sämtliche Briefe Sophies vernichtet.

Drei Stadien durchlief diese zerstörerische Beziehung: den Himmel der erwachenden Liebe, die Hölle einer nicht erfüllten Sexualität und den zermürbenden Kleinkrieg zwischen dem Mann, der auszubrechen, und der Frau, die ihn mit allen Mitteln zu halten versuchte.

Die ersten Briefe enthielten Petitessen, wie sie ein verliebter Schüler nicht anders formuliert hätte. Etwa so: »O gräme dich nicht, geliebtes Weib! Wenn ich auch reise, bin ich bei dir und verlasse dich keine Stunde. Ich rasiere mich nur dir zu Liebe so oft, und wenn ich was für meinen Namen strebe, dann geschieht es auch nur dir zu Liebe ... Ich werde dir in Stuttgart täglich schreiben, du sollst ein rechtes Päckchen meiner Plaudereien kriegen. Alles, was ich tu und erfahre, sollst du bekommen. Ich will meine Zeit redlich verwenden, um bald wieder bei dir zu sein ...«

In späteren Briefen widmet er sich ausschließlich seinen Gefühlen, die täglichen Ereignisse werden nicht einmal am Rande erwähnt: »Ich verdanke dir auch mehr als einem ganzen Leben ohne dich. Die Liebe hat die Welt erschaffen, und nur durch die Liebe lernen wir sie begreifen.«

Manchmal packt ihn die Angst vor der Übermacht dieser Liebe: »Mein Leben ohne dich ist ein fortwährendes stilles Bluten meines Herzens. Nur mit äußerster Selbstüberwindung kann ich arbeiten ... Ich bin mir selbst unheimlich geworden durch meine Leidenschaftlichkeit.«

Dann wieder grenzenloser Jubel: »Wenn ich in einer glücklichen Stunde glaubte, jetzt sei das Höchste der Liebe erreicht und die Zeit zum Sterben gekommen, weil ja doch nichts Schöneres nachfolgen könne: so war es jedesmal eine Täuschung und es folgte eine noch schönere Stunde, da ich dich noch höher liebte ... Wenn ich sterbe, so geh' ich reich aus dem Leben, denn ich habe das Schönste gesehen ... Wüßten die Menschen, wie glücklich wir sind in unserer Liebe, so hätten sie nicht den Mut, uns zu stören.«

Langsam schleicht sich das Begehren nach »mehr« ein – wird aber noch tapfer zurückgedrängt: »Tragen wir bescheiden unser Glück, das, wenn es auch nicht voll ist, doch als Bruchstück eines Himmels von Freuden mehr wert ist als das Glück von Tausenden in seiner kümmerlichen Vollständigkeit. Es wäre fast eine Versündigung an deiner Seele, wenn mir dein körperlicher Besitz unentbehrlich wäre, und doch ist dein Leib so schön und seelenvoll in jedem Teile, daß ich wieder meinen muß, ich hätte deine Seele noch mehr inne, wenn auch dein Leib mir zufallen dürfte. ... Die Liebe ist nicht bloß zur Fortpflanzung der Gattung, sondern auch, und gewiß hauptsächlich, fürs ewige Leben der Individuen. Jenes ist der unsrigen versagt, wir wollen uns also an dieses halten und die ganze Macht unserer Liebe in unser Inneres kehren und einander erfüllen und beglücken.«

Wie wir aus einem seiner Briefe erfahren, hat sie ihm geraten, »freudig [zu] kämpfen und entsagen«, doch gutes Zureden nützte nichts mehr: »Ich bin in einem furchtbaren Aufruhr, in dem ich dir schreibe, Sophie, es ist wahnsinnige Liebe, die mich treibt. Weh mir! wär ich lieber tot, als daß du nicht mein bist ...«

Ein Schlüsselbrief stammt vom 21. November 1837: »Dieses Blatt sollst du aufbewahren, daß es dich in fernen künftigen Stunden anmahne an eine vergangene sehr schöne ... Vergiß diese Stunde nicht. Sie wiegt alles tausendfach auf, was wir gelitten. Wenn ich dich auch nicht ganz haben durfte, so hatte ich doch mehr, als meine schönsten Träume jemals für möglich hielten. Wie reich bin ich. Wieviel kannst du geben, wenn du noch soviel zurückhältst.«

»Petting« nennt man das im nüchternen Neusprech unseres Jahrhunderts, dieses gegenseitige erotische Aufschaukeln bis an die alleräußerste Grenze, an der dann Sophie das Halt gebot – ob aus Keuschheit, aus Angst vor dem Skandal oder einfach darum, weil sie, wie wir wissen, der Überzeugung war, daß nur Männer »ein Bedürfnis haben, welches einem Weib unbekannt bleibt«? Wer hat angefangen mit dem gefährlichen Spiel? Vermutlich er, wenn er sie in aller Öffentlichkeit umarmte, streichelte, auf den Schoß zog, wie ein Kind im Zimmer umhertrug.

Aber sie *ließ* sich streicheln, auf den Schoß ziehen, wie ein Kind umhertragen, ohne den geringsten Widerstand zu leisten. Tat sie es nur ihm zuliebe? Tat sie es aus Egoismus, um ihn um so fester an sich zu binden? Oder hat sie es auch genossen? Wir werden es nie erfahren, denn keiner ihrer Gedanken, die sie dazu gehabt haben mag, ist erhalten geblieben – außer dem ominösen »freudig kämpfen und entsagen«.

Davon kann bei Lenau die Rede nicht sein, wenn er verzweifelt schreibt: »Mein Schmerz um dich ist absolut, da gibt es keinen Trost, du bist nicht mein Weib, das ist eine recht tiefe, ehrliche Wunde, die blutet fort, solange noch mein Blut in mir geht.«

Später leidvolle Resignation: »Unsere Liebe ist gewissermaßen eine unglückliche, und wir wollen unverdrossen und mutig die stille, heimliche Tragödie, in der niemand spielt und zuschaut als unsere blutenden Herzen, bis an unser Ende fortführen ... Ich habe Augenblicke, in welchen ich vergehen möchte vor Schmerz über unser Los; aber ich habe auch andere, wo mir unser Unglück teuer ist, weil ich mir denke, du würdest mich vielleicht weniger lieben, wenn dein Gefühl nicht unter Gefahren und Schmerz aufgewachsen wäre ... Unser gemeinsames Leiden soll uns heilig sein. Ich schmähe diese Stunden nicht und ich bereue nicht, dich gefunden zu haben ... Hätt' ich dich nicht gefunden, so hätt' ich auch nicht erfahren, was es heißt, von einem Weib geliebt zu werden, die es wert ist, daß mir mein Unglück das Liebste ist, was ich habe. Ich habe mir nie ein Glück geträumt, wogegen ich dieses Unglück tauschen möchte ...«

Aufruhr: »Öfter hat sich der Gedanke bei mir angemeldet: Entschlage dich dieser Abhängigkeit und gestatte diesem Weibe keinen so mächtigen Einfluß auf deine Stimmungen, kein Mensch auf Erden soll dich so beherrschen ... O geliebtes Herz, mißbrauche deine Gewalt nicht.«

O wag' es nicht, mit mir zu scherzen,
Zum Scherzen schloß ich keinen Bund;
O spiele nicht mit meinem Herzen!
Weißt du noch nicht, wie sehr es wund?

Sophie ist und bleibt verheiratet, und Lenau tobt: »Die Ehe ist ein unnatürliches und somit unmoralisches Institut.« Gemeint war selbstverständlich ausschließlich das »unmoralische Institut«, dem Sophie und Max angehörten – gewiß hätte Lenau mit Freuden ja zu einer Ehe mit Sophie gesagt.

Wenn Lenau, wie wir weiter oben erfahren haben, von einer »heimlichen Tragödie« schreibt, »in der niemand spielt und zuschaut als unsere blutenden Herzen«, dann hat er – zumindest vorübergehend – sich und Sophie etwas vorgegaukelt.

Selbstverständlich gab es jede Menge »Zuschauer«, und es wurde in der Wiener Gesellschaft auch genug geklatscht über das merkwürdige Liebespaar. Einen »Mitspieler« gab es darüber hinaus auf jeden Fall: Max von Löwenthal. Mag er, der Möchtegern-Dichter, sich auch als toller Bursche, als Bohemien, gefühlt haben, der das Techtelmechtel seiner Frau generös auf die leichte Schulter nahm – seine Grundstimmung war schwarz in schwarz. Meist war er griesgrämig, verschlossen, und nur gelegentlich erlitt er unkontrollierte Wutausbrüche, die jedoch mehr gegen ihn selbst als gegen irgend jemand anderen gerichtet schienen.

Natürlich hat auch Lenau gemerkt, was in dem Freund vorging – und er verfiel in kindisches Aufbegehren: »Unser Glück ist unantastbar, unnahbar jeder Macht auf Erden. Wenn man uns je den

Umgang beschränkt, unser Gefühl wird man nicht beschränken. Man spielt ein gefährliches Spiel, wenn man es wagt, ein Verhältnis, das man bisher geduldet und gewissermaßen veranlaßt hat [sic!], zu stören, zu hemmen. Es ist gewiß, daß dann in unseren Herzen ein Trotz erwacht, gegen welchen alle äußeren Veranstaltungen zu Schanden werden ... Es ist sehr gut, daß ich jetzt reise. M[ax] scheint es sehr zu wünschen. Es ist menschlich. Es wurmt ihn, daß du mir mehr bist, daß ich dir mehr bin als er. Zurücksetzung schmerzt ... Er ist ein guter Mensch und verdient darum schon, daß wir unser Wort halten. Aber er soll uns unser ungefährliches Glück auch fortan gönnen.«

Sophie glaubte nicht ganz an das »ungefährliche Glück«. Ihr war nur zu wohl bewußt, daß »ein gesunder und starker Mann ein Bedürfnis zu haben [scheint], welches einem Weib unbekannt bleibt als solches«. Je länger die Affäre dauerte, je heftiger sie loderte, ohne daß Lenaus Begierden gestillt worden wären, desto mißtrauischer wurde Sophie, und sie begann ihn mit eifersüchtigen Sticheleien zu plagen.

Einmal verdächtigte sie ihn, ein Auge auf ihre Cousine Marie Adamek geworfen zu haben, und sie flehte ihn (scheinheilig) an, ihr »nicht aus Mitleid treu zu bleiben«. Lenau wies den Verdacht wütend zurück, und Sophie konnte es sich nicht versagen zu triumphieren, daß er ihr verfallen sei. Lenaus Antwort: Er sei so glücklich, als »hätte der Himmel gesagt, ich sei ihm verfallen«.

Ist das Paar getrennt, bestürmt sie ihn mit Briefen, will genau wissen, wie er seine Tage verbringt, mit wem er verkehrt und, vor allem, wie die Damen aussehen, die ihn bewundern. Lenau, verärgert: »Der Zweifel findet bei dir gleich alle Türen offen und du lockst ihn gleich selbst herbei. Wenn du mein Herz nicht hämmern hörst, daß es zu zerspringen droht, so glaubst du gleich, es stehe still.«

Schließlich zornig: »Deine Stimmung ist sonderbar. Du sollst mir lieber gar nicht schreiben so wie das letzte Mal ... – [Der Brief] liegt mir auf dem Tisch wie ein Stück Eis, das nicht schmelzen will ... Was für ein abgeschmacktes Geschwätz von der Gräfin

Marie? ... Narrenpossen ... Kann ich dir einen anderen Beweis geben meiner Liebe als mein Wort? Genügt dir das nicht, so habe ich nichts anderes und du verdienst nichts anderes ... Es ist wirklich besser, das Korrespondieren aufzugeben, als sich selbst das Glück der Sehnsucht zu verkümmern.«

Was Sophie mit sicherem weiblichen Instinkt vorausgeahnt und dementsprechend gefürchtet hatte, trat 1839 ein, genauer gesagt am 24. Juni dieses Jahres, als Lenau beim Grafen Christalnigg die Sängerin Karoline Unger kennenlernte. Sie sang Schubert-Lieder mit einer Schönheit und Innigkeit, wie er es nie zuvor gehört hatte.

Die Unger war die Callas ihrer Zeit, die einzige deutschsprachige Sängerin, der es jemals gelungen ist, in Italien zur Primadonna assoluta aufzusteigen. Donizetti und Bellini haben für sie Opern komponiert, Rossini sagte über sie: »Sie hat südliches Feuer, nordischen Ernst, eherne Lungen, eine silberne Stimme und ein goldenes Talent.« Mehr als hundert Partien hatte sie im Repertoire, ihr Stimmumfang war extrem groß.

Sie wurde 1803 in Wien als Tochter eines Professors der Theresianischen Akademie geboren, war bereits mit neunzehn Mitglied der Wiener Hofoper und vielbewunderte Solistin bei der Uraufführung der 9. Sinfonie von Beethoven. Mit dem Komponisten verband sie eine herzliche Freundschaft, sie besuchte ihn häufig, unterhielt und neckte ihn, was sich der alte Griesgram gerne gefallen ließ.

Ihre Karriere in Italien war atemberaubend. Sie sang in Neapel, Rom, Florenz, Venedig und wurde schließlich ständiges Mitglied der Scala in Mailand. Sie war karrierebesessen und dachte nicht an Heirat – stand dennoch zweimal knapp davor. Sehr reiche Männer hatten sich um sie beworben, und sie hätte fast ja gesagt – um die monströsen Schulden ihrer Mutter, einer leidenschaftlichen Spielerin, aus der Welt zu schaffen.

Daß sie wenige Wochen nach der ersten Begegnung mit Lenau dessen Heiratsantrag sofort annnahm, läßt wohl vermuten, daß sich die sonst so beherrschte Frau Hals über Kopf in den Poeten verliebt hat: Er war schön, er war berühmt – reich war er ganz gewiß nicht.

Von der Minute, da sie einander kennenlernten, waren sie unzertrennlich, er wartete wie ein verliebter Schüler am Abend vor dem Bühneneingang auf sie, er saß bald in ihrer Garderobe herum, er ging mit ihr aus – und er konnte seine Begeisterung für dieses »singende Gewitter der Leidenschaft« nicht für sich behalten – auch nicht Sophie gegenüber. »Sie ist eine Künstlerin erster Größe. Auch im Umgang ist sie sehr liebenswürdig und gegen mich besonders freundlich«, schreibt er schon nach wenigen Tagen. Dann: »Karoline ist ein wunderbares Weib. Nur am Sarge meiner Mutter habe ich so geschluchzt wie an dem Abend, als ich die herrliche Künstlerin in Belisario [von Donizetti] gehört habe.«

Sophie – deren Briefe bekanntlich nicht erhalten sind – muß mit einer Flut von Vorwürfen, mit Klagen über ihren miserablen Gesundheitszustand und mit versteckten Selbstmorddrohungen auf Lenaus Begeisterung geantwortet haben. Am 11. Juli schreibt er: »Sie haben mir mit Ihren paar Zeilen das Herz zerschmettert« und fügt hinzu: »Karoline liebt mich und will mein werden. Sie sieht es als ihre Sendung an, mein Leben zu versöhnen und mich zu beglücken.« Einlenkend: »Mein Gefühl für Sie bleibt ewig und unerschütterlich, aber Karolines Hingebung hat mich tief ergriffen. Es ist an *Ihnen*, Menschlichkeit zu üben an meinem zerrissenen Herzen.« (Man beachte: er schreibt wieder per »Sie«).

Sophie tut das für sie einzig Richtige: Sie lädt Lenau umgehend nach Ischl ein, ganz Freundschaft und Verständnis – ABER: Sie gibt zu bedenken, daß Lenaus Ansehen leiden könnte, wenn er, der bekannte Dichter, im Schatten der wesentlich berühmteren Diva stünde, sozusagen als Prinzgemahl. Ob es nicht klüger wäre, mit der Heirat zu warten, bis Karoline alle ihre Verträge erfüllt hätte, um dann ganz für ihn frei zu sein? Ob er finanziell gesichert genug wäre, um dann nicht doch von seiner Frau abhängig zu werden?

Nagender Zweifel voll, fährt Lenau nach Wien zurück, verbringt dann mit Karoline ein paar glückliche Ferientage im Salzkammergut – und ist wieder entschlossen, sie so bald wie möglich zu heiraten, obwohl es noch zwei Jahre dauern wird, bis sie ihrer Verträge ledig ist.

Ein weiterer Besuch in Ischl macht ihn wieder wankend. Den geballten Argumenten von Sophie, von Max von Löwenthal und seines Schwagers Schurz gegen diesen »abenteuerlichen Streich« einer Ehe mit Karoline Unger ist er nicht gewachsen.

Sophie beklagt erneut die seelische und körperliche Pein, die Lenau ihr bereitet, Max verschärft die Vorwürfe, seine Frau werde »von physischen Leiden ergriffen, welche speziell auf die Psyche deprimierend wirken und von dieser wieder gegenseitig influenziert werden«.

Alle drei wiederholen die Gerüchte, wonach Karoline sich um drei Jahre jünger gemacht hätte, um Lenau zu beeindrucken. In Italien soll sie mehrere Liebhaber gehabt haben, vielleicht sogar ein uneheliches Kind, wer weiß. Auch ein Verhältnis mit Franz Liszt wurde ihr nachgesagt, und es hätte eine Abschiedsorgie gegeben, »bei welcher sogar mehr Champagner, als sich ziemt, die sangesreiche Kehle der berühmten Tragödin benetzt haben soll« (Max von Löwenthal).

Der schlagkräftigste Beweis für die Unmöglichkeit dieser Ehe kam von Max. In seinem Tagebuch lesen wir: »Er hatte bisher nur erlebt, daß Frauen und Mädchen seinen Wünschen in allen Kleinigkeiten und Bedürfnissen des alltäglichen Lebens zuvorzukommen eilten, und sah sich nun zum Diener der Signora entwürdigt. Da ergriff ihn der Gedanke, daß eine Ehe mit einem von jeher selbständigen und des Herrschens gewohnten Weibes ein unpassendes und sehr unbequemes Verhältnis sein müßte.«

In der Tat war Karoline Unger eine irritierende Person: vollkommen emanzipiert, fühlte sie sich einem Mann, auch Lenau gegenüber, absolut gleichberechtigt, ja sie ging sogar so weit, von dem Verwöhnten und Angehimmelten, dem ehemaligen Niki, dem Mama das Kipferl ans Bett gebracht hatte, auf Reisen Dinge zu fordern, die zu tun unter seiner Mannes- und Dichterwürde lagen – etwa das Gepäck zu beaufsichtigen oder mit dem Personal zu verhandeln. Und es ärgerte ihn maßlos, daß sie öfter ihr Bildnis mit »Karoline von Strehlenau« signierte.

Nein, nein – die Löwenthals und Schurz mögen schon recht gehabt haben: Karoline war nichts für ihn, und während eines Spazierganges im Wienerwald im Sommer 1840 machte Lenau mit der Geliebten Schluß und forderte seine Briefe zurück. Was sie geantwortet hat, wissen wir nicht. Aber lange noch gab es den Baum, in den sie ihren Namen eingeritzt hatte und »geboren am 24. Juni 1839 – gestorben am 14. Juli 1840«.

Offensichtlich hat sie ihm keine Szene gemacht, denn Lenau, überheblich wie meist, schreibt: »Ich glaube, nunmehr das Verhältnis einer aufrichtigen und resignierten Freundschaft für immer festgestellt zu haben. Daß ich ihr Freund bin, verdient sie durch ihre wirklich seltene Herzensgüte. Keine Spur von Groll oder verletzter Eitelkeit.«

Drei Jahre nach der Trennung von Lenau vermählte sich Karoline Unger mit dem berühmten und wohlhabenden französischen Kunsthistoriker François Sabatier, der fünfzehn Jahre jünger als sie war und mit dem sie bis zu ihrem Tod im Jahre 1877 in harmonischer Ehe lebte. Ihre Villa in Florenz war ein geistiges und kulturelles Zentrum der Stadt. »Die bezaubernde Wirtin ... versammelte ... um ihren Teetisch alles, was durch Genie, Geist und irgendwelche Begabung Bedeutung hatte«, hielt einer ihrer Bewunderer fest.

Nach der Trennung von Karoline schreibt Lenau an Sophie: »Der Wiederaufbau deines Vertrauens ist zunächst meine wichtigste Angelegenheit. Der Tag, an dem du mir sagst ›Ich glaube wieder an dich‹ ist der schönste, den ich noch auf Erden zu hoffen habe.«

Sophie blieb unbeeindruckt. Sie behandelte ihn kalt, abweisend, überschüttete ihn mit Vorwürfen, daß er ihr und sein Glück zerstört hätte. Er zog sich gekränkt, gedemütigt zurück, betäubte sich mit stundenlangem Geigenspiel und mit Unmassen von Alkohol.

Im April 1841, während eines Aufenthaltes in Stuttgart, erkrankte er lebensgefährlich: Scharlach lautete die Diagnose. Emilie von Reinbeck, die unerschütterlich ergebene und treue mütterliche Freundin, pflegte ihn nach besten Kräften und mußte mit anhören, wie er in seinen Fieberphantasien nach Sophie schrie, und tatsächlich schrieb sie ihm eine paar freundliche, beruhigende Briefe, die ihn, wie er beteuerte, gesund gemacht hätten. »Ich zittere vor Sehnsucht«, antwortete ihr der rekonvaleszente Poet. »So war es noch nie, wenn ich von dir getrennt war. Komm. Komm. Komm ...«

Natürlich kam sie nicht, vielmehr begab er sich zur Erholung nach Ischl. Doch Sophies Gegenwart erregte ihn mehr, als sie zur Heilung beitrug. Die kleinste Anstrengung ermattete, der nichtigste Anlaß erregte ihn. Er war ständig niedergeschlagen, hatte »schon den Erdgeruch in der Nase ... Ich finde in meinem Leben zuviel Verlorenes, Versäumtes, Verfallenes, als daß ich bei einem angeborenen Hang zum Mißmut nicht immer tiefer hineingeraten sollte.«

Nach einigen unerquicklichen Wochen in Ischl geschah der erste, tiefgreifende Riß: Lenau wohnte nicht mehr bei den Löwenthals, wenn er in Wien war, sondern in Untermieten, die er, von innerer Unruhe getrieben, fast ebenso häufig wechselte wie Beethoven die seinen.

1842 schlief die Beziehung fast vollständig ein. Lenau und Sophie sahen einander weder in Wien noch in Ischl, keine Briefe wurden gewechselt, keine Gedichte für Sophie geschrieben.

1843 schickte Lenau noch einmal drei Briefe an Sophie, in tiefster Resignation: »Ich habe fortan keinen Wunsch, als für dich und deine Freude zu leben. Ich habe keine Sorge, als daß Gott dich erhalte. Der Kreis meines Lebens hat sich geschlossen!« Möglich, daß es eine Antwort gab, möglich auch nicht.

Noch einmal, ein letztes Mal noch, öffnete sich der »Kreis des Lebens« weit für Nikolaus Niembsch Edler von Strehlenau. Es war am Tag, da er ein Mädchen »von madonnenhafter Lieblichkeit« erblickte und sich blitzartig in dieses zauberhafte Wesen verliebte.

Das Jahr 1843, in dem er Sophie die drei Briefe schrieb, war an sich für den Dichter in jeder Beziehung erfolgreich: Es erschien eine Gesamtausgabe seiner Gedichte im populären Taschenformat, die sich glänzend verkaufte. Mit steigendem Ansehen, vor allem bei der Damenwelt, kam auch pekuniäre Sicherheit – doch beides ließ Lenau anscheinend unberührt. Er spielte mehr denn je auf seiner kostbaren Guarneri-Geige, und er trug sich sogar mit dem

Gedanken, das Dichten aufzugeben, um sich ganz der Musik zu widmen.

Anfang 1844 war ihm dann alles zuwider, er verfiel in tiefe Depressionen, klagte über Schlaf- und Appetitlosigkeit: »Es geht mit beschleunigter Geschwindigkeit holpernd und stürzend bergab.« Im Juni raffte er sich endlich auf und beschloß, im schönen Baden-Baden Erholung zu suchen und vielleicht die Kraft zu finden, an seinem großen Epos »Don Juan« weiterzuarbeiten.

Am 27. Juni traf er im Hotel »Englischer Hof« ein, und noch am selben Tage fiel ihm im Speisesaal die junge Frau »von madonnenhafter Lieblichkeit« auf. Sie war nicht mehr ganz jung, vielleicht Ende Zwanzig, Anfang Dreißig, also durchaus zu seinen zweiundvierzig Jahren passend, und sie befand sich in Begleitung einer älteren Dame, mit der sie anmutig Konversation machte. Obwohl er nicht einmal ihren Namen kannte, obwohl er gar nicht wissen konnte, ob sie verheiratet, verlobt oder anderweitig gebunden war, beschloß er noch am selben Abend, die schöne Unbekannte zu heiraten. Er hat im Freundeskreis wiederholt ausführlich erzählt, wie er in seinem Zimmer minutenlang vor dem Spiegel stand und dann laut zu seinem Spiegelbild sagte: »Nun, du kannst es ja versuchen, du darfst sie zur Frau begehren.«

Es war nicht allzu schwer herauszufinden, wer und was sie war: Marie Behrends, dreiunddreißig Jahre alt, Tochter des im Jahr zuvor verstorbenen Oberbürgermeisters von Frankfurt am Main, dem sie als Privatsekretärin gedient hatte. Sie wohnte im »Englischen Hof« mit ihrer Tante, die sich in Baden-Baden einer Kur unterzog.

Auch Marie hatte – wie sie später in ihren Memoiren beichtete – den fremden Mann bereits am ersten Abend bemerkt, vor allem weil die Leute »soviel Wesens um ihn machten«. Er mußte also eine bedeutende Persönlichkeit sein. Aber wer?

Lange Zeit stand er an eine Säule gelehnt und wandte keinen Blick von ihr, was ihr schmeichelte und sie gleichermaßen verwirrte. Sein »bleiches Antlitz« fiel ihr auf, das »düstere Auge«. »Ich versank in Nachsinnen ... Wie des Fremden Kummer heilen? Wie seine düstre Stimmung erheitern? war schon an diesem Abend mein Gedanke, der mich unablässig beschäftigte.« Es war ganz offensichtlich die uralte und immer wieder neue Geschichte vom weiblichen Wahn, durch die einmalige, die große, die wahre Liebe einen Mann zu erlösen, zu retten. Den Don Juan zur Monogamie zu bekehren, den Trunksüchtigen zum Antialkoholiker, den Melancholiker zum Sanguiniker. Generationen von Frauen stürzten sich damit in ihr Unglück – Marie sollte es nicht besser ergehen.

Am folgenden Tage nahm sich Lenau »die Kühnheit«, am Tisch der zwei Frauen – Marie und ihrer Tante – Platz zu nehmen, und er begann die Allerweltskonversation mit den Worten: »Die beiden Damen haben sich die Lichtentaler Allee zum Lieblingsspaziergang erkoren?« Artig wurde ihm kundgetan, daß dem so sei. Dann plätscherte das Gespräch um die Schönheiten von Baden-Baden und seiner Umgebung. Lenau leitete über auf Ischl und seine herrliche Bergwelt.

Man sprach über Frankfurt am Main, das dort soeben aufgestellte Goethe-Denkmal, und Lenau hielt einen langen Monolog über Goethe und Schiller. Marie hing gebannt an seinen Lippen. »Ich war ganz verändert«, schrieb sie. »Als ich auf mein Zimmer kam, wie aus einem Traum zum Leben erwacht ... So hatte noch nie jemand vor mir geredet, ... eine solche Stimme hatte ich noch nie gehört.«

Auch Lenaus bemächtigte sich ein lange nicht gekanntes Hochgefühl: »Das war etwas, was ich schon lange ersehnte, was ich verloren glaubte, und jetzt war es wie ein leuchtendes Gnadengeschenk«, schrieb er einem Freund. Und, an anderer Stelle: »Zuweilen ist es mir vorgekommen, als schlummere eine Kraft in mir, die ich nur herauszulassen brauche, um mit einem Satz auf dem alten Boden der Freiheit zu stehen.«

Tags darauf schickte Lenau Marie einen Band seiner Gedichte. Sie war so aufgeregt, daß sie »bei Tisch kaum einen Bissen hinunterbrachte« und es nicht wagte, den Blick von ihrem Teller zu heben. Erst am Abend hatte sie den Mut, sich stammelnd für das Geschenk zu bedanken.

Von da an gingen Nikolaus Lenau und Marie Behrends täglich

miteinander spazieren, und einmal gestand er ihr: »So heiter wie hier in Baden war ich schon lange nicht, ich kam recht düster hier an. Sie haben vom ersten Augenblick an, durch Ihre bis jetzt noch nicht gesehene Weiblichkeit, einen so wohltätigen Eindruck auf mich gemacht.«

Spontan erwiderte Marie: »Um Sie zu erheitern, würde ich sehr gerne etwas für Sie tun.«

»Wirklich, wirklich? Ich werde Sie daran erinnern. Wenn jemand imstande wäre, mich glücklich zu machen, so sind Sie es, liebe Marie. Sie haben mich ganz verändert, Sie haben alles Herbe von mir gelöst.«

Marie war außer sich vor Glück. Dieser wunderbare Mann! Dieser von Deutschland und Österreich verehrte Dichterfürst! »Ich glaubte zu träumen. Es war der Anfang eines neuen Daseins!«

Am 10. Juli reisten Marie und ihre Tante nach Frankfurt am Main zurück, respektvoll und zärtlich von Lenau am Wagenschlag der Postkutsche verabschiedet. Spornstreichs lief er zu seinem Freund Berthold Auerbach, der sich ebenfalls in Baden-Baden aufhielt, fiel ihm um den Hals und jubelte: »Bruder, das is a Madel! Aber das is a Madel!« – »Er war wie wiedergeboren«, schreibt Auerbach, »alles vergangene Leben hinter ihm eingesunken. Es läßt sich nicht beschreiben, wie leichtbeschwingt und morgenfrisch die Psyche des Dichters sich erhob.«

Frohen Mutes kehrte Lenau nach Stuttgart zurück, wo er, wie stets, beim Ehepaar Reinbeck wohnte und das ganze Haus mit seiner euphorischen Freude erfüllte. Emilie von Reinbeck: »Der Entschluß zu heiraten war der letzte gesunde Vorsatz, sich von drückenden Fesseln zu befreien ... Es war der rettende Anker, den er im stürmischen Aufruhr widerstreitender Empfindungen erfaßte.«

Bereits am 16. Juli war Lenau in Frankfurt am Main und hielt, ohne große Umschweife, bei Maries Mutter um deren Hand an: Marie könnte alles, alles von ihm haben, seinen Namen, seinen Rang, seine ungeteilte Liebe.

Wie wohl nicht anders von einer liebenden Mutter zu erwarten, erhob Frau Behrends eine Reihe von einleuchtenden Einwänden. Nach einer so kurzen Bekanntschaft könne man ja gar nicht wissen, ob Lenau und Marie wirklich zusammenpaßten – sie könne ihre Tochter nicht einem praktisch Wildfremden zur Frau geben. Überdies: Marie sei völlig mittellos, eine Mitgift nicht zu erwarten, ganz zu schweigen, daß die jungen Leute verschiedenen religiösen Bekenntnissen angehörten – Marie war evangelisch, Lenau katholisch.

Mit ungewohnter Eloquenz wischte Lenau alle Bedenken zur Seite: Geld spiele keine Rolle, er werde seinem Verleger Cotta das gesamte Œuvre verkaufen und dann ein gemachter Mann sein, der sorglos leben könne; er werde konvertieren und sich für immer in Deutschland niederlassen, daß Mutter und Tochter nicht wirklich getrennt sein würden. Marie machte er klar, daß er ohne sie nicht mehr leben könne; wenn er sie nicht heiraten dürfte, wäre sein »ganzes zukünftiges Leben zerstört«.

Täglich sah er das Mädchen, täglich bestürmten sie und Lenau die Mutter, und am Tage der Abreise nahm sie seufzend die Werbung Lenaus um ihre Tochter an: »In Gottes Namen ja.«

Lenau fuhr nach Stuttgart und redete so lange auf Cotta ein, bis der sich bereit erklärte, mit ihm einen Kontrakt auf Lebenszeit abzuschließen – bei dem, wie sich später herausstellen sollte, Lenau eindeutig den kürzeren zog. Er verkaufte seine Rechte an allen bisher erschienenen Texten um 20 000 Gulden, zahlbar in zehn Halbjahresraten. Für jeden Band des kommenden Werkes wurde eine einmalige Abschlagszahlung von 2 500 Gulden vereinbart. (Der Verkauf von Lenaus Büchern sollte dann allerdings ein Vielfaches der ausgehandelten Honorare bringen – doch davon konnte der Dichter keine Kenntnis mehr nehmen ...)

Den fast noch tintenfeuchten Vertrag in der Händen, eilte Lenau zurück nach Frankfurt am Main und präsentierte ihn stolz der Braut und der zukünftigen Schwiegermutter. Frau Behrends war beeindruckt, Marie kümmerte sich weniger um den Mammon, sie genoß Tage ungetrübten Glücks, und sie konnte nicht genug bekommen von Lenaus Liebesbeteuerungen, wenn er sie sein »Herzel«, seine

*Nikolaus Lenau
mit Sophie von Löwenthal (links) und Marie Behrends*

»kleine Poetenbraut« nannte. Die Hochzeit wurde für Mitte September vereinbart.

An Familie von Reinbeck schrieb Lenau: »Über mein ganzes Leben ist ein freudiger Friede gekommen ... Ich fühle mich wie von Gott geführt in dieser großen und schönen Wendung meines Lebens.«

Der schwierigste Teil des ganzen überstürzten Unternehmens stand ihm allerdings noch bevor: Wie sage ich es meiner Sophie? Zunächst wollte Lenau den Weg des geringsten Widerstandes gehen und seinen Freund Berthold Auerbach nach Wien schicken, um bei Sophie gut Wetter für seine bevorstehende Hochzeit mit Marie machen zu lassen. Dann ermannte er sich aber doch, gestärkt von der Zuversicht, daß ihm nun nichts mehr passieren könnte. Am 10. August 1844 machte er sich auf die beschwerliche, volle sieben Tage währende Postkutschen-Reise nach Wien.

In der Reichs-, Haupt- und Residenzstadt hatte es sich bereits herumgesprochen, daß Lenau zu heiraten beabsichtigte: die »Allgemeine Zeitung« hatte einen groß aufgemachten Bericht über die Verlobung des Dichters gebracht.

Sophies erste Worte beim Wiedersehen: »Niembsch, ist es wahr, was die Zeitungen von Ihnen melden?«

»Ja, es ist wahr. Doch wenn Sie es wünschen, heirate ich nicht. Ich erschieße mich dann aber auch.«

Was genau sich zwischen Lenau und Sophie anschließend abgespielt hat, ist nicht dokumentiert. Gewiß ist nur, daß Lenau voll Entschlossenheit, Mut und Optimismus in Wien angekommen und in tiefster Niedergeschlagenheit abgefahren ist.

Nicht nur Sophie dürfte ihm die Hölle heiß gemacht haben, auch seine Freunde, allen voran der Schwager Schurz, rieten ihm von seinem Vorhaben ab. Schurz hat ihm vorgerechnet, wie sehr Lenau von seinem Verleger übervorteilt worden wäre und daß seine Zukunft durchaus nicht finanziell gesichert sei. Daß Schurz nicht ausschließlich das Wohl des Schwagers, sondern auch das eigene im Blickfeld gehabt haben könnte, läßt sich nicht von der Hand weisen. Schließlich hatten die Schurz sieben hungrige Mäuler zu stopfen, und Therese

Schurz, Lenaus heißgeliebte Schwester, durfte sich nur so lange auf eine bedeutende Erbschaft nach Lenau freuen, solange er nicht beweibt war, solange er keine eigenen Kinder in die Welt gesetzt hatte.

Es ist dann auch sehr viel gemunkelt worden über die Rolle, die Sophie von Löwenthal und Anton Xaver Schurz bei der Vereitlung von Lenaus Heiratsplänen gespielt haben, wofür es sogar ein schriftliches Zeugnis gibt. Sophie schreibt an Schurz: »Es freut mich, lieber Schurz, daß wir, was die Anklage, Niembschens Heirat verhindern zu wollen, betrifft, Leidensgenossen sind. So wenig wie ich Sie eines, wenn auch als Vater von sieben Kindern einigermaßen verzeihlichen Eigennutzes für fähig halte, ebenso wenig werden Sie mir soviel niedrige Selbstsucht zutrauen, daß ich meinen teuersten Freund um sein wahres Glück verkürzen möchte.« Wie sagt der Franzose so treffend: »Qui s'excuse s'accuse.« (Wer sich entschuldigt, klagt sich an.)

Die Botschaften, die Lenau nach Deutschland sandte, verrieten noch nichts von seinem Stimmungstief. Marie berichtete er, daß er dabei sei, alle Geschäfte (Beschaffung der notwendigen Dokumente) erfolgreich abzuschließen, Emilie von Reinbeck ließ er wissen: »Dieser Kampf mit allerlei Formalitäten wäre mir lästig, wenn nicht der Preis ein so schöner wäre und, wie ich hoffe und glaube, ein für den Rest meines Lebens ein sehr beglückender.«

Am 15. September brach er nach Stuttgart auf, und beim Abschied schluchzte Sophie: »Mir ist, als sollte ich Sie nie wiedersehen.« In Stuttgart führte ihn sein erster Weg zu Cotta, den er zu einer Änderung des Lebensvertrages zu überreden trachtete. Cotta sagte nicht ja und nicht nein, er versuchte, die Angelegenheit auf die lange Bank zu schieben. Lenau war verärgert und verunsichert, und er schrieb an Sophie: »Mein Genius, der bisher so frei gelebt, wird mißmutig und fragt mich, ob ich ihn als Knecht verdingen wolle.« Wobei nicht ganz klar wird, ob er sich als Knecht des Verlegers oder als Knecht in einer Ehe gesehen hat.

Der Schriftwechsel mit Sophie wurde nun wieder ausführlicher, und gerade in diesem Stadium ist es um so bedauerlicher, daß wir

Sophies Briefe nicht kennen. Wir können ihre Gedanken nur mühsam aus Lenaus Antwortbriefen rekonstruieren.

Es war ein verzweifelter letzter Versuch, seine Liebe zu Marie und seine Abhängigkeit von Sophie zu vereinbaren, wenn er den bizarren Vorschlag machte: »Wir brauchen unsere Entsagung nur eine Stufe höher zu stellen, so könnten wir zu dritt [sic!] noch ein schönes, glückseliges Leben führen.«

Ein paar Tage später: »In mir steht klar und für immer fest: Sie können durch meine Heirat, wenn sie überhaupt noch zustande kommt [sic!], nichts verlieren.« Sophie scheint gerade daran nicht geglaubt zu haben und bestürmte ihn offenbar immer weiter mit Einwänden gegen die geplante Ehe.

Lenau: »Mir ist vom Arzt die äußerste Ruhe des Gemüts vor allem anbefohlen. Die ist schwer zu finden. Schreiben Sie mir ruhigere Briefe, ich bitte Sie dringend, liebe Sophie.« Alles Bitten und Flehen half nichts – er bat Emilie von Reinbeck, »jener Frau zu schreiben, daß sie ihn mit ihren Zuschriften verschonen möge ... Er habe eine wunderbare Angst und so starken Widerwillen vor ihren leidenschaftlichen Äußerungen, daß er sie [Emilie] beschwöre, alle, die von nun an für ihn einlaufen, in Empfang zu nehmen und für ihn aufzubewahren«, notierte Emilie.

Lenau wurde zusehends verstörter, litt unter Schlaflosigkeit. Er schrieb: »Ich erwache oftmals in der Nacht und muß, ohne mir etwas Bestimmtes zu denken, von selbst und gleichsam bewußtlos in ein heftiges und anhaltendes Weinen ausbrechen.«

Am Morgen des 29. September, Lenau sitzt mit dem Ehepaar Reinbeck am Frühstückstisch, trifft ihn ein leichter Schlag: Eine Gesichtshälfte ist verzerrt, die linke Hand und der linke Fuß lassen sich nur mit Mühe bewegen. Diese Symptome verschwinden innerhalb von vierzehn Tagen. Sie wurden, wie Lenau Emilie Reinbeck gegenüber äußerte, durch »ungeheuren Affekt von Zorn, Kummer und Verzweiflung ausgelöst«.

Plötzlich kommen ihm doch tiefe Bedenken, ob er es wagen darf, Marie an sich zu binden. Am 1. Oktober schreibt er an Sophie: »Ich zweifle noch, ob ich aus Schonung für Marie nicht vorerst einen Aufschub der Hochzeit aussprechen soll.« Am 7. Oktober, daß er »diese Heirat für ein entschiedenes Unglück« erachte. Zu Emilie von Reinbeck kann er sich offen äußern: »Ich wollte noch glücklich werden, [aber] ... man läßt mich nicht los, und ich werde das Opfer der ungezügelten Leidenschaft dieser Frau.«

Lenau konzipiert einen Brief an Marie, in dem er ihr mitteilt, er habe den Mut zur Heirat verloren. Er empfinde den leichten Schlaganfall, der ihn getroffen habe, als »einen schauerlichen Protest des Schicksals gegen mein Glück ... Ich selbst erscheine mir wie ein vom Tode Bezeichneter! Er hat seine Hand an mich gelegt!«

Auf Anraten Emilies schickt er diesen emotionsgeladenen Brief nicht ab. Sie selbst ist es, die Marie in schonenden Worten von dem Geschehen unterrichtet und um einen baldigen Besuch der Braut bittet. Sie allein könnte dem Kranken neuen Mut geben.

Am 12. Oktober erhält er einen Brief von Sophie, der ihn vollends niederschmettert. Wie aus seinen späteren, wirren Aussagen zu entnehmen ist, scheint sie ihm mit Selbstmord gedroht zu haben, und er fühlte sich dafür verantwortlich.

In der Nacht zum 13. erlitt er einen Tobsuchtsanfall, beruhigte sich aber unter dem guten Zureden der Reinbecks und begann wieder Zukunftspläne zu schmieden. An Sophie schreibt er, es gebe kein Heil, keine Versöhnung, als »daß ich das Mädchen heirate«.

»Das Mädchen« befand sich mittlerweile, von größter Unruhe getrieben, in Begleitung seiner Mutter auf dem Weg von Frankfurt am Main nach Stuttgart. In Heidelberg war es, daß ihr die Schlagzeile einer Zeitung ins Auge stach: »Lenau ist wahnsinnig und liegt in der Zwangsjacke.«

Was war geschehen? Lenau saß am Morgen des 16. Oktober wie gewöhnlich mit den Reinbecks beim Frühstück, fahriger und hektischer denn je zuvor. Plötzlich sprang er auf, stürzte aus dem Zimmer, holte seine Geige, spielte steirische Ländler »wundervoll schön«, wie Emilie von Reinbeck berichtete, geriet in immer größere Hitze, stampfte auf den Boden, daß das Zimmer erzitterte, begann wirr zu sprechen und beschuldigte sich immer wieder, Sophies Mörder zu sein. Er lief in sein Zimmer und versuchte sich aufzuhängen. Prof. Reinbeck gelang es, den Tobenden zu überwältigen. Dann verfiel Lenau in apathische Ruhe, aus der er bald erwachte und sich völlig »normal« verhielt. Er schrieb Briefe, brachte sie selbst zur Post.

Der nächste, wesentlich schwerere Anfall suchte ihn am 22. Oktober heim, wobei er mit schier übermenschlichen Kräften das Mobiliar seines Zimmers zerlegte, mit Büchern um sich warf und Sophies Briefe zerriß. Reinbecks Kräfte reichten nicht mehr aus. Zwei starke Männer bändigten den Rasenden mit Mühe und verfrachteten ihn in die Nervenheilanstalt des Dr. Zeller nach Winnenthal.

»Ein tief erschüttertes Bild schwersten Kummers« – so Emilie von Reinbeck – traf Marie in Stuttgart ein, und Emilie brachte ihr behutsam bei, wie es um den Verlobten stand. »Wie ich dieses schreckliche Schicksal ertrug, was ich gelitten ... ich vermöchte es nicht zu schildern, selbst wenn ich es wollte ...« berichtete Marie gegen Ende ihres Lebens in ihrer Autobiographie.

Zusammen mit der Mutter verließ sie Stuttgart, von Frankfurt aus schickte sie dem Bräutigam zärtliche Briefe, kleine Geschenke, Handarbeiten, und wie sie von Dr. Zeller erfuhr, erfreute sich der Patient in seinen lichten Augenblicken daran. Immer wieder sprach er von Marie, nur selten von Sophie, ehe er wieder in seinen Wahn zurücksank.

Marie hat ihn nie mehr gesehen. Sie lebte bis zu ihrem Tod im Jahre 1889 zurückgezogen in bescheidenen Verhältnissen. Erst 1875 brachte sie es über sich, eine Biographie Lenaus zu lesen – und nachher veröffentlichte sie ihre Memoiren, wohl darum, weil in der Lebensbeschreibung Lenaus einiges nicht so dargestellt war, wie sie es gesehen und erlebt hatte.

Dr. Zeller bemühte sich inzwischen intensiv und mit den damals fortschrittlichsten Therapien um seinen berühmten Patienten. Die kleinste Besserung in dessen Befinden ermutigte den Arzt, nicht aufzugeben. Auch Lenau scheint, wenn er sich seiner selbst bewußt war, zum Kampf entschlossen gewesen zu sein. Sophie schrieb ihm: »Duck' dich und laß vorübergehen. Das Wetter will seinen Willen haben.« Mit energischer Hand hat Lenau diese Verszeilen durchgestrichen und daneben geschrieben: »Ich ducke mich nicht!!!«

Sein Geschick war dennoch unausweichlich. Im Mai 1847 mußte selbst Dr. Zeller einsehen, daß es für den Dichter keine Hilfe mehr gab. Nach einer Phase wildester Aggressivität verfiel er in stumpfe Blödheit, nahm seine Umgebung nicht mehr wahr, erkannte niemanden. Ein herzzerreißendes Bild des Jammers. Über Veranlassung von Therese und Anton Xaver Schurz wurde der Kranke in die Irrenanstalt von Oberdöbling bei Wien übergeführt und dort in Verwahrung genommen.

Die Löwenthals haben ihn wieder! Sophie besucht ihn regelmäßig in der Irrenanstalt, das heißt, sie darf durch einen Türspalt die in sich zusammengesunkene Gestalt betrachten, der Eintritt ins Krankenzimmer wird ihr verboten. Die Ärzte fürchten, daß ihr Anblick den Kranken aufregen und einen neuen Tobsuchtsanfall auslösen könnte. Ohne die geringste Bewegung zu zeigen, geht sie wieder fort – weiterhin unnachgiebig, unbarmherzig den Vorwürfen von Lenaus Freunden ausgesetzt, daß sie Ursache und Auslöserin seines Zusammenbruches gewesen sei. »Nach ausgeweinten, ausgenüchterten Stunden ergriff sie eine wilde Gleichgültigkeit«, beschreibt ein Freund die Entwicklung ihrer Gemütslage.

Max von Löwenthal nimmt sich der praktischen Seite an: Er schickt Kleidung und ausgesuchte Leckereien ins Krankenhaus, er kümmert sich um den längst vergessenen und abgeschriebenen Grundbesitz Lenaus in Amerika und schlägt sogar noch ein paar Dollar heraus, er veranstaltet unter Freunden eine Sammlung für den Kranken.

Am 22. August 1850 gleitet Lenau schmerzlos aus seinem abwesenden Traumzustand in den ewigen Schlaf hinüber. Er wird, wie es sein Wunsch war, auf dem Friedhof von Weidling bei Wien unter großer Anteilnahme aus allen Kreisen der Bevölkerung beigesetzt.

Obwohl sein Name in der Öffentlichkeit noch lange präsent ist – seine Bücher verkaufen sich weiterhin ausgezeichnet –, wird er, wie auf geheime Verabredung, im Kreise der Familie Löwenthal nicht mehr erwähnt. Nur Sophie sammelt heimlich und mit kindlichem Eifer alle ihr erreichbaren Erinnerungsstücke – eine Locke seiner Mutter, einen Schal, den er getragen, einen vergessenen Zigarrenstummel. Aus Zeitungen und Zeitschriften schneidet sie jedes Wort über Lenau, das dort gedruckt erscheint. Ständig ordnet, reiht sie seine Briefe, schreibt sie ab, macht sie fertig für den Druck, denn nach ihrem Tod sollen sie veröffentlicht werden. Ob und was sie geändert hat, wird man nie erfahren.

Ab ihrem fünfzigsten Geburtstag wird sie vom Schicksal geprügelt: sie stürzt und zieht sich einen komplizierten Beinbruch zu, der niemals richtig verheilt und sie bis ans Lebensende an eine Krücke fesselt. 1862 stirbt ihre Tochter Zoe, noch nicht einmal dreißig Jahre alt. 1866 fällt ihr Sohn Ernst im Preußisch-Österreichischen Krieg. 1872 stirbt Max, die heißgeliebte Enkelin Dora geht 1885 von ihr. »Ich lebe wie auf einem Friedhof«, schreibt sie, »auf welchem die Schatten vieler, die mir teuer waren, aus den Gräbern steigen und mich verwirren.«

Zäh, wie sie war, raffte sie sich doch so weit auf, in Maßen an gesellschaftlichen Ereignissen teilzunehmen, weiterhin ihre wunderschönen Blumen zu malen, zu musizieren und mit großer Aufmerksamkeit die Entwicklung in der Literatur zu verfolgen.

Eine kleine Reise im Sommer 1886 setzte sie dann aber endgültig schachmatt: Der Zug mußte ruckartig halten, ein schwerer Koffer stürzte auf Sophies Kopf, und seither dämmerte sie gedächtnislos fast drei volle Jahre dahin, bis sie am 9. Mai 1889 starb – übrigens im selben Jahr wie ihre große Nebenbuhlerin Marie Behrends.

»Kümmern ihn denn meine Tränen?«

Louise Colet (1810-1876) und Gustave Flaubert (1821-1880)

Was hat die folgende Szene zu bedeuten? Bitte raten Sie.
»Wohin möchten die Herrschaften fahren?« fragte der Kutscher.
»Wohin Sie wollen«, sagte Léon und schob Emma in den Wagen.
Die schwere Kutsche fuhr los.
Sie fuhr durch die Rue Grand Pont, über die Place des Arts, den Quai Napoleon hinunter ... und blieb vor dem Denkmal Corneilles stehen.
»Weiter«, rief die Stimme aus dem Inneren.

Es folgt nun eine lange detaillierte Beschreibung der stundenlangen Fahrt durch enge Gassen und über weite Plätze, immer wieder angetrieben durch die ungeduldige Männerstimme aus dem Inneren des Gefährts, bis der Kutscher am Rande der Erschöpfung steht.

Er begriff nicht, welche Rastlosigkeit diese zwei seltsamen Leute weitertrieb, daß sie niemals anhalten wollten. Er versuchte es einige Male, und sofort kam von hinten ein zorniger Ruf. So hieb er auf seine schweißtriefenden Rosse los, ohne sich zu kümmern, wo er überall streifte und anstieß – gleichgültig, erschöpft, den Tränen nahe vor Durst, Müdigkeit und Kummer.
Am Hafen und in den Straßenecken machten die Bürger große Augen vor dieser ungewohnten Erscheinung: einer Kutsche mit herabgelassenen Vorhängen, die immer wieder auftauchte, verschlossener als ein Grab und dahinschaukelnd wie ein Schiff. ...
Später, gegen sechs Uhr, hielt der Wagen in einem Gäßchen im

Viertel von Beauvoisine, und eine Frau stieg aus, die, verschleiert, ohne den Kopf zu wenden, davonging.

Dies ist eine (gekürzte) Passage aus dem weltberühmten Roman »Madame Bovary« von Gustave Flaubert, und ich stelle nun die Frage, was das in dieser Szene Dargestellte wohl sein mag: Pornographie und strafbare Verletzung der öffentlichen Sittlichkeit? Oder Reminiszenz an den süßen Vogel Jugend Flauberts und den seltsamen Auftakt seiner eigenen verzehrenden Liebesgeschichte? Schier unglaublich, aber wahr: Es ist beides.

Wegen dieser (und einiger anderer) Textstellen aus »Madame Bovary« wurde Flaubert 1857 vor Gericht gezerrt, und die Kutschenszene hat sich tatsächlich, wenn auch auf anderen Schauplätzen, zugetragen, sozusagen als Auftakt der Beziehung zwischen Flaubert und Louise Colet.

Flaubert war damals ein hübscher junger Mann aus der Provinz, den in Paris so gut wie kein Mensch kannte, Louise Colet eine berühmte, preisgekrönte und leicht skandalumwitterte Dichterin. Flaubert kennt die Welt heute als den Vater des modernen Romans, und hätte es diesen zu seiner Zeit gegeben, er wäre bestimmt mit dem Nobelpreis ausgezeichnet worden. Louise Colet kennt man nicht einmal mehr dem Namen nach. Bestenfalls wird sie mit der Colette verwechselt. Wenden wir uns darum zunächst dieser in höchstem Maße bemerkenswerten Frau zu.

Ihr Schicksal war vom Tage der Geburt (15. August 1810) durch zwei Elemente bestimmt: Rebellion und Haß. Die Rebellion lag ihr im Blut, und dafür wurde sie zeitlebens gehaßt – und zwar bereits in der eigenen Familie.

Ihr widerborstiger, aufrührerischer Geist war ein Erbteil nach dem Großvater mütterlicherseits. Der ehrenwerte Seigneur Jean Baptiste Le Blanc de Luveaunes, Herr auf Schloß Servanes, rund dreißig Kilometer südlich von Avignon, hatte 1779, also zehn Jahre vor Ausbruch der Revolution, seinen Adelstitel abgelegt, sich mit dem Volk gemein gemacht und zum Entsetzen seiner Standesgenossen die Tochter eines Schiffers geheiratet. Zusammen mit seinem besten Freund, dem Grafen Honoré de Mirabeau, wurde er ein Bannerträger der Revolution und Bürgermeister von Les Beaux.

Seine Tochter Henriette heiratete Henri Antoine Révoil, den Postdirektor von Aix-en-Provence, der die Jahre bis zum Mannesalter in Neapel verbracht hatte. Das Paar, das winters in Aix und sommers auf Schloß Servanes lebte, hatte sechs Kinder. Louise war die Jüngste, und, goldblond, blauäugig, unbestreitbar die Schönste sowie die Intelligenteste von allen ihren Geschwistern. Dazu, zu allem Überfluß, »unbezähmbar, voller Willenskraft und Zorn«, wie wir aus der Feder ihres ersten Biographen erfahren.

Sie war »absonderlich« im wahrsten Sinn des Wortes, denn sie suchte von klein auf die Einsamkeit, statt mit den Geschwistern zu spielen. Sie sperrte sich in der Bibliothek des großväterlichen Revolutionärs ein, um sich Bücher anzusehen, später um Bücher zu lesen und sich selbst fremde Sprachen beizubringen. Mit Puppen mochte sie ebensowenig spielen wie Handarbeiten anfertigen, und als die Gouvernante sie dazu zwingen wollte, stellte sich die kaum Fünfjährige auf die Zehenspitzen und schlug der Frau zornig ins Gesicht.

Die Mutter, überaus entzückt von dem außergewöhnlichen Kind, ließ ihr alles durchgehen, und Vaters Liebling war sie sowieso. Stundenlang saß sie auf seinem Schoß, lauschte seinen neapolitanischen Liedern und Opernarien und plapperte bald mit ihm in seiner eigentlichen Muttersprache. Der Haß der älteren Geschwister auf die bevorzugte Außenseiterin wuchs beständig, sie war Zielscheibe von Spott und Hohn, sie hatte darum »lange, heftige Tränenausbrüche und wuchs bedrängt von der Feindschaft ihrer Geschwister heran«.

Bereits als Halbwüchsige beherrschte sie Griechisch und Latein, schrieb kleine Gedichte und übersetzte Passagen aus Shakespeares Werken ins Französische. Mit einem Wort, sie war in den Augen der meisten ein wahres Monster, da nach übereinstimmender Meinung der damaligen Zeit »weibliche Bildung ihr häusliches Pflichtbewußtsein [hätte] untergraben« [können].

Louise war erst fünfzehn, als der Vater starb. Für zwei Jahre zog die Familie zur Großmutter Révoil nach Lyon, die nicht minder von dem Mädchen angetan war als Vater und Mutter, sie nach Herzenslust gewähren ließ und sie noch dazu mit jugendverbotenen Schriften von Victor Hugo und Madame de Staël vertraut machte.

1827 schlug Madame Révoil ihren endgültigen Wohnsitz auf Schloß Servanes auf, doch ihre Mittel waren eher beschränkt. Man lebte, vor allem im Winter, in bedrängter Enge, und die Spannungen zwischen den Geschwistern stiegen ständig: Statt sich nützlich zu machen, spazierte Louise in der Gegend umher und rezitierte selbstgemachte Gedichte.

Sie war, so wie ihre Mutter, so wie ihre Großmutter, die Tochter des Schiffers, eine brillante Schönheit – doch einen Bewerber um ihre Hand gab es nicht: Erstens war sie zu klug und zweitens die zu erwartende Mitgift eher bescheiden. Schließlich machte sie sich schon selber Sorgen um ihre ehelose Zukunft: »Die Liebe, die ich suche, wird mir nicht gewährt. Schon wird meine Stirn bleich, und mein Frühling geht zu Ende.« Da war sie gerade zweiundzwanzig.

Endlich trieb ihr ältester Bruder einen ehewilligen Mann auf, den Louises Geist nicht weiter störte und der selbst genug Geld hatte. Doch Louise sagte nein, erheblich unterstützt von ihrer Mutter, die sie vor einer überstürzten Ehe warnte.

Der erste Ausbruch aus der vergifteten Atmosphäre von Servanes gelang ihr, als eine Freundin der Mutter, Julie Candeille, sie zu sich nach Nîmes einlud – Louise könnte so lange bleiben, wie sie nur wollte. Madame Candeille war eine Frau nach Louises Geschmack: Dichterin, Sängerin, Komponistin und noch immer begeisterte Anhängerin der Großen Revolution, die nun schon Jahrzehnte Geschichte war. 1793 hatte sie in lebenden Bildern die Göttin der Vernunft dargestellt – splitterfasernackt.

Madame Candeille, längst mit einem wohlhabenden Großbürger verheiratet, unterhielt den glänzendsten literarischen Salon in Nîmes, wo Louise mit ihren romantischen Gedichten augenblicklich Aufsehen erregte und Furore machte. Als »jungfräuliche Dichterin« wurde sie zur Muse von Nîmes gekürt, was ihr mächtig zu Kopf stieg. Sie begann davon zu träumen, eine große Dichterin und dermaleinst vielleicht sogar die »Muse von Paris« zu werden. Paris! Das war der Inbegriff all ihrer Wünsche.

Sie zerstoben zu Nichts, als, fast gleichzeitig, Julie Candeille und Louises Mutter starben. Louise kehrte nach Servanes zurück, den Kopf noch immer voller Flausen. Sie forderte ihre Mitgift mit der Absicht, sich irgendwo, irgendwie selbständig zu machen – ein absolut anstößiges Unterfangen, aus dem ohnehin nichts wurde, da die Geschwister erklärten, die Aussteuer gehöre zum Haus und Louise sollte sehen, wo sie bliebe.

Sie packte ihre paar Habseligkeiten zusammen und fand bei einer Verwandten, mit der sie sich einigermaßen verstand, in Nîmes Unterschlupf. Dort lief ihr, ein Geschenk des Himmels, der Musiker Hippolyte Colet über den Weg, erster Geiger im Kammermusikensemble von Nîmes. Er war drei Jahre älter als Louise, von einer gewissen matten Schönheit und angenehmer Liebenswürdigkeit. Er hatte eine Berufung als Lehrer ans Konservatorium in Paris in der Tasche, und er machte ihr ein Angebot, das sie nicht ablehnen konnte und wollte. Sie sollte ihn heiraten und mit ihm nach Paris ziehen. Es war, Louise wußte es nur zu gut, nicht die große Liebe, aber sie sagte ja. Denn sie wollte fort, fort, weit fort.

Die Familie in Servanes schrie Zeter und Mordio, erstens weil Colet in ihren Augen ein dahergelaufener Hungerleider und Louises nicht würdig war, und zweitens war die Verwandtschaft durchaus nicht gewillt, Louises Anteil an der Erbschaft nach der Mutter herauszurücken.

Bruder Adolphe drohte, Colet zum Duell zu fordern und totzuschießen, falls dieser nicht von seiner Schwester ließe.

Angsterfüllt eilte Louise nach Servanes, um die Wogen zu glätten. Adolphe sperrte sie in ein Zimmer und zwang sie, einen Abschiedsbrief an Hippolyte zu schreiben. In der Nacht entfloh sie, nur mit einem Nachthemd bekleidet, durchs Fenster und suchte bei ihrer alten Amme, die ganz nahe wohnte, Zuflucht. Doch schon am nächsten Morgen wurde sie von den Geschwistern wieder eingefangen und »mehr tot als lebendig« (wie sie im Tagebuch vermerkte) aufs Schloß zurückgebracht.

Das absurde Theater war natürlich sofort in der Nachbarschaft ruchbar geworden; schließlich schritt der Bürgermeister der Kreisstadt ein und sprach ein Machtwort. Die Geschwister mußten Louises Erbanteil in der Höhe von 24500 Francs und die Aussteuer herausrücken, und endlich, am 3. Dezember 1833, konnte sie ihren Geiger heiraten. Kein einziges Mitglied der Sippe kam zur Hochzeit. Man ließ ihr nur ausrichten, daß sie sich niemals mehr zu Hause blicken lassen dürfe. Selbst als Louise viel später eine berühmte, hochdekorierte Dichterin war, wollte sie keiner mehr sehen.

Der Fluch der Geschwister kümmerte sie nicht, ihr Denken war in die Zukunft gerichtet, auf Paris, das, wie sie sich vorgaukelte, nur auf die begnadete Poetin aus der Provence wartete. Wenn sie geglaubt hatte, als Gemahlin eines angesehenen Musikers sofort Zutritt zu den glanzvollen Künstlersalons zu finden, hatte sie sich gewaltig geirrt. Hippolyte bekleidete nur die Stellung eines »Probeassistenten« am Konservatorium, verdiente magere 2000 Francs im Jahr, und das Paar konnte sich nur eine billige Absteige im übel beleumundeten Viertel von Montmartre leisten. Hippolyte wachte über jeden Centime, den seine Frau ausgab, auch wenn er aus ihrem Erbe stammte.

Nachdem sie den ersten Schock über den enttäuschenden Beginn ihres Pariser Aufenthaltes überwunden hatte, machte sie sich unverdrossen auf den Weg von Redaktion zu Redaktion der Dutzenden von Literaturzeitschriften, die während der letzten Jahre aus dem Boden geschossen waren. Mit ihren zarten, noch recht farblosen poetischen Ergüssen hatte sie allerdings kein Glück, und sie begriff bald: »Schockieren, überraschen, mit grellen Bildern erschrecken – damit sind die Legionen von Schreiberlingen heutzutage pausenlos beschäftigt.« Aber sie gab nicht auf.

Endlich hatte sie Glück bei »L'Artiste«, einer seriösen Publikation, für die auch George Sand schrieb. Wir haben einen zeitgenössischen Bericht über Louises erstes, schüchternes Auftreten in der Redaktion, wo sich Chefredakteur Ricourt zunächst von ihrer zauberhaften Erscheinung, dann, als er das erste Gedicht gelesen hatte, von ihrem Talent beeindruckt zeigte.

»Das sind hinreißende Verse, Madame«, sagte Ricourt, und zum Redaktionsboten: »Bringen Sie diesen Text in die Druckerei. Er soll auf Seite 1 erscheinen.« Ob das Gedicht der Unbekannten aus der Provence augenblicklich auf der Titelseite erschienen wäre, hätte sie nicht über diese üppig blond gelockte, strahlend blauäugige Schönheit verfügt, mag dahingestellt bleiben.

Wie dem auch sei. »L'Artiste« druckte weiterhin ihre Gedichte. Die Honorare waren bescheiden, und was sie verdiente, gab sie, zu Hippolytes Entsetzen, sofort für Garderobe aus, denn Ricourt machte sich erbötig, sie in die verschiedenen literarischen Salons einzuführen. Ihre erste in Buchform erschienene Gedichtsammlung, »Fleurs du midi« (»Blumen des Südens«), erschien 1836, verkaufte sich schleppend und erntete geteilte Kritiken.

Restlos begeistert von den »Blumen des Südens« war glücklicherweise Prinzessin Marie d'Orléans, die Tochter von König Louis Philippe, durch deren Einfluß Louise in den Genuß eines jährlichen Stipendiums in der Höhe von 400 Francs kam. Nebenbei verdiente sie sich noch ein bißchen Geld als Journalistin – sie war eine ausgezeichnete Modeberichterstatterin –, doch alles zusammen reichte nicht aus, ihren Vorstellungen eines für eine Künstlerin standesgemäßen Lebens zu entsprechen. Ihre Garderobe war phänomenal, das »Markenzeichen« wurde Hellblau – aber viel zu teuer. Louise machte heimlich Schulden, die sie sehr belasteten.

Zu einem weiteren Klotz am Bein entwickelte sich Hippolyte. Je weiter Louise die gesellschaftliche und literarische Erfolgsleiter hinaufkletterte, desto mehr entwickelte er sich zum Haustyrannen. Wütend tobte er herum, wenn er Louise dabei ertappte, am Küchentisch zu schreiben, statt sich um eine warme Mahlzeit zu kümmern. Sein Jähzorn wurde immer schlimmer, und er mußte einmal sogar für drei Tage in den Kotter, weil er, aus nichtigem Anlaß, einen Polizisten zusammengeschlagen hatte. Der schwarze Punkt in seinem Leumundszeugnis war ausschlaggebend, daß er im Konservatorium nicht befördert wurde.

Louises und Hippolytes Ehe war praktisch am Ende – dennoch waren die beiden durch spezielle, jeweils sehr eigensüchtige Motive untrennbar aneinandergeschmiedet. Sie brauchte ihn als gesellschaftlichen Begleiter, um nicht in den Ruf einer zwielichtigen Person zu geraten, er brauchte Louise, denn sie war es, die ihn davor bewahrte, sich als Versager zu fühlen, dessen Träume von Ruhm und Erfolg in Paris zu Asche zerfallen waren.

1839 nahm Louise all ihren Mut zusammen, um am Dichterwettbewerb teilzunehmen, der alle zwei Jahre von der Académie Française ausgeschrieben wurde, jener damals seit dreihundert Jahren bestehenden ehrwürdigen Institution, deren vierzig ständige Mitglieder über die Reinheit der Sprache und Entwicklung der zeitgenössischen Literatur wachten (und heute noch wachen).

Wie immer war ein Thema vorgegeben, und es lautete in diesem Jahr »Das Museum von Versailles«. Die Legende will wissen, daß Louise ein Gedicht von nicht weniger als achtundfünfzig Strophen am Küchentisch sitzend in nur drei Tagen wie in Trance niedergeschrieben hätte. Wie dem auch sei: Ihr, der fast Unbekannten, wurde unter den neunundfünfzig Einsendungen der erste Preis zugesprochen für die gelungene poetische Aufarbeitung der Geschichte dieses hervorragenden Museums.

Die vierzig »Unsterblichen«, wie die honorigen und meist betagten Mitglieder der Académie offiziell benannt wurden, waren von dem Text der jungen Dichterin (und dann wohl auch von ihrer umwerfenden Schönheit) dermaßen beeindruckt, daß sie das Preisgeld von zweitausend Francs spontan verdoppelten. »Der goldene Schimmer der blonden Haare, die in lockigen Kaskaden auf ihre Schläfen herabfielen, erinnerten an den leuchtenden Schein einer Heiligen«, heißt es in einem Bericht von der glanzvollen Preisverleihung am 30. Mai 1839.

An anderer Stelle lesen wir: »Daß heute der Poesiepreis an eine Frau vergeben wird ... wird unsere Unsterblichen aus ihrer Erstarrung erlösen. Als die begnadete junge Frau auf der höchsten Stufe der grünen Bühne erschien, brach die Menge in bewundernden Applaus aus.« Hierzu ist anzumerken, daß der Preis der Académie im Laufe der Jahrhunderte nicht mehr als einer Handvoll Frauen verliehen worden war. Doch die Freudenbezeugung des Berichterstatters über die Prämierung ausgerechnet einer Frau muß eher die Ausnahme als die Regel gewesen sein. Denn die Frauen der damaligen Zeit, grob eingeteilt in Heilige und Huren, genossen eine geringe Wertschätzung, vor allem wenn sie unkonventionelle Intellektuelle waren wie Louise Colet. Doch darüber später mehr.

Viertausend Francs Preisgeld, doppelt soviel als Hippolyte in einem Jahr verdiente, war zwar eine ansehnliche Summe – jedoch wenig, gemessen an den steigenden Ansprüchen Louises. Das große Ereignis hatte allerdings eine nicht zu verachtende Nebenwirkung: Louise erhielt eine Einladung der königlichen Prinzen in die Tuilerien, und damit war sie endgültig in den innersten Kreis der gehobenen Gesellschaft vorgelassen.

Etabliert war auch Hippolyte, der, von Louise elegant ausstaffiert, an ihrer Seite wahrgenommen wurde und daraus Kapital zu schlagen vermochte. Damen der Noblesse drängten sich danach, seine Privatschülerinnen zu werden, und er eroberte das Herz einer uns nicht unbekannten Dame. Teresa Guiccio, Lord Byrons letzte Gefährtin in Italien (siehe das 1. Kapitel), wurde seine Geliebte.

Die Treulosigkeit des ohnehin ungeliebten Mannes konnte Louise nicht verborgen bleiben, doch sie bekam sehr bald Gelegenheit zur Revanche. Dann nämlich, als sie, wie es der Brauch vorschrieb, Visite bei den »Unsterblichen« machte, die für ihr Poem gestimmt hatten.

Den strengen Regeln der Etikette folgend, begann sie beim Unsterblichsten der Unsterblichen, bei Victor Cousin, Pair von Frankreich, unbestritten Führender unter den zeitgenössischen Philosophen, Generalinspektor der Sorbonne und auf dem Sprung, Unterrichtsminister zu werden. Sein Hauptwerk: »Über das Wahre, das Schöne und das Gute« gehörte zum Pflichtprogramm an den Höheren Schulen.

Cousin war achtzehn Jahre älter als Louise, trotz seiner hohen Gelehrsamkeit ein ansehnlicher, kontaktfreudiger Mann – und Junggeselle mit einer deutlichen Vorliebe für intellektuelle, wohlgestaltete Frauen. Da Louise genau das war, mußte es zwangsläufig so kommen, wie es kam.

Cousin verliebte sich augenblicklich in die junge Dichterin. Sei es, weil sie sich nur geschmeichelt fühlte, sei es, daß sie ebenfalls ohne Wenn und Aber entflammt war: Nach einer angemessenen Anstandsfrist von sechs Monaten und Dutzenden respektvoll gewechselter Briefe wurde sie seine offizielle Geliebte – dies ein von der Gesellschaft voll akzeptierter Status, denn es gehörte unter den Künstlern jener Tage sozusagen zum guten Ton, einander ohne Trauschein anzugehören, und, wie in Louises speziellem Fall, auch noch neben der Ehe. (Man denke an die berühmtesten Paare der damaligen Zeit, George Sand und Frédéric Chopin, Franz Liszt und die Gräfin Marie d'Agoult, deren gemeinsame Tochter Cosima die Ehefrau Richard Wagners werden sollte.)

Auch Hippolyte profitierte, ohne die geringsten Skrupel, von der Liaison seiner Frau. Victor Cousin ließ seine mannigfachen Beziehungen spielen, so daß der bislang unbedeutende Musiker aus der zweiten Reihe hervortrat und am Konservatorium die Karriereleiter emporstieg. Louises staatliches Stipendium wurde mit einem Federstrich verdoppelt, und so erhielten die Gerüchte Nahrung, daß Cousin es gewesen wäre, der Louise zum Preis der Académie verholfen hätte. Daß das nachweislich nicht der Fall gewesen war, weil die beiden einander erst später kennengelernt hatten, wollten die Lästerzungen nicht zur Kenntnis nehmen.

Ihrer drückendsten Geldsorgen enthoben, verließen die Colets das Armeleute-Viertel Montmartre und bezogen eine elegante Wohnung in einem »besseren« Arrondissement, und, Gipfel des Glücks: Louise eröffnete ihren eigenen Salon. Sie empfing regelmäßig donnerstags die geistige und künstlerische Avantgarde der Stadt, die sich an lebhaften Diskussionen ebenso delektierte wie an Louises selbst zubereiteten Hähnchen à la Provence. Der Mittelpunkt, um den sich alles drehte, war das prominente Paar Louise Colet und Victor Cousin. Der Ehemann Hippolyte Colet hielt sich diskret im Hintergrund.

Louises nächster Gedichtband »Penserose« wurde ein voller Erfolg. Sie habe, so die Kritik, »ein elegantes und brillantes Buch« veröffentlicht. Inwieweit die Tatsache, daß Louises Geliebter der neue Unterrichtsminister war, diese Kritiken beeinflußte, ist nicht mehr festzustellen. Die Gedichte, die den damaligen Geschmack möglicherweise getroffen haben, können uns heute nicht zu Lobeshymnen hinzureißen. Beispiel:

Mein bebender Mund,
Mein gesenkter Blick,
Sagen dir alles,
Wenn wir beieinander liegen.
Ich liebe deine ernste Stirn,
Deine sanften Augen,
Dein dunkles Haupt
An meinem blonden.

Dieser Vers war eindeutig auf Cousin gemünzt, und es war für die Schmuddelpresse, die es damals auch bereits gab, ein gefundenes Fressen, als Louise sich unübersehbar zu runden begann. Nachdem die Ehe mit Hippolyte fünf Jahre lang kinderlos geblieben war, schien es außer Zweifel, daß der Erzeuger des kommenden neuen Erdenbürgers niemand anderer als Victor Cousin sein konnte.

Besonders bösartig ließ sich Alphonse Karr, Chefredakteur der satirischen Zeitschrift »Les Guêpes« (»Die Wespen«) aus. Er hatte sich schon seit Monaten auf Cousin und Louise eingeschossen; ersteren geißelte er wegen seines offensichtlichen Nepotismus, letztere wurde als Blaustrumpf angegriffen und verunglimpft. »Die Wespen« verdankten einen Großteil ihres Erfolges einem kämpferischen Antifeminismus.

Genüßlich ließ sich Karr ein Wortspiel gemeinster Art auf der Zunge zergehen. Madame Colet sei durch eine »piqûre« des Monsieur Cousin geschwängert worden, was sowohl als »Stich« wie auch als »Stachel« zu interpretieren ist. »Sie [Louise Colet] wird bald etwas anderes als Alexandriner gebären«, schreibt Karr weiter und berichtet ausführlich, wie sich der Herr Unterrichtsminister persönlich um die Vorbereitungen auf das freudige Ereignis kümmere. »Wir hoffen, daß er die Patenschaft nicht ablehnen wird«, schließt der infame Artikel.

Darob geriet Louises provencalisches Heißblut gehörig in Wallung. Obwohl bereits im neunten Monat schwanger und so beleibt, daß ihre Füße sie kaum tragen konnten, ergriff sie ein Küchenmesser, versteckte es in einem Regenschirm und eilte, so schnell sie eben noch konnte, zum Haus des Bösewichts. Es lag glücklicherweise nur wenige Schritte von ihrem eigenen entfernt.

Sie traf Karr am Tor, als er eben das Haus verlassen wollte. »Ich muß Sie sprechen«, murmelte sie. Karr bat sie, ihm zu folgen, drehte ihr den Rücken zu – und in diesem Augenblick stach sie mit aller Kraft zu. Das Messer allerdings glitt ab, so daß Karr nur leicht am Hinterteil getroffen wurde. Louise konnte nicht ahnen, daß der Skandaljournalist, offenbar aus Angst vor berechtigten Racheakten, eine stichfeste Unterweste zu tragen pflegte. Louise wankte wortlos davon.

Cousin war zwar sehr stolz »auf die Frau, die wie ein Mann gehandelt hat«, doch tat er begreiflicherweise alles, um den Skandal, der ganz Paris in Aufruhr versetzte, auf ein Mindestmaß zurückzuschrauben. Diskret schaltete er Mittelsmänner ein, und tatsächlich verzichtete Karr auf eine Anzeige. Allerdings konnte er es sich nicht verkneifen, in der nächsten Ausgabe der »Wespen« seine Version der Geschichte zu erzählen. Er war jedoch fair genug einzuräumen, daß Madame Colet eigentlich im Recht war, denn »ich habe geschmacklos gehandelt und bitte alle Frauen um Vergebung«. Einen Seitenhieb mußte er aber doch anbringen. Er meinte, das Attentat wäre erfolgreich verlaufen, »... wenn es nicht ausgerechnet ein Küchenmesser gewesen wäre. Diese Literaturweiber verstehen nichts von Haushaltsdingen«.

Cousins und Louises Tochter wurde im August 1840 geboren und, wie es damals bei den oberen Ständen üblich war, für die ersten Lebensmonate zu einer Amme aufs Dorf gegeben.

Louise Colets erstes wirklich bedeutendes Werk erschien bereits ein Jahr später, zunächst fortsetzungsweise in einer Zeitung, dann als Buch. »La jeunesse de Mirabeau« (»Die Jugend Mirabeaus«), der, wie erwähnt, ein Freund von Louises Großvater (und dazu noch ein Verehrer ihrer Mutter) gewesen war. Der dokumentarische

Roman über die Galionsfigur der Französischen Revolution fand ungeteilte Zustimmung. Er war zugleich der Anlaß für eine jahrelange Brieffreundschaft zwischen Louise Colet und George Sand, der hervorragendsten Literatin jener Zeit. Sand fand zwar Louises Darstellung der Revolution zu konservativ, das tat aber der gegenseitigen Wertschätzung der beiden Frauen keinen Abbruch.

Auch im nächsten Werk, einer fürs Theater aufbereiteten Dokumentation, befaßte sich Louise mit zwei Zentralfiguren der Französischen Revolution, zwei Frauen, die beide auf der Guillotine geendet hatten: Marie Jeanne Roland, eine glühende Revolutionärin, wurde während der Schreckensherrschaft auf Befehl Marats hingerichtet; Charlotte Corday, die eben denselben Marat als »Verräter der Revolution« in der Badewanne erstochen hatte, erlitt das gleiche Schicksal. Der Reiz des Stückes beruhte darauf, daß Louise genauestens recherchiert und ihre Texte auf bis dahin unbekannten Originaldokumenten aufgebaut hatte.

Das glänzende Stück spaltete die Geister: Den Linken war es zu lau, den Konservativen zu revolutionär. Die meisten Berufskritiker waren sich sowieso einig, daß es einer Frau nicht anstehe, sich dem komplexen Thema der Revolution auch nur anzunähern – und dann noch zwei Frauen in den Mittelpunkt zu stellen.

So widersprüchlich die Meinungen über Louise Colet auch gewesen sein mögen – ihr Ruf als Schriftstellerin war nun gefestigt und drang weit über Paris hinaus. Als sie mit Ehemann und Kind für ein paar Wochen in die Provence reiste, wurde sie begrüßt wie die verlorene Tochter und herumgereicht wie eine Trophäe. Anlaß der Reise war für Louise allerdings nicht, die Früchte des Ruhms zu ernten, sondern Sorge um Hippolyte, der an Tuberkulose erkrankt war. Vom milden Klima des Südens erhoffte sie Besserung des Leidens. Aus diesem Anlaß kam einmal mehr Louises positivste Charakterseite zum Vorschein: ihre Fähigkeit mitzuleiden, ihre Warmherzigkeit, der Wunsch zu helfen – und sei es dem wenig geliebten Mann.

Nachdem sich Hippolytes Zustand nicht wesentlich gebessert hatte, kümmerte sich Louise auch zu Hause mit großem Pflichtbewußtsein um sein Pflege und arbeitete daneben mit Bienenfleiß weiter. Es entstanden ein Buch über die Provence, eine Biographie von Marie de Lambert, einer frühen Feministin, sowie eine Sammlung von Erzählungen »Les Coeurs brisés« (»Die gebrochenen Herzen«), Geschichten von unterdrückten und ausgenützten Frauen in einer dominanten Männerwelt.

Die beiden letzten Bücher lösten eine wilde Kampagne gegen sie in der Literaturzeitschrift »Revue des Deux Mondes« (»Revue zweier Welten«) aus. Sie sei eine »Muse der Abgründe«, eine Frau, »die völlig in die Irre« ginge. Die Zeitung nahm bei dieser Gelegenheit gleich sämtliche weibliche Autoren aufs Korn – »eine bizarre Rasse von Amazonen und Hermaphroditen«, die nicht zur Kenntnis nehmen wollten, daß Frauen dafür geschaffen seien, »entweder Mütter oder Huren zu werden«. An anderer Stelle wurde Louise als »gewalttätige, gottlose Jakobinerin, ein rotgefärbter Blaustrumpf« tituliert. Ihre Besserwisserei sei »wirr, ungereimt und aggressiv«.

Die Zeitung folgte in ihren Haßtiraden dem allgemeinen Zeitgeist, dem sich auch die berühmtesten Männer des Landes nicht verschlossen. Maupassant erklärte, Frauen seien aus keinem anderen Grund als zu lieben und geliebt zu werden geschaffen. Stendhal ätzte: »Kläre den Geist einer Frau auf ... und sie wird zur Besserwisserin, zum ... verächtlichsten Wesen der Welt.« Proudhon meinte lapidar: »Die Frau ist das Bindeglied zwischen Mann und Tier.« »Die Frau ist die letzte Schöpfung Gottes ... Man spürt die Müdigkeit«, weiß Alexandre Dumas der Ältere. Maistre schrieb: »Wissen ist für eine Frau das Allergefährlichste. Mittelmaß und süße Bedeutungslosigkeit, das ist es, was einem Weibe zusteht.« Mirecourt wußte um die Quelle allen Übels: »Es wäre bedauerlich, wenn die schönere Menschheitshälfte Louise Colets übermäßige Bildung anstrebte.«

Ein Keulenschlag ins Gesicht der Geiferer war, 1843, die neuerliche Verleihung des Preises der Académie an Louise für ein Poem »Der Brunnen Molières«. Um allen mißgünstigen Spekulationen den Wind aus den Segeln zu nehmen, hatte sie den Text anonym eingesandt. Ein Triumph auf der ganzen Linie.

Ein Triumph, der sie anspornte, den einmal eingeschlagenen Weg konsequent und kompromißlos fortzuschreiten. Sie unterstützte eine neugegründete, heftig umstrittene feministische Zeitschrift mit Beiträgen und Geldmitteln, sie schrieb einen weiteren Novellenband über unterprivilegierte Frauen und engagierte sich für die allerorten in Europa aufkeimenden revolutionären Bewegungen mit dem Gedichtband »Chants des Vaincus« (»Lieder der Besiegten«).

Trotz heftiger Anfeindungen hatte sie auch ergebene Bewunderer, und neben ihrem literarischen Werk wurde vor allem und noch immer – sie war nun sechsunddreißig Jahre alt – ihre Schönheit gerühmt. Sie war »eine Venus aus weißem Marmor« (Musset), »... eine wahrhaft republikanische Schönheit, geformt wie das Vorbild einer großbüstigen Statue der Göttin der Freiheit, bestimmt für den Altar von Nôtre Dame«, (Barbey d'Aurevilly, einer ihrer heftigsten Kritiker aus dem konservativen Lager).

Der Bildhauer James Pradier, »Frankreichs Michelangelo«, als der er von seinen Landsleuten gefeiert wurde, konnte an dieser Schönheit nicht vorübergehen. Er war der Schöpfer des Molière-Brunnens, den Louise in ihrem preisgekrönten Gedicht besungen hatte, ihm saß Louise mehrmals Modell. Man kann die »Venus im weißen Marmor« als Verkörperung der Städte Lille und Straßburg auf der Place de la Concorde noch heute bewundern.

Auch Dienstag, dem 28. Juli 1846, sitzt Louise wieder einmal Pradier Modell, wie immer in sanftes Himmelblau gekleidet und schöner denn je. Um sie quirliges Treiben im großen Atelier, denn der Meister liebt es, in Gegenwart essender, trinkender, plaudernder Menschen zu arbeiten und selbst gelegentlich ein Wort in die Konversation einzuwerfen. Plötzlich taucht in der Menge ein hünenhafter junger Mensch mit langwallendem Blondhaar auf, ein wenig ungeschlacht in seinen Bewegungen, aber durchaus attraktiv, bleibt in einiger Entfernung von Louise stehen und starrt sie verzückt an. Das Wort an sie zu richten wagt er nicht.

Pradier sieht die Verlegenheit des neuangekommenen Besuchers, zupft ihn am Ärmel und flüstert ihm zu: »Trau dich nur. Sie ist eine Berühmtheit. Wenn du Schriftsteller werden willst, kann sie dir helfen.« Der Bildhauer stellt ihn der amüsiert lächelnden Louise vor. Soviel sie im Lärm des Ateliers verstehen kann, heißt der junge Mann Flaubert. Gustave Flaubert. Nie gehört ...

Dennoch: Madame ist beeindruckt, und das scheint durchaus glaubhaft, wenn wir den »Steckbrief« lesen, den einer seiner Freunde, Maxime Du Camp, von Flaubert angefertigt hat. Er sei »von heroischer Schönheit« gewesen, »weiße Haut, rosige Wangen, breitschultrig, athletisch gebaut, wunderschöne grüne Augen« und – »eine Stimme wie eine Trompete«. Er war mehr als einen Meter achtzig groß und trug in seiner Heimat den Spitznamen »der Normanne« oder »der Wikinger«.

Der »Normanne« stammte, wie es sich gehörte, aus Rouen, der ehemaligen Hauptstadt der Normandie, der Stadt, wo die Jungfrau von Orléans den Flammentod gefunden hatte. Sein Vater Dr. Achille Flaubert, einer der bahnbrechenden Chirurgen jener Zeit, war Chefarzt des Krankenhauses, aber auch »ein Engel der armen Leute«, wie man sich damals ausdrückte. Wer kein Geld hatte, wurde gratis behandelt. Dr. Achille Flaubert war ein zielstrebiger, ehrgeiziger, ein wenig trockener Mensch. Seine Frau Caroline, Tochter eines Arztes, war eine schwierige Person. Sie neigte zur Hysterie und zur Dominanz, was Gustave später schmerzlich zu spüren bekommen sollte.

Das Paar hatte fünf Kinder, von denen nur drei überlebten. Achille war acht Jahre älter als der am 12. Dezember 1821 geborene Gustave, Caroline drei Jahre jünger. Mit dem Bruder, der ebenfalls Arzt wurde, verband ihn wenig, um so inniger hing er an der heiteren, unkomplizierten Schwester, denn er selbst war ein scheues, in sich gekehrtes Kind.

»Einsam und gelangweilt, von den Lehrern gequält, von den Mitschülern verspottet«, war der Schüler Flaubert, wenn man den Schilderungen in seiner stark autobiographisch gefärbten Erzählung »Erinnerungen eines Narren« Glauben schenken darf. Man muß es wohl glauben, denn Gustave war ein mit Preisen überschütteter, strebsamer, aber eigenwilliger Schüler, der sich von den anderen absonderte, einen starken Hang zum Grübeln und zum Spintisieren zeigte und seine Träumereien auch noch niederschrieb. Das perfekte Abbild eines Außenseiters eben.

Er war etwa fünfzehn, als zwei von ihm verfaßte kleine Erzählungen, praktisch unbeachtet, in einem Provinzblättchen erschienen. Um keine Spur mehr fand seine erste Liebe Aufmerksamkeit, die ihn, wie er sich eingestand, »vergiftete«. Die bis zum Wahnsinn Begehrte und Angebetete hieß Elisa Schlesinger, Ehefrau von Maurice Schlesinger, der später einer der bedeutendsten Musikverleger von Paris werden sollte.

Gustave begegnete ihr während der Sommerferien in Trouville, einem damals sehr idyllischen und sehr verschlafenen Fischerdörfchen: Als er die vollbusige Schöne, ihr Kind im Arm, auf einer Düne sitzen sah, da war es um ihn geschehen. Ein Leben lang zehrte er von diesem ersten Feuer, und die schöne Elisa, die gut zehn Jahre älter war als er, taucht in mannigfachen Masken in seinen späteren Romanen auf. Viele Jahre nach ihrer ersten Begegnung in Trouville hat er die Schlesingers in Paris wiedergetroffen, wurde in ihren Freundeskreis aufgenommen – niemals hat er Elisa gestanden, was sie für ihn bedeutete.

Nach glanzvoll bestandenem Abitur immatrikulierte er an der juridischen Fakultät in Paris. Der Vater wollte es so, doch Gustave selbst hatte durchaus nicht die Absicht, jemals Richter oder Anwalt zu werden. »Ich habe drei Romane im Kopf«, gestand er seinem Freund Maxime Du Camp. Pro forma besuchte er die vorgeschriebenen Vorlesungen; Du Camp lieferte in seinem Portrait weitere Einzelheiten über den jungen Studenten, der »stets schwarzbekleidet und weiß behandschuht« schon bald zur Exzentrizität neigte. »Er schickte«, so behauptet Du Camp, »Frauen fort, die von seiner Schönheit angezogen waren«, er hätte sein »Geld beim Fenster hinaus« geworfen und »klagte ständig über seine Armut«. Wenn er nicht in den Vorlesungen war, »ging er tagsüber spazieren und studierte nachts«. Dies machte ihm jedoch nicht das geringste aus, denn er sei »von robuster Gesundheit« gewesen.

Von »robuster Gesundheit« kann die Rede nicht sein, und Du Camp dürfte über die wahre Befindlichkeit seines Freundes nicht unterrichtet gewesen sein. Der Schwester Caroline nämlich schrieb Gustave, daß ihm das Studium schwerfiele, denn »manchmal habe ich stechende Schmerzen und gehe mit meinen Büchern und Notizen um, als hätte ich den Veitstanz oder die Fallsucht«.

Noch erfuhr der Vater nichts von den merkwürdigen »Zuständen« seines Sohnes. Noch bestand er darauf, daß Gustave weiter studierte, noch bezahlte er, seufzend, dessen Schulden, überzeugt, dieser habe sich »von losen Weibern ausnehmen lassen«. Hier irrte Dr. Flaubert. Noch war Gustave unsterblich in die schöne Elisa verliebt. Er habe, so hat er später mehrfach betont, vom einundzwanzigsten bis zum vierundzwanzigsten Jahr zölibatär gelebt. Davor dürfte es nur eine flüchtige »Premiere« mit einem Stubenmädchen seiner Mutter gegeben haben.

Später allerdings wurde er, wie die meisten Männer seiner Generation, ein eifriger Besucher der Pariser Bordelle. Trotz des überreichen und in eigenen »Bordellführern« detailliert beschriebenen Angebots legte er sich immer auf einen Typ fest: älter als er und mit beachtlicher Oberweite ausgestattet. Er war neunundzwanzig, als er sich mit Syphilis ansteckte, die er zwar erfolgreich mit Quecksilberpräparaten behandeln ließ – aber um den Preis seiner Haare und seiner Zähne. Mit fünfzig waren ihm nur wenige Haare und ein einziger Zahn geblieben – und der war kohlrabenschwarz ...

Anfang Januar 1844, einige Wochen nach seinem 23. Geburtstag, traf ihn, aus heiterem Himmel, der Schicksalsschlag, der sein ganzes weiteres Leben in andere als die scheinbar vorgeschriebenen Bahnen lenkte. Auf einer Kutschenfahrt mit seinem Bruder Achille in der Nähe von Rouen fühlte er sich plötzlich wie »in ein Meer von Flammen gezogen« und stürzte hinterrücks vom Kutschbock. Achille hielt ihn zunächst für tot. Als er sah, daß Gustave noch atmete, schleppte er ihn in ein nahes Bauernhaus und tat das für ihn Naheliegende: Er ließ ihn an drei verschiedenen Stellen zur Ader.

Nach wenigen Tagen die zweite Attacke, noch schwerer als die erste. »Man gab mir einen Einlauf, ließ mich zur Ader. Ich werde mit Blutegeln behandelt, gutes Essen und Wein werden mir verboten. Ich bin ein toter Mann«, schrieb er. Ein toter Mann war er mitnichten, doch ein ziemlich behinderter, durch das, was er und seine Umgebung als »nervöse Anfälle« zu bezeichnen beliebten, das aber in Wirklichkeit Epilepsie war. Die Anfälle traten relativ selten auf, manchmal jahrelang nicht. Die Angst davor war allgegenwärtig.

Du Camp schreibt in seinen Lebenserinnerungen: »Dieser arme Riese ertrug das Unglück mit einem Übermaß an philosophischem Gleichmut. Er versuchte zu lachen, ... die Menschen seiner Umgebung zu beruhigen. Aber dann vergaß er die Rolle, die er eben spielte, und ließ den Kopf hängen ...«

Im Sommer 1844 schrieb Gustave einem Freund, er habe »den Gedanken, lebenslang krank zu sein, akzeptiert«. Was wie ein Fluch klingt, hatte auch seine positive Seite: Flaubert konnte das verhaßte Rechtsstudium an den Nagel hängen und sich seiner Leidenschaft, dem Schreiben, hingeben, ungehindert durch lästige Alltagspflichten.

Er lebte von nun an ständig im Elternhaus, ein gehätscheltes und verwöhntes großes Kind, winters in Rouen, sommers im idyllisch an der Seine gelegenen Landhaus der Familie in Croisset, nur ein paar Kilometer von Rouen entfernt.

Im Januar 1846 starb Dr. Achille Flaubert, kurz darauf Gustaves heißgeliebte Schwester Caroline, verehelichte Emile Hamard, nach der Geburt einer Tochter, die ebenfalls Caroline getauft wurde. Vater Hamard, ein lebensuntüchtiger Versager, war nicht imstande, für seine kleine Tochter zu sorgen, so blieb sie in der Obhut von Großmutter und Onkel. »Allein mit der Mutter und dem schreienden Säugling«, notierte Flaubert, der junge Möchtegern-Dichter, verständlicherweise ziemlich ratlos.

Mutter und Sohn beschlossen, den teuren Verstorbenen ein würdiges Andenken zu bewahren, und sie beauftragten James Pradier, einen alten Freund des Hauses, Büsten von Achille und Caroline anzufertigen. Im Juli 1846 begab sich Gustave nach Paris, um sich vom Fortgang der Arbeiten zu überzeugen. So kam es, daß er am 28. dieses Monats Louise Colet begegnete.

Über die folgende Zeit gibt es reichlich schriftliche Zeugnisse, denn der explosive Ausbruch einer großen Leidenschaft wird in Louises Tagebuch und in Flauberts Briefen immer wieder beschworen.

Bereits am nächsten Abend stattet er ihr einen Besuch ab; er wird, was damals ganz unüblich ist, empfangen, obwohl er sich nicht angemeldet hat. Mit jeder Faser ihres Herzens hat sie darauf gewartet, daß er sich bei ihr meldet, denn der stattliche junge Mann, den sie tags zuvor erst kennengelernt hat, beschäftigt sie seither ohne Unterbrechung. Freudig läßt sie ihn ein, staunend betritt er ihren eleganten Salon, der ganz in hellem Blau gehalten ist (und auch, wie immer, ihre Kleidung).

Louise ist eine erfahrene Gastgeberin. Sie bringt den verhemmten, über seinen eigenen Mut erschrockenen jungen Mann zum Reden. Er soll ihr von seiner Familie erzählen, doch da scheint es Barrieren zu geben. Also lenkt sie geschickt auf ein anderes Thema. Schriftsteller will er werden? Hat sie Pradier richtig verstanden? Seine Zunge ist mit einem Mal gelöst, überstürzt, ohne Punkt und Komma berichtet er von seiner Obsession, dem Schreiben, daß schon einmal zwei kleine Texte in einer Zeitung erschienen seien, aber das war ja alles nur Stümperei, er weiß auch gar nicht, ob seine Arbeiten etwas wert sind, das ist ihm völlig gleichgültig, er wird schreiben, selbst wenn er niemals im Leben etwas veröffentlicht, Geld sei ihm egal, Ansehen, Ehre und Ruhm auch.

Man spricht über Literatur. Sie zeigt ihm ihre Shakespeare-Übersetzungen, liest aus ihren preisgekrönten Dichtungen vor – und was tut dieser Niemand aus der Provinz? Er schweigt! Nach einer spannungsgeladenen Weile fragt er schüchtern: »Darf ich ganz offen sprechen?«

»Natürlich – was denken denn Sie?«

»Ich denke«, sagt er, »daß einige Verse sehr schön sind, aber da sind einige, die scheinen mir zu simpel gereimt, zu viele Gemeinplätze.«

Louise schnappt nach Luft, dann fängt sie sich: »Mein lieber Flaubert, Pradier hat mich gebeten, Ihnen ein wenig beizustehen. Aber vielleicht sollten Sie jetzt derjenige sein, der mir weiterhilft?«

Sie ist nicht gekränkt. Sie kennt ihre Schwächen nur zu gut, sie ist nur überrascht und auch fasziniert, wie genau der junge, unerfahrene Mensch diese auf Anhieb erkannt hat.

Nach weiteren ernsthaften Diskussionen über das wahre Wesen der Literatur sehen wir das ungleiche Paar, die üppig erblühte Blondine von sechsunddreißig Jahren und den ein wenig täppischen »Normannen« von gerade dreiundzwanzig in heftiger Umarmung, wilde Küsse tauschend, auf dem Kanapee, bis Louise erhitzt, erschrocken Einhalt gebietet: jeden Moment können ihre kleine Tochter und das Dienstmädchen nach Hause kommen. Gustave sucht eilig das Weite, keine Minute zu früh. Schon erscheint die nun sechsjährige Henriette, hübsch und blond wie die Mama, in Begleitung des Hausmädchens. Von seiten Hippolytes droht keine Gefahr: Er ist von seiner Krankheit genesen und lebt getrennt von seiner Frau.

Weitere Zärtlichkeiten zwischen Louise und Gustave werden am nächsten Nachmittag während einer ausgedehnten Kutschenfahrt ausgetauscht, die Grenzen der Schicklichkeit jedoch nicht überschritten, denn Henriette ist mit von der Partie. Das Kind ist zwar bald eingeschlafen – dennoch, man weiß, was sich gehört.

Zwei Tage danach sind die beiden allein in einer Kutsche unterwegs. Stundenlang fahren sie, hinter geschlossenen Vorhängen, durch den Bois de Boulogne, und anschließend gehen sie in Gustaves Hotel. Diese zweite Fahrt muß in Flaubert durch viele Jahre einen unauslöschlichen Eindruck hinterlassen haben, denn wir finden sie als eine Schlüsselszene in seinem ersten großen Roman, »Madame Bovary«, wieder – mit für ihn unabsehbaren Konsequenzen.

Am liebsten möchte Louise den für den folgenden Tag anberaumten außerordentlichen Empfang in ihrer Wohnung absagen. Dafür ist es aber zu spät, viele wichtige Gäste, die man nicht vergrämen darf, haben ihr Kommen zugesagt. Auch Flaubert ist unter ihnen, macht sich aber klein, so gut es ihm bei seiner hünenhaften Erscheinung möglich ist, und hält meistens den Mund. Was soll er auch mit all den berühmten Leuten reden, die er nicht kennt und die ihn nicht kennen?

Artig verläßt er mit allen anderen zusammen die Wohnung, um nach einer halben Stunde leise wiederzukommen. Er verläßt das Haus, ehe Henriette und der dienstbare Geist erwachen. Als Andenken an diese denkwürdige Nacht nimmt Gustave einen von Louises braunseidenen Hauspantoffeln mit, einen Handschuh, ein Taschentuch und zwei ihrer Bücher.

Noch einmal treffen die beiden einander in Gustaves Hotel – dann ergreift er überstürzt die Flucht und eilt nach Croisset zurück.

Gustaves erster Brief nach der abrupten Trennung glüht noch von den Wonnen der vergangenen Nächte: »Vor zwölf Stunden waren wir noch beieinander. Gestern um diese Zeit hielt ich Dich in den Armen ... erinnerst Du Dich? ... Was für Erinnerungen. Welches Begehren! ... Ach, wie köstlich waren unsere Spazierfahrten ... Vor allem die zweite mit den Blitzen! ... Wenn ich Deinen kleinen braunen Pantoffel betrachte, träume ich von den Bewegungen Deines Fußes ... Nur Freude möchte ich in Dir wecken und Dich mit ... anhaltendem Glück umgeben, um Dir ein wenig zu vergelten, was Du mir in der Großmut Deiner Liebe mit übervollen Händen geschenkt hast.«

Und dann, schon im allerersten Brief, ein Samenkorn des giftigen Zwiespalts, der die Liebenden niemals zur endgültigen Vereinigung kommen lassen wird: »Meine Mama hat mich auf dem Bahnhof erwartet, und sie hat geweint, als ich zurückgekommen bin. Du hast geweint, als ich abreiste. Unser Elend ist demnach, daß wir von nirgendwo fortgehen können, ohne daß auf beiden Seiten die Tränen fließen.«

Was hat sich Louise gedacht, als sie diese vieldeutigen Worte las? Keine Notiz darüber im Tagebuch. Sie mag ungeduldig weitergelesen und sich über die letzten Sätze gefreut haben. »Noch einen Kuß vor dem Zubettgehen ... Dir sagen, daß ich Dich liebe ... Schnell noch ein Kuß ... Du weißt wie, noch einen, und mehr und mehr, dann unter Dein Kinn ... auf Deine Brust, auf die ich mein Herz bette.«

Louises Antwort ist unbekannt, denn Flaubert hat, lange nach dem Ende der Affäre, alle Briefe vernichtet. Nur zwischen den Zeilen seiner Briefe, die fast vollständig erhalten sind, können wir herauslesen, was sie ihm geschrieben hat. Sie scheint ihm Vorhaltungen wegen seiner plötzlichen Abreise gemacht und ihn angefleht zu haben, möglichst bald wieder nach Paris zu kommen. Flaubert schreibt: »Ich sehe, daß Du leidest, und ich weiß, daß Du meinetwegen viel erleiden wirst. Ich wollte, wir hätten uns niemals kennengelernt, um Deinetwillen, aber auch um meinetwillen ...«

Louise hat anscheinend Zusicherungen für die Zukunft verlangt, doch Flaubert winkt entschieden ab. Er könne und wolle sich nicht für immer binden, »... weil ich in die Zukunft sehen kann. Der Anblick einer nackten Frau läßt mich an ihr Skelett denken. ... Und Du glaubst, daß Du mich für immer lieben kannst? Welche Anmaßung für einen Menschen ... Zwinge mich zu nichts. Verstehe mich und klage mich nicht an.«

Was hinter all seiner Abneigung steht, sich an eine Frau »für immer« zu binden, läßt sich am deutlichsten aus einem späteren Brief herauslesen. »Meine Mutter war in einem entsetzlichen Zustand. Sie hatte Todesängste ... Du weißt nicht, was es bedeutet, die Last einer solchen Verzweiflung tragen zu müssen. Denke an meine Zeilen, wenn Du Dich für die unglücklichste Frau hältst. Es gibt eine, die es mehr ist ...«

Es steht mir nicht zu, dem Rätsel dieser Mutter-Sohn-Bindung nachzuspüren, über das sich schon ungezählte Flaubert-Forscher und Biographen, darunter kein Geringerer als Jean-Paul Sartre, vergeblich den Kopf zerbrochen haben. Man weiß nur aus Augenzeugenberichten, daß Madame Flaubert, eine große, hagere, stets streng dreinblickende Frau, ihren Sohn fest in der Hand hatte. Ob nur aus Sorge um seine angegriffene Gesundheit oder aus blanker Herrschsucht, das wird sich nicht mehr enträtseln lassen. Sie wachte pausenlos über ihren Augapfel, und wenn Gustave sich ihren Wünschen nicht beugte, gab es erregte Szenen. Sie hat ihm, zum Beispiel, nach seinem ersten epileptischen Anfall das Schwimmen untersagt, weil sie es, im Gegensatz zu seinen Ärzten, für zu gefährlich hielt. So lange hat sie geschrien, gedroht und gezetert, bis er gehorchte.

Vielleicht litt Flaubert stets unter dem schlechten Gewissen gegenüber seiner Mutter, wenn er nicht genau das tat, was sie wünschte, vielleicht war ihm Mama auch das willkommene Schutzschild gegen die »Bedrohung« durch all die Frauenzimmer, von denen man ja nur zu gut wußte, daß sie geheiratet werden wollten. Und dann wäre es endgültig vorbei gewesen mit der Ruhe und Abgeschlossenheit, die er brauchte, um schreiben zu können. »Ich bin ein Bär«, hat er einmal gesagt, »ein Bär, der sich am liebsten in seine Höhle zurückzieht.«

Verzweifelt schreibt er an Louise: »Vergiß mich. Reiß Dir die Seele heraus und tritt darauf herum, um das Bild zu löschen, das ich in Dir hinterlassen habe ... Ehe ich Dich kannte, war ich ruhig geworden. ... Du bist erschienen und hast mit der Spitze Deines Fingers alles wieder aufgerührt.« (Was sie aufgerührt hat, das sagt Flaubert nicht.) »Das Glück ist ein Ungeheuer«, schreibt er. »Wer es sucht, der wird bestraft.« Aber dann wieder: »Wenn ich frei wäre [sic!], würde ich kommen und mit Dir in Paris leben.«

Wie stark der Druck seiner Mutter auf ihm lastete, entnehmen wir seiner Bitte an Louise, ihre Briefe an seinen Freund Du Camp zu richten, der diese dann an ihn weiterleiten werde.

Dann macht er doch einen mutigen Vorstoß, seiner Unfreiheit zu entrinnen. Er wartet, so schreibt er ihr, auf einen Brief, der ihm den plausiblen Vorwand liefern könnte, für einen Tag nach Paris oder nach Mantes (etwa auf halber Strecke zwischen Paris und Rouen) zu entweichen.

Endlich der langersehnte Vorwand. Pradier hat die Büste von Flauberts Schwester fertiggestellt. Gustave kann, ohne Mißtrauen zu wecken, nach Paris kommen: »Ich möchte Dich mit Liebe ... bedecken, wenn wir uns wiedersehen. Ich möchte Dich sterbensmatt machen. Ich möchte, daß Du Dich noch als alte Frau daran erinnerst und daß Deine vertrockneten Knochen dabei vor Freude zittern.«

Einen Tag und eine Nacht schlagen die Liebenden aus Gustaves Besuch bei Pradier heraus. Louise, offenbar überwältigt vom Glück, hat darüber nichts in ihrem Tagebuch festgehalten. Es drängte sie vorwiegend zum Schreiben, wenn sie Kummer hatte. Flaubert überschüttet sie mit Dankesbriefen, in denen er mit spürbarer Lust die erotisch erfüllten Stunden nachzeichnet.

Strategisch ausgeklügelt ist Flauberts nächster Plan, um Louise wenigstens für fünf Stunden heimlich in Mantes treffen zu können. Er schwindelt Mama vor, mit einem Freund ein Schloß in der Nähe von Mantes zu besichtigen, will sich aber statt dessen in die Stadt begeben, um Louise zu sehen. Allerdings zittert er bis zuletzt, ob »meiner Mutter nicht die unglückliche Idee kommen [wird], mich zu begleiten.«

Mama scheint nicht mißtrauisch, sie läßt ihren Herzensbuben ziehen. Er fährt nach Mantes, trifft Louise – es läuft alles glatt. Und dann doch nicht. Gustave bleibt statt der vorgesehenen fünf Stunden gleich die ganze Nacht in Mantes, und Mama macht sich natürlich entsetzliche Sorgen: Was treibt der Junge eine Nacht lang im Schloß?

Schon am Abend zuvor hat sie ihn vergeblich auf dem Bahnhof erwartet, und dort steht sie auch am nächsten Morgen, starr wie ein Zinnsoldat, als der erste Zug aus Mantes eintrifft. »Sie hat nicht den leisesten Vorwurf geäußert«, berichtet er Louise, »aber ihre Miene war der denkbar ärgste Vorwurf.« Sarkastisch, vielleicht auch nur neckend, muß Louise ihm vorgehalten haben, daß er »wie eine Jungfrau« überwacht werde – in seinem Antwortbrief macht er ihr jedenfalls wegen dieser Bemerkung schwere Vorwürfe.

Die nächste Aufregung läßt nicht lange auf sich warten. Louise fürchtet, nach ihrem letzten Zusammentreffen mit Gustave schwanger zu sein. Er klagt, daß er sich lieber »mit einer Kanonenkugel um den Hals« in die Seine stürzen würde, als Vater zu werden. Sie denkt praktisch und erwägt, in die Schweiz zu fahren, wo es Möglichkeiten zur Abtreibung gebe. Als die erlösende Nachricht kommt, daß der Alarm blind gewesen war, kennt seine Erleichterung keine Grenzen: »Ein Unglücklicher weniger auf Erden. Ein Opfer der Langeweile, des Lasters, des Verbrechens weniger ... Um so besser, wenn ich keinen Nachwuchs bekomme ...«

Kaum haben sich die Gemüter beruhigt, als es schon wieder zu Mißstimmungen kommt. Nichts wünscht sich Louise inniger, als

Gustave einmal in Croisset besuchen zu dürfen. Niederschmetternd die Abfuhr: »Mein Leben ist an ein anderes gebunden ... Warum willst Du Dich in ein Leben einmischen, das nicht mir gehört? ... Wenn man einander liebt, kann man zehn Jahre lang existieren, ohne einander zu sehen und ohne darunter zu leiden.«

Louise kann das nicht. Sie leidet wie ein Hund, zumal auch das nächste Treffen, im Oktober, das Gustave sich mühsam genug erschlichen hat, offensichtlich zu einem Fiasko gerät. Anscheinend hat Louise dabei zu stürmisch darauf gedrungen, ihn in Croisset zu besuchen, und er dürfte heftig ablehnend reagiert haben. Ihr nächster Brief muß kalt und im abweisenden »Sie« geschrieben gewesen sein. Ausdrücklich geht Gustave in seiner Antwort darauf ein – und er schreibt, weiterhin per »Du«, zärtlicher denn je.

Und was tut Louise? Sie kann von ihrer fixen Idee nicht lassen, sie will, koste es, was es wolle, nach Croisset kommen. Wütende Antwort: »Es ist mir unmöglich, eine solche ›epileptische‹ [?] Korrespondenz fortzusetzen ... *Sie* beharren auf Ihrer Annahme, daß ich Sie wie eine Frau der niedersten Klasse behandle. Ich weiß nicht, was eine Frau niedrigsten Ranges ist, noch eines ersten oder zweiten Ranges.«

Nun passiert etwas Merkwürdiges. Ein Freund Flauberts beginnt sich in das Drama einzumischen, und das wird dazu führen, daß die Wege Louises und Gustaves sich für einige Jahre trennen. Das allein wäre nicht seltsam, wenn sich nicht, nach der zweiten Periode dieser großen Liebesgeschichte, ein weiterer Freund dazwischendrängen und das Paar endgültig auseinandertreiben würde.

Das mag ein Zufall sein, hat aber doch manche Biographen dazu verleitet anzunehmen, daß Flaubert im Grunde seines Wesens mehr an Männerfreundschaften als an Frauenliebe interessiert gewesen sein mag. Tatsächlich sind seine Beziehungen zu Männern wesentlich ausgeprägter als zu Frauen – einzige Ausnahme: Louise Colet. Doch kann die Erklärung ganz einfach sein: Bei Männern bestand niemals die Gefahr, daß sie versuchen könnten, ihn von der Mutter zu trennen ...

Auf der Bühne erscheint also Maxime Du Camp, einer von Flauberts ältesten und innigsten Gefährten. Er versichert Louise, daß Gustave sie nach wie vor liebe, aber eben auf seine Weise. Er rät ihr, nicht aufdringlich zu sein, ihn ihren Kummer nicht fühlen zu lassen. Das belaste ihn zu sehr. Das ganze Unglück sei, daß sie ihn viel zu heftig liebe. Im Vertrauen gesagt: Eigentlich hege Gustave nur noch platonische Gefühle für sie. Sie möge sich doch mit seiner reinen Freundschaft zufrieden geben, sonst liefe sie Gefahr, ihn für immer zu verlieren.

Wieder gerät ihr das heiße provencalische Blut in Wallung. Sie ist überzeugt, daß ihr eine andere Frau Gustaves Liebe geraubt hätte. Als sie erfährt, daß er sich in Paris aufhält, ohne sich bei ihr gemeldet zu haben, daß er an einem bestimmten Abend in einem bestimmten Lokal speisen wird, ist sie sicher, daß er sich mit der unbekannten Rivalin trifft. Sie ergreift wieder einmal ein Messer und stürzt in das Restaurant. Dort speist Flaubert in der Tat, aber nicht mit einer schönen Dame, sondern im Kreise seiner besten Freunde, darunter natürlich Du Camp, und sie brechen in ein homerisches Gelächter aus, als sie das verblüffte Gesicht der zornbebenden Louise sehen. Fragt sich nur: Wer hat mit welcher Absicht Louise die Informationen über Flauberts Pariser Pläne gegeben? Und wieso zeigte sich die Freundesrunde nicht erstaunt über Louises plötzliches Auftreten, sondern höchst amüsiert wie nach dem prompten Gelingen eines lustigen Streiches?

Das Paar sah sich noch einmal im Februar 1847 – aber nur, um hemmungslos zu streiten. Ein paar Stunden später wurde Gustave von einem seiner schrecklichen epileptischen Anfälle heimgesucht. Das war das letzte Wiedersehen für lange Zeit. Die Korrespondenz blieb jedoch noch mehr als ein Jahr lang aufrecht.

Flaubert hatte dann sechs Monate lang eine Affäre mit Ludovica Pradier, der gleichermaßen flatterhaften wie unkomplizierten Ehefrau des berühmten Bildhauers. Louise hat davon erfahren – aber Mordgelüste blieben diesmal aus.

Die Wege des seltsamen Liebespaares schienen sich für immer getrennt zu haben. »Jetzt, da ich die Quälerei Ihrer Liebe kenne ... widerrufe ich sie, und ich finde sie einfach dumm.« Dieses Zitat findet sich in einem der Briefe aus Louises Feder, die wenigstens im Konzept erhalten geblieben sind. Das Theaterstück, an dem sie gerade arbeite, fährt sie fort, sei ihr tausendmal wichtiger als seine Liebe.

Auch Louise ging eine neue Beziehung ein, von der wir nicht mehr wissen, als daß es sich um einen polnischen Exilanten namens Franc handelte – der sich anscheinend in Luft aufgelöst hat, als ihm klar wurde, daß Louise von ihm ein Kind empfangen hatte.

Louises Schwangerschaft hinderte sie nicht, lebhaften Anteil an der Februar-Revolution des Jahres 1848 zu nehmen, die zum Sturz des Königs Louis Philippe führte. Trotz ihrer durch die Umstände bedingten Behinderung eilte sie mit einer Kutsche ins Zentrum der blutigen Auseinandersetzung, die so vielen Menschen das Leben kostete. Als aber allerorten die Marseillaise erschallte und damit das neue, das republikanische Zeitalter anbrach, stimmte sie lautstark und glühend vor Begeisterung mit ein.

Auch Flaubert war zu dieser Zeit in Paris, hatte Louise sogar seinen Besuch angekündigt, sie aber hatte ihn ohne Antwort gelassen. Während sie, mitten im Revolutionsgetümmel, auf der Straße tanzte, nahm Flaubert, zusammen mit Du Camp, ein üppiges Diner in einem Restaurant ein. Die Revolution interessiere ihn nicht vom politischen, sondern »vom künstlerischen Standpunkt aus«, erklärte er.

Kurze Zeit danach teilte ihm Louise in gewundenen Sätzen und reichlich verklausuliert mit, daß sie schwanger sei, und es war klar, daß er nicht der Vater sein konnte. Zu lange hatten die beiden einander nicht mehr gesehen. Er antwortete trocken und kühl: »Ich erspare Ihnen meine Gefühle. Ich bedaure Sie. Was aber auch geschehen mag, Sie können auf mich rechnen. Adieu, ich küsse Sie ...«

Louise wußte nur zu gut, daß sie im Falle der Not keineswegs auf Gustave zählen konnte. Sie war niedergeschlagen, von Todesahnungen gepeinigt. »Ich bin mit den Nerven am Ende, ich weine ununterbrochen«, notierte sie.

Drei Tage nachdem sie einem schwächlichen Knaben das Leben

geschenkt hatte, tobte die Furie der Revolution erneut durch die Stadt. Radikale versuchten die Gemäßigten abzulösen. Doch an Louise gingen die blutigen Ereignisse spurlos vorüber. Sie war ausschließlich mit sich selbst und ihrem siechen Knaben beschäftigt.

Flaubert und Du Camp nahmen diesmal an den Kämpfen teil – aber nicht allzu sehr. Gustave fuchtelte mit seinem Jagdgewehr herum, ohne einen einzigen Schuß abzufeuern, Du Camp erlitt einen Streifschuß. Das war es dann auch schon. Der Aufstand der Radikalen wurde ohne Louise, ohne Flaubert und ohne Du Camp niedergeschlagen.

Tiefer Schmerz bemächtigte sich Louisens, als einerseits ihr kleiner Sohn starb und ihr andererseits immer mehr bewußt wurde, daß die Verbindung mit Flaubert wohl für immer der Vergangenheit angehörte. Mitleidvoll wandte sie sich Hippolyte zu, der monatelang im Sterben lag. Sie holte ihn wieder zu sich und pflegte ihn hingebend bis zu seinem letzten Atemzug.

Der Ehemann tot, das jüngste Kind tot, Gustave, der einzig wahrhaft Geliebte, aus ihrem Gesichtsfeld verschwunden. War Louise verlassen, vereinsamt? Das muß sich Victor Cousin, im Hintergrund immer da und zum Helfen immer bereit, gedacht haben, als er Louise knapp hintereinander mehrere Heiratsanträge machte. Sie lehnte ebensooft ab mit der Begründung, daß sie nicht daran denke, ihre Freiheit aufzugeben. Hätte Flaubert sie um ihre Hand gebeten, sie hätte gewiß eine andere Antwort gegeben.

Um so inniger schloß sie sich in den folgenden Wochen ihrer alten Freundin Madame Julie Recamier an, die, fast erblindet, die Gesellschaft Louises suchte und genoß. Es war jene berühmte Madame Recamier, die einst die Königin der Pariser Salons und (platonische) Freundin der berühmtesten Männer ihrer Zeit gewesen war (Lucien Bonaparte Bernadotte, Prinz August von Preußen, Benjamin Constant und viele andere mehr). Schon drei Jahre zuvor hatte die Recamier Louise die Briefe des damals weltbekannten Staatsmannes und Dichters Benjamin Constant übergeben, der einer ihrer treuesten Verehrer gewesen war. Louise sollte diese Briefe nach Julies Tod redigieren und veröffentlichen.

Madame Recamier war zweiundsiebzig Jahre alt, als sie am 11. Mai 1849 ein Opfer der in Paris wütenden Cholera-Epidemie wurde. Bald darauf begann Louise die Constant-Briefe zu publizieren. Sie erschienen als Vorabdruck in der Zeitung »La Presse«, die eine erfreuliche Auflagensteigerung verzeichnen konnte: Die Pariser waren wild auf jedes Detail aus dem Leben der legendären Recamier. Aber schon nach drei Folgen war Schluß. Recamiers Nichte und Erbin hatte eine einstweilige Verfügung erreicht und Louise wegen Betruges vor Gericht gezerrt.

Der Sensationsprozeß, von dem ganz Paris noch monatelang sprach, endete für Louise triumphal. Sie konnte durch Briefe und Zeugenaussagen belegen, daß sie der Recamier die Briefe keineswegs listig herausgelockt hatte, sondern von dieser sehr wohl persönlich mit der Herausgabe beauftragt worden war. Eindeutig wurde bewiesen, daß Louise, nach dem Willen der Verstorbenen, auch die Nutznießerin der Korrespondenz sein sollte.

Louise nahm sich einen neuen Geliebten – auch er zwölf Jahre jünger als sie – von Gustave kam sie nicht los: »Vor sechs Wochen war er in Paris. Nicht einmal eine Erinnerung einer Freundschaft ... Oh trauriges, trauriges Herz.« Aus der Entfernung beobachtet und kommentiert sie jeden seiner Schritte, Zuträger scheint es genug gegeben zu haben: »Er wird in den Orient aufbrechen, ohne Abschied, ohne Schreiben! Zuviel Schmerz ... Männer bestrafen und zerstören ... die edelsten Gefühle der Frauen ... Was erwartet uns Frauen in der Gesellschaft der Zukunft, wer vermag das zu sagen? Der gegenwärtige Zustand ist eine ewige Marter ... Keine Spuren im Herzen des Mannes, während meine Wunden niemals vernarben und bis in alle Ewigkeit offen bleiben.«

Im Oktober, an einem Sonntag, schreibt sie: »Ich muß in der Zeitung lesen, daß Maxime und Gustave sich nach Ägypten eingeschifft haben ... Mein Gott, wie ich leide. Ich bin sehr unglücklich und möchte sterben.«

Wie um sich zu betäuben, führte sie nun zwei Salons. Einen am Donnerstag, den anderen sonntags. Über Mangel an Besuchern aus den obersten Rängen des geistigen und kulturellen Lebens konnte sie sich nicht beklagen. Es waren durchwegs fortschrittliche, republikanisch gesinnte Männer und Frauen. Der Salon wurde zu einem Zentrum des Widerstands gegen Louis Napoleon, den Neffen Napoleons I., der nach der Revolution von 1848 die Macht an sich gerissen und sich auf den Weg gemacht hatte, die Kaiserkrone zu usurpieren.

An den Jours fixes versuchte sie, auch äußerlich, den Glanz vergangener Tage aufrechtzuerhalten, obwohl es ihr finanziell zunehmend schwerfiel, die große Schar der Gäste zu bewirten. Ihre literarische Arbeit stockte, und wenn sie etwas veröffentlichte – meist journalistische Texte -, dann brachte das nicht allzuviel ein. Ihr Stolz ließ es nach wie vor nicht zu, von Victor Cousin mehr als das Schulgeld für die gemeinsame Tochter Henriette anzunehmen, und so mußte sie aufs äußerste sparen. Es wurde gemunkelt, daß sie ihr Silberbesteck gelegentlich in die Pfandleihe trug und den Tee mehrmals aufgoß, bis er von heißem Brunnenwasser kaum mehr zu unterscheiden war.

An Absurdität grenzt ihr Liebesleben: Während sie sich standhaft weigerte, Victor Cousin zu heiraten, ging sie rasch hintereinander Liebschaften mit drei wesentlich jüngeren Männern ein und schlug damit die Zeit tot, bis der Eine, der wahrhaft Einzige von seiner Orientreise und vielleicht, vielleicht sogar zu ihr zurückkehren würde.

Sie schreibt an Gustave (Konzept im Tagebuch): »Wenn Du nach Paris kommst, möchte ich Dich sehen, wann immer Du es wünschst. Ich möchte Dich nur einen Augenblick sehen ... Ich sehne mich nach dieser Begegnung, der letzten unseres Lebens ...«

Das Briefkonzept ist nicht datiert, es ist daher nicht festzustellen, wo sich Flaubert gerade aufhielt, als sie es schrieb. Ansonsten sind die Stationen seines Lebens nach der Trennung von Louise ziemlich genau rekonstruierbar.

Schon während der Zeit, da er mit Louise zusammen war, mühte er sich mit einem Buch ab, das den Titel »La tentation de Saint Antoine« (»Die Versuchung des heiligen Antonius«) trug. Ein schwer verständliches, uns Heutigen kaum zugängliches Werk, Kosmologie der Religionen, des Glaubens und des Irrglaubens, des Himmels und der Hölle. Fünfundzwanzig Jahre wird der Dichter daran arbeiten, der so, wie Antonius, am liebsten Einsiedler wäre und doch immer wieder Versuchungen der mannigfaltigsten Art erliegt.

Als er mit dem Thema nicht und nicht zurande kam, beschloß er auszubrechen und sich einen langgehegten Traum zu erfüllen. Er unternahm, zusammen mit Maxime Du Camp, eine Reise in den Orient. Madame Flaubert hatte tausend Einwände gegen den Plan. Aber als Gustaves Arzt ihr klarmachte, daß warmes Klima »das Leiden« ihres Sohnes lindern könnte, stimmte sie freudig zu – und sie finanzierte das Unternehmen sogar zum überwiegenden Teil. Die arme Frau konnte nicht ahnen, daß der Arzt keineswegs das geheimnisvolle »nervöse Leiden« Gustaves ins Treffen geführt hatte, sondern seine manifest gewordene Syphilis.

Du Camp gelang es, vom Erziehungsministerium – Cousin stand ihm nicht mehr vor – einen Zuschuß zu der Reise zu erhalten. Er und Flaubert übernahmen die Aufgabe, den Spuren der Antike nachzugehen sowie Sitten und Bräuche in den besuchten Ländern festzuhalten, schriftlich und – durch Fotografien!

Achtzehn Monate waren die Freunde in Ägypten, Palästina, dem Libanon und Griechenland unterwegs. Ihre Berichte, durch zahlreiche Bilder illustriert, sind die erste fotografische Dokumentation über jene Regionen.

Sie leisteten vorzügliche wissenschaftliche Arbeit, sie versäumten es aber auch nicht, die profanen Freuden des Orients zu genießen, wobei es vor allem Gustave war, der den Verlockungen üppiger Bauchtänzerinnen nicht widerstehen konnte und sich prompt eine zweite Geschlechtskrankheit einhandelte.

In seinen ausführlichen Reiseberichten an Mama erwähnte er davon begreiflicherweise nichts, doch war er stetig bemüht, ihre Urangst zu zerstreuen: »Heirat wäre für mich Verrat ... Denke ich an Dein gutes, trauriges und liebevolles Gesicht, denke ich an die Freude, mit Dir zu leben, dann fühle ich, daß ich niemals eine andere so lieben werde wie Dich. Sei ohne Sorge, Du wirst niemals eine Rivalin haben.«

Im Mai 1851 konnte Madame Flaubert ihren Liebling unversehrt wieder in die Arme schließen, der nicht minder freudig von der nun fünfjährigen Nichte Caroline begrüßt wurde. Aus einem Brief Maxime Du Camps erfahren wir, daß Flaubert sich sofort wieder an die Arbeit gemacht, das Projekt des heiligen Antonius beiseite gelegt und einen neuen Roman in Angriff genommen hat. »Bist Du am Schreiben«, will Du Camp wissen, »ist es die hübsche Geschichte der Madame Delamare?«

Der Fall Delamare hatte während Flauberts Abwesenheit großes Aufsehen erregt. Delphine Delamare hatte ihren Mann, einen Provinzarzt, nicht nur mehrfach betrogen, sondern auch in den finanziellen Ruin getrieben, ehe sie sich durch Gift vom Leben zum Tode beförderte.

Eine Geschichte aus den Lokalseiten der Zeitungen, die als »Madame Bovary« ein großer Roman der Weltliteratur werden sollte.

Im Juni hatte Flaubert in Paris zu tun, ließ es Louise aber nicht wissen. Wie üblich erfuhr sie es dennoch. »Da Sie gewillt sind, mich nie mehr zu sehen, müssen Sie meine Briefe ... hassen. Bitte ... schicken Sie mir dieselben zurück«, heißt es in einem Briefentwurf in ihrem Tagebuch. Ungewiß, ob der Brief tatsächlich abgesandt wurde. Hätte sie es nur getan, hätte Flaubert ihr nur wirklich ihre Briefe zurückgegeben – die Literaturforschung wäre um wesentliche Dokumente reicher.

Der verzweifelte Schmerz um die verlorene Liebe treibt Louise zum Äußersten. Sie reist nach Croisset, um ein Wiedersehen mit Gustave zu erzwingen. Vor dem Gartentor der Flaubert-Villa steht eine Frau, vermutlich eine Hausangestellte, der Louise ein Briefchen samt Trinkgeld in die Hand drückt, mit der Bitte, das Schreiben dem Hausherrn zu übergeben. »Es ist äußerst wichtig, daß wir uns sehen«, schreibt sie ihm. Sie erinnert ihn an sein Versprechen, daß sie, was immer geschähe, auf ihn zählen könnte. »Da bin ich jetzt! Empfangen Sie mich bitte als Ihre Freundin.«

Nach einer Weile kommt die Frau zurück. Flaubert läßt ausrichten, er hätte Gäste, er könne Louise jetzt nicht empfangen. Er werde, wenn sie es wünsche, am Abend nach Rouen kommen, Louise möge ihre Hoteladresse hinterlassen.

Unschlüssig, nervös geht sie vor der Gartenmauer auf und ab, entschließt sich dann aber doch zur Umkehr – in dem Augenblick kommt Gustave aus dem Haus, »dick wie ein Seehund«, notiert sie im Tagebuch.

Es entspinnt sich ein aufgeregter Dialog, den Louise Wort für Wort festgehalten hat.

Sie: »Ich muß Sie sprechen.«

Er: »Das ist hier unmöglich.«

Sie: »Sie verjagen mich also. Würde meine Visite Ihre gnädige Frau Mama entehren?«

Er: »Nein, das nicht, es ist aber trotzdem unmöglich.«

Nach langem Hin und Her beschließen sie, einander um acht Uhr in ihrem Hotel in Rouen zu treffen.

Er erscheint pünktlich. Die Unterhaltung verläuft schleppend und vage. Sie sagt, daß sie eigentlich gar nichts sagen will, denn sein Herz sei »verschlossen wie eine Tür«. Er wird wütend. Sie hätte kein Recht, ihn einfach in Croisset zu überfallen, das hätte seine arme Mutter »ganz aus der Fassung gebracht«. Aber er sei dennoch bereit, ihr zuzuhören, falls sie ihm etwas Wichtiges mitzuteilen hätte. Zögernd gesteht sie ihm ihre letzte Liaison ein (über die anderen hält sie wohlweislich den Mund), und sie beklagt sich schließlich über Cousin, der sie noch immer mit Heiratsanträgen verfolge.

»Heiraten Sie Cousin«, das ist seine knappe Antwort.

Sie beginnt zu weinen, sie küßt seine Hände, er küßt die ihren, wiederholt mehrmals, daß sie doch endlich Cousin heiraten solle, und wendet sich plötzlich zum Gehen. Sie läuft wie ein Hündchen zwei oder drei Schritte hinter ihm her, durch die Straßen. Dreimal wendet er sich um, fordert sie auf, heimzugehen, dreimal hört sie nicht auf ihn. Schließlich fällt sie ihm um den Hals und küßt ihn heftig. Er löst sich aus ihrer Umarmung, sagt »au revoir« und verschwindet in der Dunkelheit.

Wer erwartet Louise, als sie nach Paris zurückkommt, niedergeschlagen, außer sich? Es wartet Victor Cousin. Aber er hat seine Lektion gelernt, er macht ihr keinen Heiratsantrag, dafür aber einen sehr praktisch klingenden Vorschlag. Sie sollten in ein gemeinsames Haus, aber mit streng getrennten Wohnungen ziehen, so könnte er besser für sie und Henriette sorgen. Louise hat große Geldprobleme, aber sie überlegt nicht eine Minute. Sie sagt nein, sie will lieber mit ihrer Tochter allein leben.

Ende Juli, ersehnt und dennoch längst nicht mehr erhofft, ein Brief von Flaubert. Es dränge ihn, »... Ihnen ein paar freundliche Worte zu schreiben ... Der Gedanke, daß ich Ihnen soviel Leid zugefügt habe, belastet mich sehr ... Ich wünschte, Sie wären in der Verfassung, die uns ein geruhsames Wiedersehen gestattet. Ich schätze Ihre Gesellschaft, wenn sie nicht allzu stürmisch ist. Die Stürme, die wir in der Jugend mögen, ermüden im fortgeschrittenen Alter ... Ich werde alt. Jede Erschütterung irritiert mich. [Er war damals dreißig!] Ich möchte Sie in Paris wiedersehen ...«

Zwei Monate dauert es, bis das erste Rendezvous zustande kommt, und nach Louises Tagebucheintragung zu schließen, wird die sexuelle Beziehung sofort wieder aufgenommen, aber: »... ich fühle mich nicht so geliebt, wie ich ihn liebe.«

Am 20. September schreibt er an Louise: »Ich habe letzte Nacht mit dem Roman begonnen. Ich sehe große Schwierigkeiten in Fragen des Stils auf mich zukommen. Es ist nicht leicht, einfach zu schreiben ... Ich küsse Sie auf Ihren weißen Hals, einen langen Kuß für Sie.«

Die verbalen und tatsächlichen Zärtlichkeiten nehmen im Laufe der nächsten Monate in dem Maße zu, in dem er von Louises Hilfe, ihrem Rat und ihrer Kritik abhängig wird, die sie ihm in reichem Maße angedeihen läßt. Durch den lebhaften Briefwechsel ist, einmalig in der Literaturgeschichte, die Entstehung eines Weltklassikers, »Madame Bovary«, genau nachvollziehbar – ein Werk, das den bravourösen Beginn der modernen Romanliteratur darstellt.

Wiederholt klagt er über die Schwierigkeiten, sich überhaupt zum Schreiben zu bewegen. Manchmal braucht er fünf Tage, um eine einzige Seite zustande zu bringen, einmal steht er von morgens bis abends regungslos am Fenster, denkt nach, und es fällt ihm absolut nichts ein. Dann: »Ich bin vollkommen fertig, weil ich die ganze Nacht beim Schreiben gebrüllt habe.« Und: »Ich liebe meine Arbeit mit einer närrischen und perversen Liebe, so wie ein Asket sein haariges Gewand liebt, das ihm den Leib aufkratzt.«

Louise muß mit unendlicher Liebe und unendlicher Geduld auf all seine Marotten eingegangen sein, ihn getröstet und ihm über manche Klippe hinweggeholfen haben, denn seine Dankbarkeit für »meine Muse« ist überschwenglich. Und wenn er sie gar seine »liebe Gattin«, seine »rechtmäßige und vom Schicksal bestimmte Gemahlin« apostrophiert, dann schleicht sich ein Verdacht ein, der für Louise selbst zur ernüchternden Gewißheit wird: »Gustave liebt mich nur aus egoistischen Gründen, nur um seine körperlichen Gelüste abzureagieren und mir seine Werke vorzulesen ... Kümmern ihn denn meine Tränen?«

Nein, ihre Tränen haben ihn gewiß kaum gekümmert, er ist viel zu sehr mit sich selbst, seinem Werk und den drückenden häuslichen Sorgen beschäftigt. »Das Alter« und auch »die teuflische Syphilis« machen ihm, wie er einem Freund mitteilt, zu schaffen. Seine Nichte, die er ob ihrer Munterkeit sehr liebte, ist ihm denn doch viel zu munter, die Mutter gebrechlich, zänkisch und unausstehlich, und der Schwager, Emile Hamard, schert sich um nichts, er ist völlig dem Alkohol verfallen. Dazu plagen Gustave finanzielle Sorgen – auch dadurch befindet er sich in hoffnungsloser Abhängigkeit von der Mutter.

Louises Briefwechsel mit Gustave, der sich über weite Strecken ausschließlich um Literatur in all ihren Facetten dreht, wirkt auch auf sie belebend und befruchtend. Ihr Gedicht »La colonie de Mettray«, das sie wieder anonym vorgelegt hat, bringt ihr 1852 erneut den ersten Preis der Académie. Der große Victor Hugo, der dem Preisrichter-Kollegium angehörte, kann sich nicht vorstellen, daß es von einer Frau stammt. In seiner Preis-Begründung hebt er die »beispiellose Begabung des jungen Mannes« hervor. Später, als Louises Identität bekannt geworden war, schreibt er ihr, diese Verse seien »die schönsten, die je von der Seele eines Dichters und dem Herzen einer Frau geschaffen wurden«. Mit diesem Gedicht, das laut Ausschreibung die Strafkolonie Mettray zum Inhalt haben sollte, beweist Louise einmal mehr ihren der eigenen Zeit weit vorauseilenden Fortschrittsgeist, indem sie sich leidenschaftlich für einen humanen Strafvollzug einsetzt.

Der Sammelband »Le poème de la femme« (»Das Gedicht der Frau«), in dem Louise mit großer Eindringlichkeit an verschiedenen Beispielen die Versklavung der Frauen durch den Mann anklagt, wird allerdings ein schmerzlicher Mißerfolg. Zu ausgeprägt ist darin ihre feministische Position, die Flaubert zutiefst anwidert – wenn er auch zugibt, sie habe »das Werk eines Genies« geschaffen. Victor Hugo hingegen ermutigt sie, auf dem einmal eingeschlagenen Pfad weiterzuschreiten, mit ihrer »Stärke und Entschlossenheit, die mit Ihrer Anmut gepaart sind ...« Übrigens war Hugo so tief von Louises Kunst beeindruckt, daß er später, als Flaubert begann, sich einen Namen zu machen, diesen für ein Pseudonym Louise Colets hielt.

Einhellige Zustimmung findet eine Reihe von Kinderbüchern aus Colets Feder. Besonders »Enfances célèbres« (»Berühmte Kindheiten«), in denen sie die ersten Jahre von Mozart, Rameau, Linné und anderen beschreibt, ist bis ins erste Drittel des 20. Jahrhunderts ein Klassiker der Jugendliteratur.

Obwohl sich Gustave zunehmend nicht nur an der sachkundigen Ratgeberin, sondern auch an der Frau als solcher interessiert zeigt – dies durch glühende Briefe belegt -, wird Louise von ständiger Eifersucht gemartert. Objekt ihres speziellen Mißtrauens ist Juliet Herbert, die neue englische Gouvernante von Flauberts Nichte. Er betont ausdrücklich, daß ihn das Mädchen wenig beeindruckt hätte – und gerade das erregt Louises Verdacht.

Vorsorglich steckt sie, nach alter Gewohnheit, ein Küchenmesser in ihren Pompadour, um den Treulosen bei nächster sich bietender Gelegenheit und entsprechendem Anlaß blutig zu bestrafen. Doch läßt sie von ihren Rachegelüsten freudigen Herzens ab, nachdem sie mit dem Geliebten einige Tage und Nächte in schönster Harmonie verbracht hat.

»Ich schwöre, daß ich Dich liebe ... Sollte ich je eine andere begehren, werde ich Dich dennoch immer lieben«, schreibt er. Sie jubelt: »Ich glaube, er kann ohne mich nicht mehr leben, ich auch nicht ohne ihn.«

Daß die Engländerin später tatsächlich Flauberts Geliebte für lange Jahre werden sollte, und zwar vor aller Welt verborgen, spricht für Louises feinen Instinkt. Sie spürt die Gefühle anderer, wenn diese noch nicht einmal ihnen selbst bewußt sind.

Mehr Zeit denn je verbringen Gustave und Louise in den folgenden Monaten gemeinsam, und es wird nicht nur über das mühsame Entstehen der »Madame Bovary« debattiert. Gustave kommt entweder nach Paris oder die beiden treffen einander in Mantes. Welche Ausflüchte Gustave seiner Mutter gegenüber gebraucht hat, geht weder aus seinen Briefen noch aus ihren Aufzeichnungen hervor. Louise macht sich scheinbar berechtigte Hoffnung auf eine festere, eine endgültige Bindung an den Freund. »In einem Jahr werden wir zusammen sein«, hat er beteuert, sie solle nur noch ein wenig Geduld haben. Sie empfindet sich bereits als treusorgende Ehefrau während einem seiner Anfälle von Epilepsie. Umsichtig und diskret steht sie ihm bei.

»Das letzte Jahr war das süßeste, das beste meines Lebens«, zieht sie Anfang 1853 Bilanz, nicht ahnend, daß das Glück schon sehr bald zur Neige gehen wird.

Wo die tieferen Wurzeln einer zunehmenden Entfremdung zwischen den Liebenden lagen, ist unklar. Eine nicht unwesentliche Rolle dürfte jedenfalls ein gewisser Louis Bouilhet gespielt haben, ein intimer Freund von Gustave aus dessen großer Männerrunde. Bouilhet versucht, aus welchen Gründen immer, Louise und Gustave durch allerlei Intrigen auseinanderzubringen. Einerseits tut er alles, um selbst Louises Gunst zu gewinnen (was ihm mißlingt), andererseits flüstert er Gustave, daß Louise ihm untreu sei, und bestärkt den Freund, sich zu rächen. Gustave tappt in die Falle, wenn es denn eine ist, und beginnt ein Verhältnis mit einer jungen Schauspielerin.

An Louise schreibt er kalt und zynisch. Etwa: »Du willst mehr Liebe, Blumen soll ich Dir schicken? Zum Teufel mit den

Louise Colet und Gustave Flaubert

Blumen. ... Nimm Dir doch einen netten Buben, der gerade flügge geworden ist ... ich bin nicht so, wie ein Liebhaber sein sollte.«

Sie zanken sich über ihre literarischen Produktionen, sie zanken sich immer aufs neue über Flauberts Weigerung, Louise seiner Mutter vorzustellen. Flaubert gibt scheinbar nach, und »verspricht«, nein, »schwört«, daß er ein Zusammentreffen der beiden Frauen in die Wege leiten werde.

Als Louise von Bouilhet – von wem sonst? – erfährt, daß Madame Flaubert über Weihnachten in Paris gewesen ist, verliert sie die Geduld: »Deine Mutter [war] in Paris, ohne daran zu denken, mich zu besuchen. [Einen Besuch, den sie mir] schuldet, im Hinblick auf die hingebungsvolle Liebe, die ich Dir seit Jahren schenke, die Gastfreundschaft, die ich Dir gewähre ...«

Flaubert windet sich heraus, indem er aufs neue betont, daß er »die Vermischung zweier Zuneigungen« nicht für gut halte. Der Frage, wann denn endlich der Roman fertig sei und er, wie versprochen, nach Paris übersiedeln werde, entgegnet er mit Ausflüchten.

In schöner männlicher Unlogik schreibt er: »Ich glaube, Deine Liebe ist schwankend geworden. Darin liegt der Grund Deiner Leiden, Deiner Unzufriedenheit.«

Ob aus »schwankender Liebe« oder, ganz einfach, um Flaubert eifersüchtig zu machen, läßt sich Louise mit dem damals sehr geschätzten Dichter Graf Alfred de Vigny ein. Der ist zwar kein »netter Bube«, sondern ein reifes Mannsbild von siebenundfünfzig Jahren und noch dazu impotent – wie Louise mit einer gewissen Erleichterung feststellt, als sie einmal die Probe aufs Exempel macht. Er adoriert Louise seit 1846 in rührend altmodischer, chevaleresker Weise, er ist einer, der im Unterschied zu Flaubert weiß, wie man einer schönen Frau auf galante Weise den Hof zu machen hat.

In ihren Briefen an Flaubert läßt Louise einfließen, wie, wann und wo sie den Grafen gesehen und getroffen hat – aber die Wirkung dieser zarten Hinweise ist enttäuschend: »Ich bin froh, daß Du Vigny auserwählt hast. Das Lied der alten Nachtigall wird Dich zerstreuen.« Schließlich unverhüllt brutal: »Ich wollte, Du wärest oberhalb des Bauches ein Mann. Du belastest und irritierst mich.«

Anfang Mai verbringen die beiden noch einmal eine Nacht zusammen. Das nächste Treffen sagt er, ohne Angabe von Gründen, kurzfristig ab. Wenige Tage später kommt es zum endgültigen Bruch. Flaubert hat die wüste Szene einem Freund sehr anschaulich geschildert:

»Ich war drauf und dran, sie umzubringen, das schien mir der einzige Ausweg ... Ich kam zu ihr um Viertel nach neun, sie hatte mich um neun erwartet. Ich setzte mich ihr gegenüber zum Kamin. ›Du kommst aus dem Hurenviertel‹, sagte sie. ›Du hast diese Weiber lieber als mich ...‹ So gut ich konnte, entschuldigte ich mich für meine Verspätung. Plötzlich begann sie, von ihrem Sessel aus gegen mich zu treten. Wütend beäugte ich den Abstand zwischen einem Holzscheit in meiner Nähe und ihrem Kopf. Ich hätte sie ermordet, aber plötzlich sah ich vor mir den Gerichtssaal, die Richter, die Polizisten, die Menschen im Saal und mich auf der Anklagebank ... Ich sprang auf und lief davon und kam nie mehr zurück.«

Im Herbst übersiedelt Flaubert nach Paris, Louise versucht mehrmals vergeblich, ihn auf der Straße abzufangen. Bei der Concierge seines Wohnhauses hinterläßt sie ein Schreiben, in dem sie ihn um ein allerletztes Wiedersehen, eine endgültige Aussprache bittet. Seine Antwort läßt an Deutlichkeit nichts zu wünschen übrig: »Madame, man hat mir gesagt, daß Sie gestern abend dreimal bei mir vorbeigeschaut haben. Ich war nicht daheim. Da ich befürchte, daß Ihre Hartnäckigkeit nur Beleidigungen von meiner Seite auslösen könnten, sehe ich mich aus Höflichkeit veranlaßt, Sie zu warnen. Ich werde niemals daheim sein. Ich grüße Sie höflich. G.F.« Mit wütender Hand kritzelt Louise an den Rand des Briefes: »Feigling, Drückeberger, Kanaille.«

Nachdem sie endgültig abserviert ist, wird ihre Freundschaft mit dem Grafen de Vigny enger. Er nimmt so etwas wie die Stellung eines Ersatzehemannes und -vaters im Hause Colet ein. Beflissen kümmert er sich um Louise und ihre mittlerweile halbwüchsige Tochter Henriette. Da beide Frauen über das gleiche, schwer bezähmbare Temperament verfügen und häufig auf Kriegsfuß miteinander stehen, wirkt Vigny beruhigend und ausgleichend zwischen Mutter und Tochter. Er hätte, das steht fest, Louise nur zu gern geheiratet, er ist vermögend, sie ist es keineswegs – dennoch zieht sie es vor, allein zu bleiben und zu versuchen, sich mit ihrer schriftstellerischen Tätigkeit über Wasser zu halten.

»Ich möchte ihn [Gustave] aus meinem Dasein entfernen wie ein Stück Dreck. Ich hege nicht das geringste Verlangen, ihn jemals wiederzusehen«, lügt sie ihrem Tagebuch vor, aber fast im gleichen Atemzug bestürmt sie Bouilhet – ausgerechnet ihn! -, sich vermittelnd ins Zeug zu legen. Doch der falsche Freund macht sich anscheinend ein Vergnügen daraus, ihr detailliert zu berichten, wie wenig Flaubert von ihr halte und daß er schon lange vor der endgültigen Trennung beschlossen hätte, Schluß zu machen.

Ein Trost, der nur schwach auf sie wirkt: Im Jahr nach der Katastrophe gewinnt sie zum vierten Mal den ersten Preis der Académie – was noch keine Frau vor ihr jemals geschafft hat. Fast gleichzeitig veröffentlicht sie einen Gedichtband »Ce quon rêve en amant«

(»Was man liebend träumt«), ein melancholischer Abgesang auf vergangenes Glück, der wenig Anklang findet.

Um so größer ist das Aufsehen, das ein Jahr später ihr Roman »Une histoire de soldat« (»Geschichte des Soldaten«) erregt. Was der wenig aufschlußreiche Titel verbirgt, wird im Text dann sehr deutlich: es ist die nur schemenhaft verschleierte Geschichte ihrer Liebe – mit allen in der Öffentlichkeit bekannten, aber auch mit vielen unbekannten Facetten. Die Heldin des Romans stirbt am Herzeleid.

Alle Größen der Pariser Kulturszene treten, marginal verändert, auf, das Publikum ist begeistert – weniger von der tragischen Liebesgeschichte mit einem unbekannten Protagonisten (wer weiß schon, wer dieser Gustave Flaubert ist?) als vielmehr von den Enthüllungen aus dem Pariser Künstlermilieu.

Dabei hat diese Geschichte durchaus ihre literarischen Qualitäten. Victor Hugo findet das Buch »hinreißend geschrieben«, lobt das »außergewöhnliche Einfühlungsvermögen«, ist beeindruckt von der »Tristesse, die alles überschattet«.

Allein derjenige, der, so mag Louise gehofft haben, von dem Roman hätte beeindruckt werden sollen, Gustave Flaubert, schreibt einem Freund, er hätte sich »halbtot gelacht«. Das käme davon, »wenn man mit einer Muse ...« (Die drei Punkte stammen von Flaubert selbst, und das beweist, daß noch ein Fünkchen Hochachtung für Louise übriggeblieben sein muß. Ansonsten strotzen Flauberts Briefe an seine Freunde – und die seiner Freunde an ihn – von einer frauenverachtenden Ordinärheit und Obszönität, die auch nur andeutungsweise wiederzugeben mir der gute Geschmack verbietet.)

Louise wird nicht, wie ihr Alter ego in der »Geschichte des Soldaten«, vom Liebeskummer erdrückt, aber sie erkrankt so schwer, daß sie, monatelang aufs Bett geworfen, nicht zu arbeiten vermag. Es ist ein Lungenleiden; ob es sich, wie bei ihrem verstorbenen Mann, um Tuberkulose handelt oder um eine schwere, verschleppte Bronchitis, geht aus den noch vorhandenen Unterlagen nicht deutlich hervor.

Während dieser lang dauernden Krankheit löst sie schrittweise die Beziehung zum Grafen de Vigny, die Bindung an Flaubert ist noch zu stark, der Schmerz des Verlustes allgegenwärtig. Victor Hugo sieht sich veranlaßt, sie ernstlich zu ermahnen: »Vergeuden Sie nicht Ihre Zeit damit, einem einzigen Mann zu fluchen. Vergessen Sie Ihre persönlichen Schmerzen. Gleiten Sie auf den Schwingen des Aares dahin, denn dies ist Ihre wahre Pflicht.«

Aus der Feder Flauberts gibt es keine Bemerkung über die verflossene Liebe, nur einige mündliche Äußerungen sind überliefert. Sie sei, so sagte er einmal, eine schrecklich zudringliche Frau gewesen, immer sei sie viel zu früh gekommen und viel zu spät gegangen. Keinen Moment hätte sie ihn in Ruhe und nicht einmal beim Schneiden der Zehennägel allein gelassen. Im großen und ganzen sei sie eine unmögliche Person gewesen, und er hätte ihr meist nur Liebe vorgeheuchelt.

Zur Zeit, da Louise gefährlich erkrankt ist, Ende 1856, erscheint endlich »Madame Bovary« (zunächst als Fortsetzungsroman in der »Revue de Paris«) und gerät augenblicklich zum handfesten Skandal – obwohl der Herausgeber die »heikle« Szene der Kutschenfahrt gestrichen hat, die wir vom Anfang dieses Kapitels kennen. Das Bürgertum ist hellauf empört über die Geschichte einer Kleinbürgerin, die zur Ehebrecherin wird und ihren Mann, einen braven Arzt, durch hemmungsloses Schuldenmachen in den Ruin treibt. Zum Schluß entzieht sie sich noch durch Selbstmord der gerechten Strafe. Das ist unglaublich, das ist unerhört, so etwas kommt nur in den verderbten Adelskreisen, allenfalls beim losen Volk der Gaukler und Künstler vor – aber doch nicht in einer Kleinstadt der Normandie, wo durchwegs anständige Menschen leben!

Irritierend kommt noch hinzu, daß dieser düpierte Dr. Bovary ja nun wirklich ein zwar herzensguter, aber stocklangweiliger Mensch ist. Emma, von unbezähmbarem Lebenshunger besessen, zeigt sich aber anfangs durchaus gewillt, ihm eine gute Frau, ihrem Kind eine gute Mutter zu sein. Vom Liebhaber wird die arglose Frau raffiniert verführt, von einem skrupellosen Geldverleiher zum Schuldenmachen animiert: Sie ist Täterin und Opfer zugleich. Der Leser, der gewöhnt ist, sich mit einer Figur identifizieren zu können, ist aufs äußerste verwirrt und wird vom Autor im Stich gelassen: Der seziert nur mit der kalten Genauigkeit des Pathologen und nimmt nicht eindeutig Stellung.

Das mag den inneren Aufruhr der Leser ausgelöst haben. Aber es gibt auch genug Passagen, an denen sich die Kritik konkret festhalten und das unterschwellige Mißbehagen lautstark ausdrücken kann: Es gibt nicht nur »gewagte« Stellen (Kutschenszene), es gibt auch einige Personen, die sich abfällig über die Kirche, ja gar über den Glauben an sich äußern, und dies sind eindeutige Delikte: »Verstoß gegen die öffentliche Moral und gegen die Religion«.

Zunächst wird die Redaktion der »Revue de Paris« mit einer Flut von Leserbriefen überschwemmt, die in dem Aufschrei gipfeln, der Autor hätte »ganz Frankreich vor den Augen der Welt verleumdet und geschändet«, und auch die Staatsanwaltschaft ist nicht träge: Flaubert, der Herausgeber und der für den Druck Verantwortliche müssen sich wegen der oben zitierten Vergehen vor Gericht verantworten.

Flauberts Anwalt zieht seinen Klienten und die beiden anderen Angeklagten recht geschickt aus der Affäre: Der Dichter habe nur aufgezeigt, wie eine Frau vom Pfad der Tugend abkommt, wenn sie sich durch ihre Gefühle hinreißen läßt. Dies sei mitnichten unmoralisch, dies sei als ernsthafte Warnung an alle leichtfertigen Frauen zu verstehen.

Der Anwalt zitiert Flaubert wörtlich, und dann liest er einige Stellen aus den Werken des großen, unumstrittenen Dichters Charles de Montesquieu, die schon mehr als hundert Jahre zuvor erschienen und wesentlich anstößiger sind als die inkriminierten Passagen aus »Madame Bovary«. Und außerdem: der geschätzte Montesquieu, war er nicht Gerichtspräsident gewesen? Das Angebot des Verteidigers, weiteres entlastendes Beweismaterial aus den Schriften von Rousseau, Goethe und Shakespeare beizubringen, wird dankend abgelehnt.

Die Angeklagten begegnen einem salomonischen Richter, der die Ansicht vertritt, daß man ein Buch nicht aufgrund einiger Zeilen verdammen dürfe. Der Roman ziele primär nicht darauf ab, moralische und religiöse Gefühle zu verletzten, man müsse der Kunst ein gewisses Maß an Freiheit zubilligen. Freispruch!

Eine bessere Werbung als dieser Prozeß ist – vermutlich auch heute – nicht vorstellbar. Binnen acht Wochen wurden 15 000 Exemplare der »Madame Bovary« verkauft – für damalige Zeiten ein kaum überbietbarer Rekord. Es breitete sich eine wahre Bovary-Manie aus. Auf einigen Bühnen wurde eine Bovary-Revue, vergleichbar einem heutigen Musical, gestürmt, und vielerorts bezeichnete man die Kutschen, in denen sich knutschende Pärchen vergnügten, als »Bovarys«.

Abgesehen von ein paar im Freundeskreis kolportierten, bissigen Bemerkungen, haben wir aus dieser Zeit keine Zeile von Louises Hand über Madame Bovary; nichts beweist, daß sie sich ernsthaft mit dem fertigen Roman auseinandergesetzt hätte, der ja zum Teil auch ihr »Kind« war. Wahrscheinlich war sie zu schwach, zu krank und hauptsächlich mit sich selbst beschäftigt. Sie reiste aus Paris ab und suchte in mehreren Kurorten Erholung. Vielleicht war es auch eine Art von Flucht.

Einigermaßen wiederhergestellt und im seelischen Gleichgewicht, nahm sie erneut ein großes Projekt in Angriff: Das Leben und Wirken des kurz zuvor verstorbenen Dichters Alfred de Musset verarbeitete sie, unter dem Titel »Lui« (Er), zu einem farbigen, spannenden Roman. Auch diesmal ließ sie genug Seitenblicke auf das Pariser Künstlerleben einfließen, um das Buch in den Rang dessen zu versetzen, was man heute einen Bestseller nennt: vier Auflagen in vier Monaten.

Der drückendsten finanziellen Sorgen ledig, ging sie daran, sich einen seit Kinderzeiten gehegten Wunsch zu erfüllen. Sie reiste nach Italien, in das Land, in dem ihr Vater seine Jugend verbracht und von dem er der kleinen Louise einstmals so bilderreich vorgeschwärmt hatte. Sie beherrschte ihre »Vatersprache« Italienisch genauso fließend wie ihre Muttersprache, das Französische.

Es war keine Vergnügungsreise herkömmlichen Stils. Es war eine Abenteuerfahrt in ein Land, das mitten im Aufruhr stand, um die Fremdherrschaft der Habsburger im Norden und der Bourbonen im

Süden abzuschütteln, mit dem Ziel der nationalen Einigung. Der König von Sardinien, Victor Emanuel, sollte König von ganz Italien werden.

Bannerträger der Erhebung waren der piemontesische Ministerpräsident Graf Camillo Cavour und der Freiheitskämpfer Giuseppe Garibaldi.

Als Louise im November 1859 in Mailand eintraf, war die Lombardei bereits befreit. Mit tatkräftiger Unterstützung Frankreichs war Österreich in der Schlacht von Solferino vernichtend geschlagen worden.

Süditalien sollte ein Jahr später von der Revolutionsarmee Garibaldis der Herrschaft der Bourbonen entwunden und Victor Emanuel 1861 zum König Italiens ausgerufen werden.

Mit kurzen Unterbrechungen hielt sich Louise nun für mehrere Jahre in Italien auf. In dem vierbändigen Werk »L'Italie des Italiens« (»Das Italien der Italiener«) faßte sie ihre Eindrücke zusammen. Es ist eine interessante Mischung aus politischer Reportage, Landschaftsschilderung, Beschreibung der bedeutendsten Kunstwerke von Mailand bis Palermo und sehr persönlicher Sicht von Land und Leuten, gewürzt mit allerlei Heiterem, Anekdotischem. Zum Beispiel die Besteigung des Vesuvs durch die nun schon recht dickliche Louise – in Reifrock und Stöckelschuhen.

Mitte 1862 hielt sich Louise für kurze Zeit in Paris auf, und Ende dieses Jahres erschien Flauberts Roman »Salammbô«. Endlich erfahren wir in diesem Zusammenhang einiges über Louises Einstellung zu »Madame Bovary« und zu Flaubert überhaupt.

Einer Freundin schrieb sie in überschwenglich lobenden Worten über »Salammbô«, deren »unerreichbarer Stil« sie tief beeindruckte. »Welch ein Werk ... Nur in ›Salammbô‹ zeigt sich der Autor als großer Dichter und Denker ... Wer die schmutzige [!] Bovary diesem großen Buch vorzieht, ist wahrhaft zu bedauern.« Sie nahm sich kein Blatt vor den Mund, als sie im nächsten Absatz auf den Menschen Flaubert einging. Sie fand ihn »häßlich, verabscheuungswürdig, gemein – Sie können ihm das ruhig ins Gesicht sagen«. Er sei unfähig, in ihrem Herzen ein Gefühl zu erwecken.

»Mein Herz ist aller Gefühle für ihn entleert, wie Pompeji von seinen Bewohnern.«

Im Herbst 1863 löste Louise ihre Wohnung auf, belegte ein kleines Zimmer in einem zweitklassigen Hotel und machte sich erneut nach Italien auf.

Kaum hatte Louise, Anfang 1864, Frankreich verlassen, als ihre nun vierundzwanzigjährige Tochter Henriette vor den Traualtar trat. Die beiden Frauen hatten sich vollkommen auseinandergelebt, Henriette war immer mehr unter den Einfluß der sehr konservativen Familie Colet geraten, bei der sie seit Jahren wohnte. Sidonie Colet hatte für das Mädchen einen passenden Ehemann gefunden. Doktor Emile Bissieu war zwölf Jahre älter als Henriette, grundsolide, fromm bis zur Bigotterie, und die Tochter der wilden Louise Colet wurde eine brave, treusorgende Ehefrau mit einer Weltsicht, die sternenweit von jener der Mutter entfernt lag.

Man kann nur spekulieren, inwieweit Louises zunehmend kirchenfeindliche Haltung ihrer eigenen, aus den Ideen der Revolution geborenen Geisteshaltung entsprang oder der Enttäuschung über die abtrünnig gewordene Tochter. Jedenfalls recherchierte sie bei ihrem neuerlichen Italienaufenthalt vor allem für ein kirchenkritisches Werk »Les derniers abbés« (Die letzten Geistlichen), und ließ auch nicht von diesem Vorhaben ab, als ihr Freund Victor Hugo dringend davon abriet. Sie werde keinen Verlag für ein »solch mutiges Buch« finden.

Was Louise aus der Feder floß, war schon mehr als Mut, das grenzte an Tollkühnheit, in einer Zeit, da der Kirchenstaat – trotz Einigung des übrigen Italien – noch aufrecht und die Autorität des Papstes weitestgehend unangetastet waren.

Louise warf der Geistlichkeit vor, dem Volke statt des einen, einzigen Gottes eine Vielzahl von »Göttern« zu oktroyieren, sie ließ sich in scharfen Worten über die »[sexuellen] Orgien und Intrigen« der »sogenannten Gottesmänner« aus und beschuldigte sie, sich ständig in die Politik einzumischen. Nur die Kirche sei schuld daran, daß der Freiheitskampf des italienischen Volkes über Gebühr lang gedauert hätte.

Nachdem einige ihrer antiklerikalen Gedanken in der italienischen Presse Niederschlag und ein starkes Echo gefunden hatten, war sie ins Fadenkreuz der Kirchenbehörden geraten. Es verwundert darum nicht, daß sie von der strenggläubigen Bevölkerung Ischias mißtrauisch beäugt wurde, nachdem sie sich für eine Zeitlang auf der Insel niedergelassen hatte. Ursprung der Feindseligkeit war der örtliche Priester, der verlauten ließ, die Fremde sei eine Heidin, eine Hexe gar. Louise selbst gab den Gerüchten genug Nahrung, sie pflegte nachts, bei hell erleuchteten Fenstern, zu arbeiten, und tagsüber, hinter zugezogenen Gardinen, zu schlafen.

Als 1865 die Cholera fast ganz Europa heimsuchte und auch Italien nicht verschonte, verkündete der Priester von der Kanzel herab, dies sei Gottes Strafe für das Wirken einer heidnischen Hexe im Land. Angeführt von dem Geistlichen stürmte eine aufgebrachte Menge gegen Louises Haus. Buchstäblich in letzter Minute konnte sie von Carabinieri vor der Lynchjustiz bewahrt werden.

Sie flüchtete auf die Insel Capri, und dort vollendete sie ihr Buch. Nachdem sie einige Zeit in Rom Station gemacht hatte, trat sie im Frühling 1867 die Heimreise an. Rom und Umgebung gehörten noch immer zum selbständigen Kirchenstaat, und als Louise die Grenze passierte, erschienen plötzlich päpstliche Gardisten in ihrem Zugabteil. Der Kommandant warnte sie scharf: »Sie sind hier wohlbekannt. Sie dürfen niemals mehr unser Staatsgebiet betreten.« Der Befehl wurde drei Jahre später hinfällig, nachdem Garibaldi und seine Mannen den Kirchenstaat besetzt und das Volk sich in einem Referendum mit überwältigender Mehrheit für Rom als Hauptstadt des neuen Italien entschieden hatte.

»Les derniers abbés« fand doch noch einen Verleger, ebenso wie zwei weitere Kampfschriften, die sich nicht nur gegen die Kirche, sondern auch gegen Korruption und lose Sitten im Frankreich Kaiser Napoleons III. richteten. Louise Colet war dermaßen radikal und kompromißlos geworden, daß selbst ihre treuesten Leser schockiert waren und der Verkauf ihrer Bücher dramatisch zurückging. Louise mußte praktisch von der Hand in den Mund leben, eine Unterstützung durch die ihr noch immer gewogene Cousine des

Kaisers, Prinzessin Mathilde, lehnte sie jedoch ab. Und Victor Cousin, der allzeit getreue Freund, war mittlerweile auch gestorben.

Die Not trieb Louise auf eine gewagte journalistische Expedition, obwohl ihr Haar längst weiß und sie so korpulent geworden war, daß ihr das Atemholen Mühe bereitete. Als einzige Frau unter einer Schar ihr durchaus nicht wohlgesinnter Kollegen reiste sie 1869 zur Eröffnung des Suezkanals nach Ägypten. Mehrere Artikel und ein Buch waren das Ergebnis dieser Reise, die alles andere als erfreulich verlief. Sie mußte nicht nur große Strapazen, sondern auch Verachtung und Anpöbeleien ihrer Kollegen ertragen. Die konnten sich nicht beruhigen über »die Reporterin in der Krinoline«, ihr »männliches Betragen«, ihre »gottlosen Ansichten«. Es sei »kaum vorstellbar, daß sie einstmals die Zierde der Salons« gewesen sei.

Erst nach ihrem Tod sollte ein noch nicht ganz vollendeter Text über ihre Ägyptenreise erscheinen, in dem sie sich zum letzten Mal mit Gustave Flaubert, der Liebe ihres Lebens, auseinandersetzte. Sie schildert darin, wie ihr während einer Fieberattacke der Geliebte als furchterregender riesiger Unhold und dann als blutsaugerischer Vampir erschienen sei. Der »Mörder ihrer Jugend« hätte sie »mit Schande überhäuft«, während er selbst »in den Himmel gehoben« worden sei. Doch die Stunde der Rache werde ihm gewiß schlagen, »er wird der gerechten Strafe nicht entgehen«.

Nach Ägypten besuchte sie die Türkei, wo ihr, der berühmten Schriftstellerin aus Paris, das Privileg zuteil wurde, einen Harem besuchen zu dürfen. In Istanbul überraschte sie die Nachricht vom Ausbruch des Deutsch-Französischen Krieges, und sie beschloß, auf schnellstem Weg in die Heimat zu eilen. Wegen der Blockade von Paris blieb sie in Lyon hängen, wo es sie jedoch nicht lange hielt. Sie folgte einer Einladung des Bürgermeisters nach Marseille, und prompt kam es ihretwegen zu Straßenkrawallen und Massenschlägereien, nachdem sie in einer Frauenversammlung scharfe feministische und antiimperialistische Töne angeschlagen hatte.

Im Januar 1871 war der Sieg der Deutschen vollkommen, der

französische Kaiser gefangen, und zur grenzenlosen Wut der Franzosen ließ sich auch noch Wilhelm von Preußen im Spiegelsaal von Versailles zum deutschen Kaiser proklamieren.

»Ich könnte mich vor Zorn aufhängen«, schrieb Flaubert über dieses Ereignis, »ich bin wütend, daß Paris nicht bis aufs letzte Haus verbrannt ist ... Frankreich ... ist so entehrt und gedemütigt, daß mir lieber wäre, es verschwände vollkommen.«

Von Louise ist kein Kommentar zum Zusammenbruch des französischen Kaiserreiches überliefert. Um so ausführlicher hat sie sich über die kurze Herrschaft der Pariser Kommune geäußert. Sie war im März 1871 in die Hauptstadt zurückgekehrt. Ihre Sympathien galten eindeutig den aufständischen Bürgern, die sich gegen die feige Kapitulation ihrer Regierung wandten und Paris vom übrigen Frankreich abzutrennen wünschten. Louise sah darin die Fortsetzung und Verwirklichung der Großen Revolution von 1789, deren Ideale von Kindheit an die ihren waren.

Sie stand im Zentrum des Geschehens, als Regierungstruppen dem Aufruhr der Kommunarden ein blutiges Ende bereiteten. Bebend vor leidenschaftlichem Zorn berichtet sie, wie sie von den Trümmern eines zerschossenen Hauses halb begraben und verletzt wurde, wie »viele Frauen, so unschuldig wie ich, an diesem Tag rücksichtslos niedergeschossen wurden, nur weil sie verdächtig aussahen«. Sie kam übrigens ungeschoren davon, weil sich Nachbarn für sie einsetzten und der Soldateska klarmachten: »Laßt sie in Ruhe, sie ist nämlich eine Dame.«

Eine sehr subjektive Artikelserie über den »Brudermord« fand in Paris keinen Verleger und erschien nur in Italien. Colet behauptete darin, daß in Frankreich alles beim alten geblieben sei, nach dem Ende der Anarchie sei das Land »eine Republik ohne Republikaner«.

Dann wurde sie wieder ernstlich krank und setzte sich nach San Remo ab. Sie verließ kaum ihr Zimmer in einer billigen Pension und versuchte, so gut sie konnte, ein wenig zu arbeiten. Manchmal ging sie doch aus dem Haus, ganz in Schwarz gekleidet, mühsam auf einen Stock gestützt, heftig hustend und prustend. Sie muß ziemlich furchterregend ausgesehen haben. Die Kinder hatten Angst vor ihr und liefen davon. Wenn Louise weit genug entfernt war, schrien sie ihr nach: »Alte Hexe, alte Hexe.«

Es ging ihr immer schlechter; so beschloß sie, nach Paris zurückzukehren, um dort in Ruhe zu sterben. In Nizza mußte sie die Reise unterbrechen, weil sie hoch fieberte. Nach einigen Wochen schaffte sie es doch bis Paris, und dort starb sie am 8. März 1876 – in den Armen ihrer Tochter, mit der sie sich im Angesicht des Todes ausgesöhnt hatte. Henriette ignorierte den Wunsch ihrer Mutter nach einem konfessionslosen Begräbnis und ließ sie mit allem erdenklichen kirchlichen Pomp an der Seite von Hippolyte Colet beisetzen, den sie Papa genannt hatte, ohne daß er ihr Vater war.

Mit einem Mal wurde von Louise Colet nun, da sie tot und ungefährlich war, wieder Notiz genommen. »Sie war großartig, sie hat uns mit einer raren Charaktereigenschaft beglückt: Aufrichtigkeit und Leidenschaft«, schrieb der »Courier de France«. »La Gironde« meinte: »Sie hatte keine mittelmäßige Seele, alles, was sie gebraucht hätte, um zu den hervorragendsten unserer berühmten Frauen zu zählen, wäre ein sanfteres Wesen gewesen.«

Und Gustave Flaubert schrieb einer Freundin: »Sie haben den tiefen Eindruck, den der Tod meiner armen Muse auf mich gemacht hat, voll erfaßt ... Ich bin auf so vielen herumgetrampelt, um selbst überleben zu können. Ach, Jammer über uns.«

Obiges Zitat ist die letzte bekannte schriftliche Äußerung Flauberts über Louise. Verbale Aussagen sind nicht überliefert. Nur noch einmal, kurz vor seinem Tod, nahm Flaubert Bezug auf die ehemalige Geliebte – schweigend, aber mit theatralischer Gestik ...

Nachdem er vor Louise davongelaufen war, »Madame Bovary« beendet und den darauffolgenden Prozeß überstanden hatte, machte er sich an die Arbeit zu dem Roman »Salammbô«, der Louise so tief beeindruckte. Das Werk bezog sich nicht, wie »Madame Bovary«, auf zeitgenössische, sondern auf längst vergangene Ereignisse. Es war im alten Karthago angesiedelt, wo 300 vor Christus, unmittelbar nach dem Sieg der Römer, eine Söldnerrevolte das

Land ins Chaos stürzte und der Söldnerhauptmann Matho sich rettungslos in das Mädchen Salammbô verliebt.

Der Konflikt in der Geschichte leitet sich von der betrüblichen Tatsache ab, daß die Heißbegehrte zur regierenden Oberschicht gehört, gegen die sich der Aufstand richtet.

Fünf Jahre lang hat er hart um das neue Buch gerungen, wie immer nur nachts, und da schaffte er zwischen acht Uhr abends und vier Uhr früh kaum mehr als eine Seite – allerdings von höchster Qualität. Wir erinnern uns: Louise Colet konnte, neben all ihren anderen Verpflichtungen, ein Buch in ein paar Wochen fertigstellen, mußte darum wegen oft mangelnder Tiefe auf einen bis in unsere Tage reichenden Nachruhm verzichten.

Typisch für Flauberts Arbeitsweise war nicht nur das qualvoll langsame Schreiben, sondern auch seine Präzision und Detailversessenheit. Für »Madame Bovary« hielt er sich wochenlang in jener Kleinstadt auf, in der der Roman spielen sollte, ließ er sich von Louise bis zum letzten Haarband weibliche Garderobe schildern. Historische Korrektheit für »Salammbô« bezog er aus endlosen Studien einschlägiger Werke, und er nahm auch die Strapazen einer ausgedehnten Reise zu den spärlichen Trümmern von Karthago auf sich.

Die Brüder Edmond und Jules Goncourt, beide Schriftsteller und (angeblich) Flauberts enge Freunde, beide mit berüchtigt bösen Zungen behaftet, vermerkten zu dieser Zeit: »Eigentlich ist er [Flaubert] provinziell und affektiert. Man kann sich des Eindrucks nicht erwehren, daß er seine großen Reisen nur gemacht hat, um die guten Leute in Rouen zu beeindrucken ...«

1864 hatte Flauberts Nichte Caroline einen vermögenden Geschäftsmann und Sägewerksbesitzer namens Ernest Commanville geheiratet. Dies war ein Glück für das Mädchen, dessen Zukunft damit gesichert schien, aber eine Belastung für Flaubert. Er blieb allein mit seiner kränkelnden und zänkischen Mutter in Croisset zurück, die mehr Aufmerksamkeit beanspruchte, als eine Ehefrau je zu fordern gewagt hätte.

Einen neuen Roman im Kopf, »L'Éducation sentimentale« (»Die Schule der Empfindsamkeit«), begleitete er die alte Dame zu ihren verschiedenen Kuraufenthalten und leistete alle von ihm geforderten Ritterdienste, um sich dann wieder für Monate in seiner »Bärenhöhle« in Croisset zu vergraben.

Verblüffend ist, wie es ihm – einerseits von Mama überwacht, andererseits an seine Arbeit gefesselt – gelang, immer wieder mehr Geld auszugeben, als er hatte. Ständig kam es deswegen mit der Mutter zu Streitigkeiten (sie mußte schließlich jedesmal helfend einspringen), und eines Tages wurde er darob so wütend, daß er sie anschrie, sie möge endlich seine Schulden bezahlen und mit der ewigen Jammerei aufhören.

Wofür brauchte er all das viele Geld? Gewiß ist, daß er Unsummen in das Haus und in seine nach wie vor dandyhafte Garderobe steckte. Manche Flaubert-Experten vermuten darüber hinaus, daß er mit größeren Summen die ehemalige Gouvernante seiner Nichte, Juliet Herbert, unterstützte, die er mehrmals in London oder Paris getroffen hat. Er selbst hat sie niemals auch nur mit einem Wort erwähnt.

»Salammbô«, der Roman mit dem Einblick in eine faszinierend fremde, exotische Welt, brachte Flaubert breite Zustimmung ein. »Die Schule der Empfindsamkeit«, erbarmungslos zeitkritisch, schildert den Schiffbruch mittelmäßiger Charaktere in all seinen Facetten: Sowohl Leser wie Kritiker wußten damit nichts anzufangen. Den Grund dafür sieht der Flaubert-Biograph Jean de La Varende in der befremdlichen Neuartigkeit: »Der Roman des Scheiterns ... taucht hier zum ersten Mal auf ... Eine große Dichtung kann von nun an kein glückliches Ende mehr nehmen ... wie auch die Tugend als literarischer Gegenstand verstoßen und verdammt ist ... Der Pessimismus greift um sich. Das Mitleid schwindet, die Härte siegt.«

Der Deutsch-Französische Krieg und der Sieg der Deutschen hatten auch für die Flauberts schwerwiegende Folgen. Das Haus in Croisset wurde von den Siegern requiriert, Gustave und seine Mutter mußten zu den Commanvilles nach Rouen ausweichen. Nach Friedensschluß und Besatzungsende drohte neues Ungemach: Commanville hatte vor dem Krieg, angesichts steigender Holzpreise, große Teile seines Vermögens in schwedischen Waldbesitz investiert. Nun lag der Holzmarkt darnieder und die Aussichten waren trübe.

Der Abstieg des Hauses Commanville vollzog sich schleichend, aber unaufhaltsam, bis gegen Mitte der siebziger Jahre der Untergang nicht mehr aufzuhalten war. Das Tragische für Flaubert, der von Geschäften nichts verstand: Er verlor sein ganzes, von der im Jahre 1872 verstorbenen Mutter ererbtes Vermögen, das er in blindem Vertrauen und aus Liebe zu seiner Nichte in Commanvilles Unternehmen gesteckt hatte. Flaubert war in seinen letzten Lebensjahren ein armer Mann, der von Glück reden konnte, daß ihm das Haus in Croisset erhalten geblieben war.

Sein literarisches Schaffen brachte ihm nicht mehr viel ein. Ein Theaterstück fiel rasselnd durch, »Die Versuchung des heiligen Antonius«, das Buch, an dem er ein halbes Leben lang ziseliert hatte, sprach nur die Minderheit einer gehobenen Leserschicht an. Mit dem Novellenband unter dem einfachen Titel »Trois contes« (»Drei Erzählungen«) gelang es ihm noch einmal, höhere Auflagen zu erzielen, aber nicht, weil voyeuristische Leser nach »Stellen« suchten wie in »Madame Bovary«, sondern weil auch literarisch weniger Gebildete den schlichten Geschichten folgen konnten, ohne in Verwirrung zu stürzen. Dennoch hatte Flaubert »drei vollkommene, perfekte Meisterwerke« geschaffen – so der Tenor der Kritik.

Auch die »vollkommenen Meisterwerke« vermochten nichts mehr an Flauberts hoffnungsloser Lage zu ändern. Einige Freunde unternahmen alles, ihm zu helfen. Würde er den Posten eines Bibliothekars annehmen, den sie ihm zu verschaffen suchten? »Ich habe meinen idiotischen Stolz verdrängt und werde annehmen«, antwortete er. Bitter fügte er hinzu: »Es kommt vor allem darauf an, nicht zu verhungern.« Zu seinem Leidwesen wurde nichts aus dieser Rettungsaktion.

Es kam nicht nur kein Geld ins Haus, er wurde auch in weitere Schulden gestürzt, für die er nun wirklich selbst nichts konnte. Ernest Commanville hatte sich 50000 Francs in Flauberts Namen ergaunert, der Dichter wurde endgültig ein Fall für den Gerichtsvollzieher.

Alt, krank, verbraucht, ohne Hoffnung lud er eines Abends im Oktober 1879 Guy de Maupassant, einen jungen Mann von neunundzwanzig Jahren, den er als seinen begabtesten Schüler erachtete, zu sich nach Croisset. Er wolle, so teilte er seinem Freund mit, alle jene Briefe verbrennen, die einer neugierigen Nachwelt vorenthalten werden sollten. »Ich muß hart sein«, sagte er, »bitte hilf mir.«

Die beiden Männer verzehrten ein ausgewähltes, opulentes Abendmahl und tranken eine der letzten Flaschen alten Bordeaux, die sich noch im Keller fanden. Dann schleppten sie aus Flauberts Schlafzimmer eine riesige, scheinbar tonnenschwere Reisekiste ins Arbeitszimmer. Flaubert öffnete sie, schlug den Deckel zurück, und Maupassant sah Stapel über Stapel von Briefen. Die meisten bündelweise verschnürt, manche lose. Auf den einen oder anderen warf Flaubert einen flüchtigen Blick, den Großteil warf er ungelesen ins Feuer. Einige wenige hielt er zurück – sie seien für spätere Generationen uninteressant, meinte Flaubert, aber es gebe vielleicht ein paar Anregungen für seinen nächsten Roman darin.

Bis vier Uhr früh hat Flaubert mit zusammengebissenen Zähnen gewütet, als er ein fest verschnürtes Paket öffnete. Zum Vorschein kamen, neben einer erklecklichen Anzahl von Briefen, ein braunseidener Damenpantoffel, ein Spitzentaschentuch und eine vergilbte Rose. Flaubert küßte, Tränen in den Augen, den Schuh, das Taschentuch und die Rose, dann schleuderte er sie ins Feuer und die ganzen Briefe hinterher. Kein Wort sprach er zu Maupassant, der die Szene später kommentarlos geschildert hat.

Im Frühjahr 1880 wurde es zur tragischen Gewißheit, daß Flaubert das Haus in Croisset nicht mehr halten konnte, und er bereitete seine Übersiedlung in ein bescheidenes Pariser Quartier vor. Doch dazu kam es nicht mehr. Er starb, »plötzlich und unerwartet«, am 18. Mai 1880 in seinem Arbeitszimmer.

Die Diagnose »Schlaganfall« wurde erst nachträglich gestellt, weshalb sich bald allerlei Gerüchte um diesen einsamen Tod zu ranken begannen. Flaubert hätte Selbstmord begangen. Ein epileptischer Anfall hätte tödlich geendet. Er hätte während eines epileptischen Anfalls aus Versehen zuviel Äther inhaliert.

Die Version, die Flaubert möglicherweise am meisten behagt haben würde, lautete, er sei während eines Schäferstündchens in den Armen seines Dienstmädchens Suzanne verschieden.

»Liebe, die alles verschlingt«

Eleonora Duse (1858–1924) und Gabriele d'Annunzio (1863–1938)

»Die ungeheure Erwartung in die geschlechtliche Liebe verdirbt den Frauen von vornherein alle Aussichten«, hat Eleonora Duse einmal einer jungen Frau geschrieben, die sie in Sachen Liebe um Rat fragte. An anderer Stelle bemerkte sie: »Erwarten Sie vom Mann Liebe, niemals Unterstützung. Arbeiten Sie, dann hat Ihr Leben Sinn.«

Die Duse war in ihren mittleren Zwanzigern, als sie bereits zu diesen weisen Einsichten vorgestoßen war. Ein knappes Jahrzehnt später waren diese Erkenntnisse wie vom Winde weggeblasen, und eine derart selbstzerstörerische und zutiefst demütigende Abhängigkeit von einem Mann hatte sich ihrer bemächtigt, daß sie postulierte: »Das Herz muß brechen oder es versteinert.«

Eleonora Duse war unbestritten die größte Schauspielerin zweier Jahrhunderte. Hermann Bahr meinte, sie hätte »eine Macht über unsere Sinne, die das Theater vor ihr niemals gekannt hat«. Luigi Pirandello nannte sie schlicht »die vollendetste Schauspielerin«, und Deutschlands hervorragendster (und gefürchtetster) Kritiker Alfred Kerr jubelte: »… das war nicht, das kommt nicht wieder … Im Jahrhundert einmal erscheint ein Mensch ihrer Gattung.« Der Star-Kritiker des »New York Herald« nannte sie gar »die beste Schauspielerin aller Zeiten.«

Kein Zweifel also: Eleonora Duse war eine begnadete Verzauberin, ein singuläres Genie auf ihrem Gebiet. Wie war es möglich, daß eine solche Frau sich Hals über Kopf an einen Mann buchstäblich weggeworfen hat, dessen zwielichtiger Charakter dem ihren weit unterlegen war? Der ihre Würde, ihre Selbstachtung und ihren ganzen materiellen Besitz vernichtete?

(Die geneigte Leserin, der interessierte Leser mag mir die harten Worte, diese scheinbar vollkommen einseitige Stellungnahme verzeihen. Wer meine Bücher kennt, weiß, daß ich stets um größte Objektivität und Ausgewogenheit bemüht bin; aber in diesem Fall scheint es mir leider unmöglich – auch wenn man einwenden mag, daß der schreckliche Liebhaber der Duse ein großer Künstler gewesen sei. Es tut mir leid, ich bin so entsetzlich altmodisch, auch vom größten Künstler ein Mindestmaß an menschlichem Anstand zu fordern.)

Soweit der Exkurs in die private Meinung der Autorin. Was nun die Frage nach den Motiven der Duse für ihre de facto Selbstaufgabe betrifft, so kann es, obwohl sich zahlreiche Biographen, Psychologen, Kommentatoren darüber den Kopf zerbrochen haben, keine Antwort geben. Gewisse Phänomene sind einfach unerklärlich – der ruinöse Urknall einer Liebe wie der schöpferische Urknall des Universums.

Eleonora Duse: Sie entstammte dem verachteten Bodensatz der italienischen Gesellschaft, klomm, aus eigener Kraft, zu deren Spitzen empor und wäre, der Liebe wegen, um ein Haar tief, tief abgestürzt.

Duse – ein für italienische Ohren absonderlich klingender Name, der, Gott weiß aus welcher Himmelsrichtung, nach Chioggia, der Hafenstadt 26 km südlich von Venedig, gelangte und Generationen von Seeleuten und Fischern eigen war. Einer, ein gewisser Luigi Duse, brach dann mit der Familientradition, wurde Schauspieler und Inhaber einer wandernden Truppe, hoch gerühmt für seine Goldoni-Aufführungen: Die Heimatstadt widmete ihm sogar ein eigenes Gäßchen, die Calle Duse. Von da an ging's bergab.

Duses Sohn Alessandro übernahm die Leitung der abgewirtschafteten Compagnia und war noch glückloser als der Vater in seinen letzten Jahren. Hungernd, durstend, frierend zog der kleine, zwischen zehn und zwanzig Menschen umfassende Haufen durch die Dörfer, spielte auf freien Plätzen und in Scheunen, meist nur mit Naturalien wie Brot, Wein, Olivenöl entlohnt.

Jeder mußte alles tun, auf der Bretterbühne agieren, Kulissen schieben, Kostüme nähen, Pferde füttern, Wagen lenken – und wenn sie sich einem Ort näherten, schrien die Leute: »Hängt die Wäsche weg, die Komödianten kommen.« Um das Dorf, aus dem Duses Ehefrau Angelina stammte, machten sie einen großen Bogen. Das Bauernmädel war eine Verfemte, seit sie sich den fahrenden Leuten angeschlossen hatte und tapfer, mehr schlecht als recht, die Texte heruntersagte, die ihr nun als »Schauspielerin« in den Mund gelegt wurden. Oft aber mußte sie pausieren, denn sie litt an Lungenschwindsucht.

Sie gebar am 3. Oktober 1858, während einer Tournee durch die Lombardei, im Gasthof von Vigevano, ein erbarmungswürdig zartes Mädchen, das auf den Namen Eleonora getauft wurde.

In einer Reisetasche schaukelte das Baby durch die Provinzen, bis es selbst laufen konnte: Da aber stand die Kleine schon auf der Bühne. Sie war noch nicht ganz vier Jahre alt, als sie eine umfangreiche Rolle in der Dramatisierung von Victor Hugos »Les Misérables« spielte.

Miserabel im wahrsten Sinn des Wortes waren die Lebensumstände der kleinen Familie. Sie lebte ständig an der Hungergrenze, und es kam nicht nur einmal vor, daß sich Eleonora heimlich in die Küchen der am Weg liegenden Wirtshäuser schlich, um ein paar Nudeln, ein bißchen Polenta zu stehlen.

Die Mutter lag in immer kürzeren Zeitabständen hustend und Blut spuckend im Bett, und das Kind pflegte sie, so gut es das eben vermochte. Eine schulische Ausbildung erhielt Eleonora so gut wie nie. Nur wenn die Truppe, was selten genug vorkam, für mehrere Wochen an einem Ort blieb, wurde sie eingeschult. Die anderen Kinder verspotteten und verlachten sie, und die Gassenbuben schrien »Figlia di commedianti« (Komödiantentochter) hinter ihr drein – was ein absolut scheußliches Schimpfwort war.

Ab ihrem elften Lebensjahr steckte man sie auf der Bühne in die

Rollen erwachsener Frauen, und sie haspelte die Worte herunter, ohne deren Bedeutung zu erfassen. Sie war dreizehn, als man ihr am Ende eines zweiten Aktes mitteilte, daß die Mutter gestorben sei. Das Kind sagte kein Wort, spielte den dritten Akt brav zu Ende, und erst dann begann sie zu weinen. In einem bunten Fähnchen mußte sie zum Begräbnis gehen, denn für ein Trauerkleid reichte das Geld nicht. Aber das Bildnis der Mutter hat sie bis an ihr Lebensende immer bei sich getragen, durch alle Kontinente geschleppt.

Zum ersten Mal fiel sie dem Publikum wirklich auf, als sie, vierzehn Jahre alt, die Julia spielte. Ihre Darstellungskraft war noch gering, die Stimme piepsig, eckig waren die Bewegungen. Aber ein »Regieeinfall«, von dem nicht einmal der Vater wußte, erregte Aufsehen. Für ihr eigenes Geld hatte sie unzählige weiße Rosen gekauft, streichelte sie, entblätterte sie und ließ sie an passenden Stellen fallen. Eine landete bei der ersten Begegnung vor Romeos Füßen, andere ließ sie vom Balkon auf den Geliebten rieseln, mit dem Rest bedeckte sie dessen Leichnam.

Kurz darauf zerbrach Alessandro Duses Truppe, Vater und Tochter mußten getrennte Wege gehen. Eleonora fand Unterschlupf in einer Compagnia, die sogar in größeren Städten spielte, wurde aber nicht warm mit den Kollegen, die sie wegen ihrer ärmlichen Garderobe verlachten (Schauspieler mußten damals selbst die Kostüme beibringen), wegen ihres mageren Körpers und ihres kleinen, häßlichen Gesichtes, das nur aus Augen zu bestehen schien. Auch versuchte sie, ihren eigenen Darstellungsstil zu entwickeln, weshalb sie der Direktor mit den Worten feuerte: »Was wollen Sie eigentlich beim Theater? Kapieren Sie nicht, daß das kein Beruf für Sie ist? Suchen Sie sich einen anderen!«

Ihr Glück war es, daß einer der bekanntesten Schauspieler Neapels, Giovanni Emanuel, sie gesehen und ihr Talent erkannt hatte. Er engagierte sie für das Teatro di Fiorentini, dessen Leitung er soeben übernommen hatte.

Emanuel war kein Revoluzzer, aber er ließ das Mädchen »mit den hungrigen Augen« (so ein Kritiker) gewähren. Er gestattete ihr

»extravagante« Kostüme für eine Aufführung des »Orest« von Vittorio Alfieri, nämlich fließende griechische Gewänder statt des üblichen barockisierenden Pomps. Und sie sprach die steifleinenen Verse des Dichters mit solchem Feuer, daß ein Hauch von wahrem Leben über die Rampe kam. In der nächsten Produktion spielte sie die Prima Donna so virtuos an die Wand, daß selbst diese zugab, aus »dieser wilden Person« würde schon sehr bald eine große Schauspielerin werden.

Während die Älteren unter den Zuschauern noch skeptisch waren, gewann Eleonora die Bewunderung der Jugend und der künstlerischen Avantgarde. Unglückseligerweise gewann sie auch das Herz des Martino Cafiero, eines bekannten Schriftstellers und notorischen Don Juans. Er mußte gar nicht das ganze Register seiner Verführungskünste spielen lassen, um sie nach ein paar Restaurantbesuchen und romantischen Kahnfahrten im Mondenschein dorthin zu bringen, wo er sie haben wollte.

Für sie war es die erste, die wahre, die große Liebe, und es brach ihr fast das Herz, als er ihr zuredete, ein Engagement bei der berühmten Truppe des Cesare Rossi anzunehmen und Neapel zu verlassen. Bis zur Abfahrt des Zuges nach Turin wartete sie auf dem Bahnsteig, daß er kommen und sie zurückholen würde. Er kam nicht.

Der Start in Turin hätte glückloser nicht verlaufen können. Das Publikum lehnte die »häßliche junge Person« mit ihrem »exaltierten Spiel« geschlossen ab – und täglich fühlte sie sich körperlich ein bißchen elender. Bis sie begriff, daß sie schwanger war. Flehentlich bat sie den Geliebten um eine Aussprache, und er erklärte sich bereit, sie in Rom zu treffen. Im römischen Hotel wartete sie so vergeblich auf ihn wie Wochen zuvor am Bahnhof von Neapel.

Ihrer Freundin Matilde Serao hat sie später anvertraut, daß sie damals Selbstmord begehen wollte, diesen Gedanken aber »zu klein, zu leicht« gefunden hätte. Sie kehrte nach Turin zurück, spielte, bis ihr Zustand nicht mehr zu verbergen war.

Mit ihren letzten paar Lire schlüpfte sie in einem Bauernhaus in Marina di Pisa unter, gebar mit Hilfe der Bäuerin einen bereits vom

Tode gezeichneten Winzling. Den trug sie ein paar Tage später mit eigenen Händen auf den Friedhof. Für ein ordentliches Begräbnis reichte das Geld nicht.

Rossi, unerschütterlich von ihrer Begabung überzeugt, nahm sie sofort wieder auf, und in Venedig hatte sie, zum ersten Mal seit Neapel, eine gute, sogar eine hervorragende Presse, der auch der überwiegende Teil des Publikums zustimmte.

Gelobt wurde ihr völlig neuer Stil, der manche zunächst befremdete, die meisten aber faszinierte. Statt der allerorts – und besonders in Italien – üblichen großen Gesten und Ausbrüche setzte sie sparsame Gebärden und leise Töne. Mit einem Augenaufschlag vermochte sie mehr auszudrücken als andere mit einem wilden Aufschrei. Niemals schien sie zu »spielen« – sie »war« die Person, die sie verkörperte.

Nachdem die Prima Donna von einer Stunde zur anderen gekündigt hatte, um einem lukrativeren Angebot zu folgen, ließ Rossi Eleonora vorrücken. Sie brach in Tränen aus, als er ihr seinen Entschluß mitteilte.

Nur allzubald allerdings begann es Eleonora zu dämmern, daß Rossi sie keineswegs ihres überragenden Talentes wegen zur Prima Donna gemacht, sondern weil er sich in sie verliebt hatte. Ständig bedrängte er sie mit seinen Anträgen und Anzüglichkeiten, und je heftiger sie ihn ablehnte, desto heftiger wurde sein Werben, das gelegentlich in blanke Aggression umschlug. Er schreckte nicht davor zurück, sie vor versammeltem Ensemble zu beschimpfen, zu verspotten und zu demütigen.

Sie war schon fast entschlossen, dem Theater für immer den Rücken zu kehren, als die Rettung von unerwarteter Seite kam. Ihr Kollege Teobaldo Marchetti, der sich den Künstlernamen Tebaldo Checchi zugelegt hatte, war ein mittleres Talent, aber eine feinfühlige Seele. Seit ein paar Monaten unterhielt sie eine sexuelle Beziehung zu ihm, und er machte ihr einen Antrag, wohl wissend, daß sie ihn nicht liebte. Sie war schwanger und nahm darum an. »Tebaldo ist voll des guten Willens und voller Anhänglichkeit«, schrieb sie dem Vater. Mehr nicht.

Tebaldos »guter Wille« zielte auf zweierlei: Eleonora vor allen Rossis der Welt zu schützen – und vor sich selbst. Denn sie litt, wie alle ihr Nahestehenden längst erkannt hatten, an der »Smara«, jener typisch venezianischen Ausformung der Depression: ein unentwirrbares Gemenge aus Schwermut, zügelloser Leidenschaft und unbestimmbarer Sehnsucht. Sie heirateten am 7. September 1881, wenige Wochen vor ihrem dreiundzwanzigsten Geburtstag.

Völlig überraschend verhielt sich Rossi: So, als ob er niemals um Eleonoras Gunst gebuhlt, sie niemals wegen ihrer Abweisung geschmäht hätte, erhob er sich jetzt zum Schutzherrn des jungen Paares, wohlwollend, väterlich – was nun wieder Tebaldo gar nicht gut bekam. Das Ensemble nahm ihm gegenüber eine feindselige Haltung an, beschimpfte ihn als »schmutzigen Spekulanten«, als »Anhängsel der Prima Donna«. Er trug es mit Gleichmut, Eleonora stellte sich tapfer an seine Seite. Fairneß war eine ihrer hervorragenden Charaktereigenschaften.

Wie feinfühlig und rücksichtsvoll Tebaldo war, zeigt sich in einer Episode, als das Paar gerade in Rom auftrat. Martino Cafiero, Eleonoras treuloser Galan, der die Schwangere sitzengelassen hatte, lag schwer krank darnieder. Da er ein bekannter Dichter war, der auch durch seine zahllosen Liebesaffären den sensationshungrigen Presseleuten immer brav Futter geliefert hatte, berichteten die Zeitungen pausenlos und in großer Aufmachung über den Verlauf seines Leidens. Es war bald abzusehen, daß sich Cafieros Tage dem Ende zuneigten, und je bedrohlicher die Nachrichten wurden, desto mehr litt Eleonora, ganz offensichtlich noch immer stark an ihre erste und bislang einzige Liebe gebunden.

Als Cafiero nur noch wenige Stunden vor sich hatte, als jeden Augenblick die Todesnachricht zu erwarten war, wandte sich Tebaldo an Matilde Serao, sie möge Eleonora beistehen, wenn es soweit wäre. Er würde sich für einen Tag aus der ehelichen Wohnung zurückziehen, denn: »Meine Gegenwart kann nur eine Last für sie sein. Das möchte ich ihr ersparen und sie ihrem Schmerz überlassen, der gerecht, der menschlich ist.«

Ach, Eleonora, warum konntest du dieses Juwel von einem

Mann nicht lieben? Sie war eine von jenen Frauen, die den zärtlichen kleinen Spatzen in der Hand mißachten und sich nach der Taube auf dem Dach sehnen – geflissentlich übersehend, daß sich unter dem harmlosen weißen Gefieder nur zu oft ein bösartiger Geier verbirgt.

Nach einer aufreibenden Tournee durch alle großen Städte des Landes, quasi schon abonniert auf den stets gleichen Erfolg, mußte Eleonora kurz pausieren, um am 7. Januar 1881 in Turin ihrer Tochter Enriquetta das Leben zu schenken. Die Eltern waren glücklich – und sehr gescheit. Dem Mädchen wollten sie ersparen, was sie selbst erlitten hatten: das harte Wanderleben eines Komödiantenkindes. Sie suchten und fanden in der Nähe von Turin ein zuverlässiges, liebevolles Bauernpaar, zu dem sie das Baby in Pflege gaben. Sie besuchten es, sooft es ihnen möglich war. Was sie dann vorfanden, war weniger der Sprößling eines bedeutenden Schauspieler-Paares als ein quietschvergnügtes Bauernmädel.

Eleonora spielte wieder Theater, unermüdlich. Sie verhalf zwei Werken von Alexandre Dumas, die in Paris ausgepfiffen worden waren, zum Durchbruch; sie wagte sich an den kühlen Ibsen und hatte mit »Nora« einen Sensationserfolg, und es gelang ihr, Sarah Bernhardt, die damals berühmteste Schauspielerin diesseits und jenseits des Ozeans, in den Schatten zu stellen.

Die Bernhardt, die von ihrem aufwendigen Lebensstil, ihren ständig wechselnden Liebhabern wie von ihrer überragenden Kunst gleichermaßen reden machte, spielte in Turin ihre Paraderolle, in der sie für ewige Zeiten unschlagbar schien: die »Kameliendame« von Alexandre Dumas. Und just diese Rolle begehrte Eleonora nach Abfahrt der Bernhardt just in Turin in Rossis Truppe zu verkörpern.

Der Prinzipal wehrte sich nach Kräften, gab aber dann doch nach und erlebte am 10. Januar 1883 den spektakulärsten Erfolg seiner gesamten Theaterlaufbahn: Eleonora war der Bernhardt möglicherweise als kokette Kokotte unterlegen, aber als leidende Liebende war sie unübertrefflich, und das gesamte Auditorium versank in gerührtes Schluchzen. Von nun an war sie nicht mehr irgendeine

Schauspielerin, von da an war sie »die Duse« – ein Ehrenname, bei dem wir fortan bleiben wollen.

Das Geheimnis ihres Erfolges hat sie selbst erkannt und so beschrieben: »Die armen Frauen sind mir derart in Herz und Verstand eingegangen, daß es mir vorkommt ..., als ob ich diese Frauen trösten wollte ... Ich stehe zu ihnen, ich stehe für sie ein, forsche in ihnen, nicht aus Leidensgier, sondern weil das weibliche Mit-Leiden größer und vielseitiger, sanfter und vollkommener ist als das Mitfühlen der Männer.«

Unvollkommen nur konnte sie die Kette ihrer Triumphe genießen, denn die Todeskrankheit der Mutter, die Tuberkulose, hatte auch von ihr Besitz ergriffen, und sie mußte immer wieder für Wochen pausieren, um ihr Leiden entweder in den Bergen oder an der See in den Griff zu bekommen.

Kaum fühlte sie sich besser, stand sie wieder auf der Bühne, und wenn sie im Rampenlicht ihre ganze Kraft gegeben hatte, wankte sie oft mehr tot als lebendig in die Garderobe. So auch eines Tages im Jahre 1884, als ein schmächtiger junger Mann mit wallender, pechschwarzer Löwenmähne und irritierend lichten Augen sich ihr in den Weg stellte und stammelnd schmachtete: »Oh, große Liebende.« Unmutig schob sie den lästigen Menschen zur Seite, würdigte ihn keines Wortes und nahm achselzuckend zur Kenntnis, daß der Jüngling, gerade einundzwanzig Jahre alt, doch der vielberedete Skandalautor Gabriele d'Annunzio sei.

Sie hatte andere Sorgen, als sich um Persönlichkeiten der Klatschpresse zu kümmern. Sie erlitt einen totalen Zusammenbruch. Matilde Serao: »Gestern war sie nahe daran, in die andere Welt hinüberzugehen ... Einer [der Ärzte] war zynisch genug zu sagen, er würde bald wiederkommen, um den eingetretenen Tod zu bescheinigen. Sie hörte ihn, nahm alle Kraft zusammen, um ihn davonzujagen.« Tatsächlich erholte sie sich überraschend schnell und erklärte: »Es gibt genug zu tun. Wir haben keine Zeit zu sterben.«

Obwohl ihr Gesundheitszustand schwankend war, obwohl man von einem Tag auf den anderen nicht vorhersehen konnte, ob sie nicht plötzlich zum völligen Verzicht gezwungen sein würde, machte Rossi sie zu seiner Teilhaberin. Er lud ihr damit auch noch finanzielle Verantwortung auf. So konnte sie nicht mehr nein sagen, als er 1885 einen günstigen Gastspielvertrag für Südamerika abschloß.

Was er heimlich gehofft haben mag, trat ein: Während der langen Seereise erholte sich die Duse schnell und auch nachhaltig. Die Auspizien standen prächtig. Daß die Tournee dennoch ein ziemliches Fiasko werden, daß die Truppe um zwei Ensemblemitglieder ärmer und ein feuriges Liebespaar reicher nach Italien zurückkehren würde, das konnte niemand ahnen.

Rio de Janeiro war ein einziger Fehlschlag. Die Duse war nicht auf der Höhe ihrer Kunst, das Theater blieb halb leer. In Buenos Aires ging es besser, vor allem weil es dort eine große Italiener-Kolonie gab, und die Duse lief zu ihrer Hochform auf, sichtlich hin- und mitgerissen von ihrem Partner, dem schönen Flavio Andò. Sie kannten einander schon lange, sie waren ungezählte Male gemeinsam auf der Bühne gestanden. Scheinbar aus dem Nichts ist der Funke übergesprungen und entzündete eine »Liebe, die alles verschlingt«, so die Duse.

Tebaldo Checchi löste sich so leise und nobel aus Eleonoras Leben, wie er darin eingetreten war. Er teilte dem Direktor lakonisch mit, daß er die Truppe auf der Stelle verlassen und in Argentinien bleiben würde. Dies scheint für ihn die einzige Sicherheit gewesen zu sein, seiner Frau nie mehr beggenen zu müssen. Tüchtig, zuverlässig und redlich, wie er war, faßte er festen Fuß in der Fremde, wurde argentinischer Staatsbürger und trat in den diplomatischen Dienst ein. Als er 1918 in Lissabon starb, hinterließ er seiner Frau, von der er nie geschieden worden war, ein kleines Vermögen. Und dies zu einem Zeitpunkt, da sie, durch eigene Schuld und durch die Ungunst der Verhältnisse, so arm war, daß sie gelegentlich von Almosen leben mußte. »Er hatte etliche Ersparnisse, und sie sind uns im rechten Augenblick gekommen«, vertraute die Duse Matilde Serao an. »Immer derselbe Tebaldo ... Immer derselbe, im Leben wie im Tod.«

Wir sind weit vorausgeeilt. Noch schreiben wir das Jahr 1885, und Rossi kehrt mit seiner ziemlich ramponierten Truppe nach Italien zurück. Nicht nur, daß Tebaldo abgesprungen ist, auch ein anderes Ensemblemitglied, ein junger, vielversprechender Schauspieler, war nicht mehr dabei. Ihn hatte ein tropisches Fieber dahingerafft. Und es gab Schulden über Schulden.

Nachdem sie, mit Hilfe von Flavio Andò, ihren Schuldenanteil abgerackert hatte, gründete die Duse zusammen mit dem Liebhaber eine eigene Truppe, »Compagnia della Città di Roma«, und machte mit dieser so lange Furore – bis sie wieder für einige Monate unterbrechen mußte. Die Krankheit war stärker als sie. Dafür kam sie in den unverhofften Genuß einer langen, stillen Zeit zusammen mit ihrem Kind in gesunder Meeresluft.

Mit neu gestärkter Kraft unternahm sie ausgedehnte Tourneen, gelangte nach Spanien und nach Ägypten, hatte ihr bedingungslos ergebenes Publikum fest in der Hand und konnte Stücke spielen, an die sich sonst niemand heranwagte: ein Bauernmädchen in »Cavalleria rusticana« (heute nur noch als Oper bekannt), eine Nonne, die sich in den Wirren der Französischen Revolution dem Geliebten hingibt. Sieg auf der ganzen Linie gegen Vorurteile aller Art.

Die Duse war die Duse, es wurde akzeptiert oder zumindest toleriert, auch was ihren persönlichen Lebensstil betraf. Sie kümmerte sich nicht um Mode, trug statt Miedern fließende Gewänder, keinen Schmuck, schminkte sich niemals (auch auf der Bühne nicht). Kein Coiffeur berührte je ihr üppiges Haar, das im Nacken zu einem losen Knoten geschlungen war, Parfum war ihr ein Greuel sowie jeglicher »Krimskrams«, Spitzen zum Beispiel. Selbst auf der Unterwäsche duldete sie keine Schleife, keine Stickerei und natürlich keine Spitzengarnitur.

Menschenansammlungen verabscheute sie und besuchte weder Bälle noch wimmelnde Feste. Nur verschleiert ging sie ins Theater oder ins Konzert. Ein Hotel, in dem die Angestellten viel Aufhebens um ihre Person machten oder gar die Presse informierten, verließ sie stehenden Fußes.

Sie hatte alles, sie konnte tun und lassen, was sie wollte, dennoch war sie unzufrieden, deprimiert, streckenweise der »Smara«

verfallen. »Alle Tage nehme ich mir vor, etwas wirklich Entscheidendes zu tun – aber die Tage gehen hin – und die Verblödung ergreift immer mehr Besitz von mir«, klagte sie der Freundin Matilde.

Die Erlösung aus beginnender Apathie kam von dem russischen Ehepaar Wolkoff (manchmal auch Wolkow geschrieben), in dessen venezianischem Palais am Canal Grande sie eine Wohnung gemietet hatte. Die Wolkoffs überredeten sie zu einer Tournee nach Rußland: Das war das Abenteuer, die Herausforderung, die sie gesucht hatte. Ein Land, wo man sie nicht einmal dem Namen nach kannte, zu erobern, das konnte sie noch reizen. Und sie gewann auch diese Schlacht.

Viel mehr noch als die tosende Zustimmung der Publikumsmassen in St. Petersburg und Moskau beeindruckte sie die grenzenlose Herzlichkeit der einzelnen Menschen. Wann immer sie in späteren Jahren über ihre Welt-Tourneen sprach – Rußland stand an erster Stelle, und sie erklärte auch, warum. Sie wurde selbst in den obersten Schichten der russischen Gesellschaft mit solch selbstverständlicher Wärme aufgenommen, daß sie zum ersten Mal in ihrem Leben so etwas wie Heimat und Geborgenheit fühlte. So heftig und lautstark die Italiener sie priesen – an winzigen Gesten, rasch verschluckten Worten konnte die Duse immer wieder erkennen, daß man in ihr doch nichts anderes sah als die aus ärmlichen Verhältnissen aufgestiegene Diva. Das Odium der »Figlia di commedianti« blieb an ihr haften.

Durch einen puren Zufall geriet Rußland auch zum Sprungbrett für die Eroberung Zentral- und Westeuropas durch die Duse. Der Zufall war personifiziert durch zwei Namen: Josef Kainz und Hermann Bahr. Der weltberühmte Schauspieler reiste mit einem Ensemble und begleitet von dem kaum weniger bekannten Dichter und Essayisten Hermann Bahr durch Rußland. An einem spielfreien Abend machten sich die beiden Männer einen »Jux« daraus, eine Vorstellung der »Italienischen Schmierenkomödianten« zu besuchen. Wie dieser »Jux« verlief, beschreibt Bahr so: »Plötzlich packte mich Kainz am Arm, und ich hörte Mitterwurzer [ein weiterer gefeierter österreichischer Schauspieler] aufstöhnen; und ich sagte mir selber in einem fort: Du darfst nicht heulen, du machst dich lächerlich ... Sich plötzlich vor der Duse finden, zum ersten Mal angesichts der Duse – was das ist, geht über alle Kraft der Worte.«

Hermann Bahr verdanken wir das genaueste Porträt der Duse: »Sie ist klein, ein bißchen plump, und ihren schweren, trägen Gebärden fehlt die Anmut. Ihre Augen sind groß, schön, aber wehmütig und verzagt ... Die Nase ist klein und stumpf, wie von einem verwirrten Pierrot. Die Wangen hängen schlaff herab, ohne einen persönlichen Zug. Die Miene ist verwischt und unentschieden, als ob viele Tränen jede Besonderheit hinweggespült hätten.« Aber auf der Bühne, »... da ist sie schön, da ist sie häßlich – sie ist groß, sie ist klein, sie ist jung und sie ist alt ... Solche Gewalt über jeden Muskel, über die Nerven, über den ganzen Leib, daß alles unbedingt gehorcht und jede Verwandlung willig verrichtet, hat kein Künstler jemals besessen«.

Nachdem Bahr heftig in deutschen und österreichischen Zeitungen die Werbetrommel für das Wunderwesen gerührt hatte, erhielt die Duse von einem Wiener Agenten namens Karl Täncer die Einladung zu einem Gastspiel. Allzuviel scheint er sich nicht erwartet zu haben, denn er brachte ihre Truppe im Carltheater heraus, einer Vorstadtbühne, in der vorzugsweise Possen und Operetten gegeben wurden. Vor halb leerem Haus spielte die Duse die »Kameliendame« – und die paar Leute, die gekommen waren, rümpften die Nase, als die kleine, blasse, ungeschminkte Person die Bühne betrat. Bald aber schon hielten sie, atemlos staunend, inne, wurden unruhig, begannen zu seufzen und zu stöhnen. Am Ende der Vorstellung schrien und stampften und klatschten sie wie die Irren.

Keine »feinen« Leute waren dabeigewesen, aber, von Bahr animiert, einige bedeutende Schauspieler und, vor allem, fast geschlossen die Kritiker-Riege. Am nächsten Morgen, es war der 20. Februar 1892, posaunten die sonst so zurückhaltenden Herren der Feuilletons in riesigen Schlagzeilen bereits vom »Theaterwunder« im Carltheater. Die nächste Vorstellung war binnen Stunden ausverkauft, beseligt hörte Täncer neuntausend Kronen in der Kasse klingeln.

Und das Geklingel ging munter weiter, obwohl die Duse, zu Täncers Entsetzen, darauf bestand, die »Nora« in Ibsens gleichnamigem Drama zu spielen, das die Wiener »ganz gewiß nicht« sehen wollten. Sie wollten – und die Duse traf die Menschen ins Mark.

Sie konnte nur eine Woche bleiben, doch sie kam wieder, im Mai für einen Monat, im September für drei Wochen. Und die Wiener konnten nicht genug von ihr bekommen, genauso wie die Berliner, die widerspruchslos die ums doppelte erhöhten Eintrittspreise bezahlten.

Sie ist eine gemachte, eine wohlhabende Frau. Das Gespenst des Hungers und der Not, das sie ein halbes Leben lang verfolgt hat, scheint für immer gebannt, obwohl sie alle Einnahmen redlich mit ihrem Kompagnon und Mitstreiter Flavio Andò teilt, der schon längst nicht mehr ihr Liebhaber, jedoch ein guter, zuverlässiger Freund ist. Aber warte, warte nur ein Weilchen, einer wird kommen und dich von all dem schnöden Mammon befreien, und du wirst ihm auch noch die Hände dafür küssen und wirst selig seufzen: »Das Herz muß brechen oder es versteinert.«

Sie hätte sich jetzt zur Ruhe setzen, ihre Tochter aus dem Turiner Internat nehmen, vielleicht in einem Schweizer Sanatorium ihre Lungenkrankheit ausheilen können, doch zwei wichtige Faktoren hinderten sie daran: Ein Leben ohne Theater war für sie undenkbar, und sie trug Verantwortung für eine große Truppe, für Menschen, deren Wohl und Wehe von ihr abhing. Die Duse besaß ein außergewöhnlich ausgeprägtes soziales Gewissen – darum machte sie weiter und brach 1893 zu einer Tournee in die USA auf.

Kaum in New York angekommen, wäre sie am liebsten gleich umgekehrt. Die Stadt, der american way of life, machten ihr angst, und sie brachte ihren Agenten an den Rand der Verzweiflung, als sie es ablehnte, sich der Pressemeute zum Fraß vorzuwerfen. Ohne Presse ginge in den Staaten rein gar nichts, meinte der Mann, aber die kluge Duse fand einen eleganten Ausweg.

Sie ließ eine einzige Journalistin vor und bat diese, ihre »Sprecherin« bei der Presse zu werden, denn »wir Frauen müssen solidarisch sein und uns gegenseitig unterstützen«. Die Duse bat die Journalistin, den Kollegen klarzumachen, daß sie, wie jeder andere arbeitende Mensch, das Recht beanspruche, ihre freie Zeit für Ruhe und Erholung zu nützen. Außerdem meinte sie, »daß die Schauspielerin als etwas ganz Neues auf der Bühne erscheinen muß, ohne daß den Zuschauern schon vorher gezeigt wird, woraus das Spielzeug gemacht ist, mit dem sie sich vergnügen wollen«. Und weiter: »Ich gehöre abends dem Publikum. In der übrigen Zeit bin ich eine Frau wie jede andere und habe das Recht, für mich zu leben.«

Dieses Interview war ein genialer Streich. Sie hatte mit einem Schlag die Herzen der Frauen erobert, und die Frauen waren es, die in New York den Ton in Sachen Kultur angaben. Ihre erste Vorstellung war fast ausschließlich von Frauen besucht – und von da an lief alles wie erhofft: Hymnische Kritiken, berstend volle Häuser (Frauen *und* Männer), überschwenglicher Jubel.

Erstaunlicherweise gelang es ihr während der ganzen Tournee, sich der drängenden Kontaktsuche des Publikums zu entziehen, was eigentlich nicht verwundert, denn sie hatte schon ganz andere Kaliber von sich ferngehalten. So zum Beispiel Italiens Königin Margherita, welche die Duse während einer Theaterpause dringend in ihre Loge bat. Die Duse lehnte mit der Begründung ab, sie sei jetzt ganz Schauspielerin und hätte darum nichts im Zuschauerraum zu suchen. »Ihre Majestät wird wohl verstehen.« Die Majestät verstand. Wilhelm II., König von Württemberg, versuchte während eines Zwischenaktes in ihre Garderobe zu dringen. Sie ließ ihm ausrichten, die Vorstellung würde so lange nicht weitergehen, solange er nicht das Feld räumte. Wortlos schlich der Herrscher davon ...

Sie spielt, sie spielt, sie spielt. Sie durchreist die Welt. Sie wird gefeiert wie eine Göttin. Manchmal muß sie pausieren, der Krankheit wegen, manchmal besucht sie die Tochter, die nun in einem Dresdner Internat lebt.

Die Duse geht auf die Vierzig, glaubt in Routine zu erstarren.

Der Freundin schreibt sie: »... habe ich nur ein einziges Verlangen, die Rampenlichter zu löschen und alle Rollenbücher zu verbrennen ... Es verlangt mich, etwas Neues zu versuchen, eine neue Kunstform [zu finden], die unmittelbarer und tiefer dem nunmehrigen Zustand meines Geistes entspricht.« Armes Herz, es weiß noch nicht, daß die Suche nach einer neuen Kunstform nichts anderes ist als der Code für die Sehnsucht einer Frau, den Gipfel von Leidenschaft und Leiden zu erleben, den sie bislang nur auf der Bühne erklimmen durfte.

Eleonora Duse ist reif, in die Hände des Erotomanen und Frauenverächters Gabriele d'Annunzio zu fallen, der zugleich ein vieldiskutierter, heftig angegriffener, in höchsten Tönen gelobter Literat ist. Hugo von Hofmannsthal wird später einmal von d'Annunzios »schöner, ewig beneideter Sprache« schwärmen, Thomas Mann ihn einen »eitlen, rauschsüchtigen Künstlernarren« nennen, Benedetto Croce schreiben: »Vollkommen ist d'Annunzios Kunst vor allem in der Dichtung und nicht in der Prosa«, um gleich hinzuzufügen, daß er »ein Dilettant der Empfindungen« sei. Robert Musil bekannte, daß d'Annunzios Werke wesentlichen Einfluß auf die seinen ausgeübt hätten. D'Annunzio selbst bezeichnete sich mit Vorliebe als »unsterbliches Genie«.

»Rapagnetta« – was soviel heißt wie »Rübchen« – wäre eigentlich sein Name gewesen, und es ist amüsant, darüber zu spekulieren, ob der Glanz des Genies gleichermaßen strahlend gewesen wäre wie unter dem aristokratisch klingenden d'Annunzio. (Unwillkürlich drängt sich die Parallele zu Hitler auf, der ja eigentlich Schickelgruber hätte heißen müssen.)

Wie Hitlers Vater, so kam auch der alte d'Annunzio, der ursprünglich »Rübchen« hieß, durch familiäre Umstände zu dem feinen Namen, indem ihn ein entfernter Onkel adoptierte.

Francesco d'Annunzio, von Beruf Geometer, Land- und Gasthausbesitzer im adriatischen Pescara, war mit einer aus dem kleinen Landadel stammenden Frau verheiratet – und ein rechter Filou. Zeit und Geld verschwendete er mit ungezählten anderen Frauen, um die drei Kinder kümmerten sich die Mutter, die Großmutter und eine

Eleonora Duse – sie spielt, sie spielt, sie spielt …

unverheiratete Schwester der Mutter. Es versteht sich von selbst, daß sich Liebe und Aufmerksamkeit der drei Damen auf den am 12. März 1863 geborenen Gabriele konzentrierten; die beiden vor ihm geborenen Mädchen zählten so gut wie gar nicht.

Trotz der drängenden Geldnöte setzten es die Frauen durch, daß ihr angebeteter, verhätschelter und daher bereits im zartesten Knabenalter äußerst selbstbewußter Liebling in ein teures Internat nach Prato gehen durfte, das eine erstklassige Ausbildung versprach. Der anfangs Schüchterne unterwarf sich – zunächst – willig den strengen Regeln des Instituts und wurde ob seiner Liebenswürdigkeit von Mitschülern und Lehrern geschätzt. »ein schöner Knabe, blaue Augen, wundervolle Haare, ... er ist wie ein Engel«, schwärmte ein Professor.

Mit der Pubertät kam sein wahres Ich zum Vorschein: Trotzig, aufsässig, brannte er mehrfach durch, wurde wieder eingefangen und mit strengem Karzer bestraft. Für das Geld, das er der schwer verschuldeten Familie abpreßte und abschmeichelte, kaufte er sich extravagante und aufwendige Anzüge, Schuhe, Handschuhe, Krawatten und zeigte sich bereits als Sechzehnjähriger in der Aufmachung eines Dandys mit allen Finessen.

Fast gleichzeitig – nämlich mit fünfzehn Jahren – entdeckte er die Attraktionen des anderen Geschlechtes (»... daß man in den Mund einer Frau beißen kann, wenn man Hunger hat«) und den Zauber der Poesie. Seine ersten Gedichte schickte er dem damals sehr bekannten Dichter Diosuè Carducci mit einem Begleittext, der an Deutlichkeit nichts zu wünschen übrig ließ: »Ich spüre in meinem Geist den Funken des kämpferischen Genies, der ... mir eine quälende Sehnsucht nach Ruhm und Kampf einflößt.«

Über Carduccis Vermittlung kamen die Gedichte in einem schmalen Band mit dem Titel »Primo vere« (auf deutsch nicht erschienen) heraus, und Carducci war es auch, der den jungen Dichter als neuen Byron oder Heine pries. »Mir gefällt das Lob, mir gefällt der Ruhm«, vermeldete Gabriele stolz nach Pescara.

Diese Publikation hätte fast zum Hinauswurf aus dem Internat geführt, weil die Direktion die Gedichte als »unanständig« und

»obszön« empfand. Man hat es sich dann doch überlegt, nachdem bereits in kurzer Zeit eine zweite Auflage erschienen war. Vermutlich hat man befürchtet, mit dem Makel des Banausentums belegt zu werden, sollte der Junge dermaleinst doch ein berühmter Dichter werden.

Wobei (nicht ohne eine gewisse Anerkennung) anzumerken ist, daß Gabriele selbst durch einen genialen Bubenstreich diese zweite Auflage provoziert hat, die dann auch reißenden Absatz fand. Er ließ nämlich der Zeitung »Gazetta della Domenica« die Meldung zukommen, daß der bekannte junge Dichter Gabriele d'Annunzio nach einem Sturz vom Pferde im zarten Alter von sechzehn Jahren verblichen sei. Die Nachricht wurde von mehreren Zeitungen mit dicken Schlagzeilen ungeprüft übernommen: Verleger und Autor konnten sich die Hände reiben.

1881 bestand Gabriele das Abitur mit Glanz, inskribierte in Rom Literaturgeschichte und Philosophie, arbeitete für Zeitungen sowie an Gedichten und Erzählungen, die bereits ein Jahr später in Buchform erschienen. Er studierte kaum, verkehrte um so intensiver in Zirkeln junger Literaten, die scharfe Kritik am aufsteigenden, aber durchwegs »spießigen« Bürgertum übten und für elitäre Exklusivität des Geistes und der Aristokratie schwärmten. Gabriele war ihr bewunderter Vormann.

Großes Aufsehen erregte sein nächster Gedichtband »Intermezzo di rime« (»Zwischenspiel der Verse«), in dem er sich der todessehnsüchtigen Dekadenz eines Baudelaire hingab. »Ich veröffentlichte einen kleinen Versband ..., in dem alle Wollust besungen wurde, mit großen plastischen Versen im tadellosen Silbenmaß ... Alle Türen wurden mir geöffnet, ich schritt von einem Triumph zum anderen, ohne jemals zurückzublicken.« Die Empörung über die »amoralischen und pornographischen Verse« schlug hohe Wellen, was aber nur verkaufsfördernd war.

Vor allem die Damenwelt wurde, wie wir in einer Kritik nachlesen können, »von einer morbiden, romantischen Bewunderung befallen«. Dabei ist nicht außer Acht zu lassen, daß d'Annunzio, wenn auch klein und schmal, durch seinen schöngemeißelten Kopf mit der üppigen, wilden Lockenpracht als ausgesprochen schön und anziehend empfunden wurde.

Auch Maria Hardouin de Galles konnte dem verführerischen Charme des genialischen Jünglings (er war immerhin erst zwanzig Jahre alt!) nicht widerstehen. Dabei übersah sie leider nur, daß dieser – ein Journalist! ein Schriftsteller! und bereits hoffnungslos verschuldet – durchaus nicht die passende Partie für eine junge Dame aus der römischen Hocharistokratie war. Dem strikten Nein von Marias Eltern setzte Gabriele eine tausendfach bewährte Strategie entgegen. Er entführte seine Angebetete und sorgte dafür, daß sie Mutterfreuden entgegensah.

Sieben Monate nach einer überstürzten Hochzeit wurde dem Paar am 13. Januar 1884 ein Sohn geboren, und zum Glück hatte d'Annunzio eine feste Anstellung bei einer Zeitung gefunden. Sie lebten bescheiden, aber gar nicht glücklich zusammen. Das zartbesaitete, scheue Mädchen und der ausschließlich von seiner eigenen Persönlichkeit faszinierte Mann paßten denkbar schlecht zusammen.

In rascher Folge publizierte er eine Reihe von weiteren Gedichten und Prosastücken, mit denen er ein breites Publikum erreichte – vor allem wieder Frauen. Sie schätzten seine brillant literarisch verbrämten Schlüpfrigkeiten; sie folgten willig seinen nebenbei eingestreuten apodiktischen Urteilen über gut und schlecht, modern oder unmodern, proletarisch (darum verwerflich) oder aristokratisch (daher nachahmenswert).

Er verdiente gut – für seine Verhältnisse natürlich noch immer nicht genug –, und er hielt sich eine zweite Frau in einem kuscheligen Liebesnest. Während der fünf Jahre währenden Liebschaft mit dieser »Barbara«, die er in zahlreichen Gedichten verherrlichte, war er daheim keineswegs unproduktiv und bescherte seiner Gemahlin zwei weitere Söhne.

1888 gelang ihm der internationale Durchbruch mit dem stark autobiographisch gefärbten Roman »Il Piacere« (»Lust«), in dessen Mittelpunkt ein schwermütiger, narzißtischer Künstler (hochbegabt, edel, schöngeistig, müde, dekadent usw.) steht.

Nachdem er, nun schon sechsundzwanzig Jahre alt, mit Ach und Weh seinen Militärdienst abgeleistet hatte – schwer leidend unter dem Mangel an blütenreiner Wäsche und Parfum (!), zeitweise auch mit »Nervenschwäche« im Militärkrankenhaus -, verließ er endgültig die eheliche Wohnung und führte das lässige Leben eines versnobten Dandys, bis ihn der böse Exekutor all der schönen Dinge, die er so dringend benötigte, beraubte: Bilder, Teppiche, Nippes, antike Möbel und Silber in großen Mengen.

Vor der gierigen Meute seiner Gläubiger entfloh er zu einem Freund aufs Land, verfaßte in unglaublich kurzer Zeit einen unglaublich umfangreichen Roman, »L'Innocente« (»Der Unschuldige«), der sich, was sonst, um einen genialen Künstler, den Unbilden der schnöden Welt ausgesetzt, rankte, erneut skandalös genug, um ein Sensationserfolg zu werden.

Zwei Jahre lang lebte er, exzessiv verschwenderisch, in Neapel, spannte einem Grafen die Ehefrau und vierfache Mutter aus. Die Geliebte gebar ihm einen Sohn und eine Tochter. Dann machte er sich aus dem Staub.

Neuerlich arbeitete er als Journalist, und langsam kristallisierte sich der Kern seiner Lebensphilosophie heraus, der manche Merkmale dessen trägt, was man heute als »faschistoid« bezeichnet: völlige Ablehnung demokratischer Lebensformen – denn Demokratie sei nichts als »ein Kampf eitler Egoismen«; Rückbesinnung auf die patriarchalisch strukturierte Staatsführung im Alten Rom – diese sollte Vorbild für ein neues Italien sein, dem d'Annunzio die führende Rolle im Mittelmeerraum zudachte.

D'Annunzios bedingungslos verehrtes Vorbild war Friedrich Nietzsche, in dem er den Heilsbringer einer neuen Rasse der »Edlen und Freien« erblickte, und er sah wohl auch in sich selbst ein Abbild von Nietzsches »Übermensch«. Infolgedessen war es logisch, daß er, d'Annunzio, der »niedrigen Volksklasse« mit Verachtung begegnete, denn nur ein wiedererstandenes edles Patriziertum könne die Welt erretten.

Ein neuer Roman, »Il trionfo della morte« (»Der Triumph des Todes«), den er selbst als »gewagt und gewaltsam« bezeichnete und der stark von seiner Ideologie geprägt war, erlöste ihn durch hohe Auflagen – vorübergehend – aus seiner finanziellen Misere.

Für kurze Zeit versuchte er auch, seine Botschaften über die Werte von Rasse und Nation mittels einer streng konservativen Partei unter das Volk zu bringen. Durch großen persönlichen Einsatz eroberte er einen Sitz im Parlament, den er aber nur in Ausnahmefällen einnahm. Ein zweites Mal wurde er nicht gewählt.

Was und wieviel wußte Eleonora Duse über Gabriele d'Annunzio? Vermutlich nicht allzuviel – sie war überbeschäftigt oder krank und lebte in anderen Welten. Es existiert nur eine schriftliche Aussage der Duse über den Dichter aus der Zeit vor ihrer Bekanntschaft, und schon darin sind die Konflikte der zukünftigen Beziehung deutlich sichtbar.

Ihr langjähriger, treuer und ergebener Freund Arrigo Boito (Komponist der Oper »Mefistofele«, Verfasser von Libretti für Giuseppe Verdi) hatte ihr »Der Triumph des Todes« geschickt, und sie reagierte darauf höchst zwiespältig in der ihr eigenen abgehackten Diktion: »Dieser teuflische d'Annunzio – ich habe sein Buch gelesen. – Wir armen Frauen, wir glauben, immer die richtigen Worte zu finden – Aber auch dieser teuflische d'Annunzio sagt alles – Lieber möchte ich in einem Loch verrecken, als einen solchen Menschen zu lieben – Die Macht des Mutes – die große Stärke, das Leben zu ertragen – das schmerzhafte Opfer, welches das Leben ist – all das zerstört dieses Buch. Nein, nein, ich hasse diesen d'Annunzio – trotzdem bewundere ich ihn.«

Über die Art und Weise, wie das Kennenlernen der beiden zustande gekommen ist, gibt es zwei Versionen. Die eine ist verschwommen, süßlich-romantisch und daher eher unglaubwürdig, die andere nüchtern-realistisch und durch mehrere Zeugen belegt, darum wahrscheinlicher. Merkwürdigerweise stimmen selbst die Daten nicht im entferntesten überein: In manchen Biographien wird das Jahr 1894 angegeben, in anderen 1895, und in einer sogar 1897 (was eindeutig falsch ist).

In der ersten Lesart heißt es, die Duse sei, wieder einmal von der »Smara« befallen, die ganze Nacht schlaflos durch Venedig gegondelt, beim Anlegen sei einer Nachbargondel d'Annunzio entstiegen. Sie hätten einander sofort (wieder)erkannt, seien in der Morgendämmerung plaudernd durch das verschlafene Venedig spaziert, und sogleich hätte beide eine heftige Leidenschaft überfallen.

Die zweite Lesart berichtet von gemeinsamen Freunden Eleonoras und Gabrieles, die beschlossen hätten, die beiden zusammenzubringen, da der Dichter von der Schauspielerin und die Schauspielerin vom Dichter profitieren könnte. Das Treffen sei im Grand Hotel in Rom arrangiert worden und zur allseitigen Zufriedenheit verlaufen.

Die Unterhaltung scheint hauptsächlich um das Thema Theater gekreist zu sein, und die Interessen der beiden dürften sich in wesentlichen Punkten getroffen haben: Er hatte langsam genug vom Romane- und Gedichteschreiben und rang um neue Ausdrucksformen, sie hatte genug vom ewig gleichen Repertoire zwischen Dumas und Ibsen und sehnte sich nach einem neuen, ganz anderen Theater.

Wenige Tage nach der ersten Begegnung schreibt die Duse an Matilde Serao: »Da ist endlich mein Dramatiker – von nun an werde ich [mit ihm] ausschließlich für das italienische Theater arbeiten – es zu einer neuen Blüte bringen ... Sein schöpferisches Genie muß mit allen Mitteln unterstützt werden ...«

D'Annunzio notiert: »Ich habe endlich meine Heroine gefunden. Sie wird meinen ungeborenen Schöpfungen zum Leben verhelfen.«

Wieweit es bei diesem ersten Rendezvous zu anderen Emotionen gekommen sein mag, ist nicht überliefert. Vielleicht hat sich die Duse von dem attraktiven und zweifelsohne charismatischen Mann schon angezogen gefühlt, aber sicher hat der wählerische Connaisseur weiblicher Reize keine spontanen Liebesgefühle verspürt – wenn wir glauben dürfen, wie ein französischer Journalist die Duse beschrieben hat »... [sie ist] dunkel und unauffällig gekleidet, wirkt kleinbürgerlich, ohne den mindesten modischen Geschmackssinn. Nur ihr schwarzes Haar, das lässig im Nacken zusammengefaßt ist, gibt ihr den Ausdruck einer weiblichen Intellektuellen.« (Wenn man die »weibliche Intellektuelle« im damaligen Verständnis interpretiert, ist dies ganz und gar abschätzig gemeint.)

Die Duse jedenfalls scheint sich schon sehr bald sehr positiv über den *Mann* d'Annunzio geäußert zu haben, und von allen Seiten wurde sie prompt vor dem »fascino« dieses Menschen gewarnt, dem »die Frauen verfallen, um dann von ihm zugrunde gerichtet zu werden«. Sie sah nicht, sie wollte nicht sehen, welche Gefahr von ihm ausging. Prinz Friedrich Hohenlohe-Waldenburg, ein intimer Freund des Dichters, hat sie klar erkannt: »Das unschuldige, freundliche Lächeln eines Kindes ... und dabei aus den großen, lichten Augen der kalt stählerne Blick eines Mannes, der zielbewußt will und rücksichtslos, vielleicht auch grausam, wollen kann ...«

Was er »wollen kann« kristallisiert sich bald heraus: Er entflammt die Duse mit seinen Visionen eines neuen, ganz anderen Theaters, das sie gemeinsam schaffen werden, ein Theater, wie es die Welt bislang noch nicht gesehen hat. Jubelnd stimmt sie zu – bis ihr getreuer Agent José Schurmann sie auf den Boden der Wirklichkeit zurückholt. Hat Signor d'Annunzio auch genügend Geld, die Welt des Theaters neu zu erschaffen? Er hat es natürlich nicht. Also wäre es doch gar keine schlechte Idee, wenn Signora Duse das Angebot für eine neuerliche, vielversprechende Tournee durch die Vereinigten Staaten annähme. Oder? Mit wehem Herzen stimmt Eleonora zu. Schurmann hat recht. Irgend jemand muß das Geld beschaffen. Wer denn, wenn nicht sie?

Was kein Mensch für möglich gehalten hätte, trat ein: Die zweite Rundreise durch Amerikas große Städte wurde noch erfolgreicher als die erste. Sie erntete Ruhm, sie scheffelte Geld – nach heutiger Währung Millionenbeträge – im Durchschnitt dreimal soviel wie die einstige Prima Donna assoluta der Weltbühne, Sarah Bernhardt, die zur gleichen Zeit wie sie an den Bühnen der USA gastierte. Und, Gipfel des Triumphes: Präsident St. Grover Cleveland und seine Frau – Kunstmäzene, wie sie später erst wieder die Kennedys werden sollten – gaben ihr zu Ehren einen Gala-Empfang im Weißen Haus. Ein unerhörtes, ein noch niemals dagewesenes Ereignis, über das selbst die schnellebigsten Gazetten wochenlang schnatterten.

Es folgten Gastspiele kreuz und quer durch Europa, dazwischen kurze Zusammenkünfte mit dem Mann, der inzwischen längst ihr Liebhaber geworden ist, und dann endlich der Vorstoß in die Stadt, die sie am meisten gefürchtet hat, nach Paris, dem ureigensten, unangefochtenen Terrain der Bernhardt. Mit eiskaltem Mut spielt sie nun auch hier die Glanzrolle der Bernhardt, die »Kameliendame« – und gewinnt.

George Bernard Shaw hat in einem großangelegten Essay den Unterschied zwischen den beiden bedeutendsten Schauspielerinnen seiner Zeit herausgearbeitet: »Das Kostüm, der Titel des Stückes, die Reihenfolge der Worte mögen verschieden sein – die Frau [Sarah Bernhardt] bleibt immer dieselbe. Sie dringt nicht in den Charakter ein, den sie darstellt, sie setzt sich an seine Stelle. Und gerade das tut die Duse nicht, der jede Rolle zu einer eigenen Schöpfung wird ... Mit einem Beben der Lippen, das man mehr fühlt als sieht und das nur einen halben Augenblick dauert, greift einem die Duse geradewegs ans Herz.«

Alfred Kerr sagte dasselbe in wenigen Worten: »Bei der Duse hört man die Ewigkeit rauschen, bei der Bernhardt die Kulissen wackeln.«

Übrigens – da hat es noch etwas gegeben in Paris, eine Uraufführung: »Sogno d'un Mattino di Primavera« (»Traum eines Frühlingsmorgens«), das erste Theaterstück, das d'Annunzio geschrieben und das die Duse mit großer Begeisterung lange Zeit ausgiebig geprobt hat. Der Beifall für die Duse war wie immer gewaltig. Zustimmung für das Stück stellte sich nicht ein. Anfangs war sie sehr niedergeschlagen, dann aber tröstete sie sich und den Geliebten, daß dies ja nur der Anfang einer wunderbaren Zusammenarbeit gewesen, daß von nun an jedem seiner noch zu schreibenden Stücke der Erfolg so gut wie sicher sei.

Die Pariser hatten noch höflich geklatscht – in Rom fiel das »Dramatische Gedicht« um eine dem Wahnsinn verfallene Frau spektakulär durch. Nur die Gegenwart von Königin Margherita konnte das vor Empörung wild gewordene Publikum davor zurückhalten, die Bühne zu stürmen und die Darsteller zu verprügeln.

Sosehr die Duse litt, so ungebrochen war d'Annunzios Selbstvertrauen.

Er begann bereits an weiteren Dramen zu werken und verwirklichte sich zur gleichen Zeit seine Vorstellungen von einem ihm angemessenen Lebensraum. In der Nähe von Fiesole erwarb er für wenig Geld ein stark heruntergekommenes Herrenhaus, das er für sehr viel Geld standesgemäß renovieren und nach seinem teuren Geschmack üppig ausstatten ließ – ein Markart hätte seine Freude gehabt an dieser Überfülle von Möbeln, Tapisserien, silbernen Kandelabern, Bildern, Statuen, seidenen und samtenen Draperien. Später kamen noch ein Zwinger für zehn Windhunde und ein Stall für Rassepferde hinzu. Er sah sich, laut seinem Tagebuch, »in der Rolle eines Renaissancefürsten«.

Wieviel von diesem extremen Luxus das Konto der Duse belastete, ist nirgendwo vermerkt. Man kann es sich aber vorstellen. Sie hingegen kaufte in unmittelbarer Nachbarschaft seines Besitzes ein niedliches kleines Bauernhaus von äußerster Kargheit, das zwischen Olivenhainen und Rosenhecken kaum zu sehen war. »Hier könnte Frieden einziehen«, hoffte sie. Frieden an der Seite d'Annunzios? Es dauerte nicht sehr lange, und sie gestand Matilde Serao, daß sie sich immer öfter in ihr dunkelverhangenes Zimmer eingeschlossen und geweint habe, »wie nie in meinem Leben zuvor«.

Zwischen ihren ausgedehnten Tourneen kam sie in ihr kleines Refugium, und dann saß sie dort und wartete, daß ihr Herr und Meister sie rief. Aus den Memoiren von d'Annunzios Freund, des Tierarztes Dr. B. Palmiero, erfahren wir, daß sie oft stundenlang still und stumm an seiner Seite saß, wenn er am Schreibtisch arbeitete, und »mit unterwürfiger Ergebenheit« die noch tintenfeuchten Blätter entgegennahm, die er geruhte sie lesen zu lassen. Manchmal aber störte ihn schon ihre reglose Gegenwart, er wies ihr die Tür. Dann stand sie einer Statue gleich vor seinem Gartentor und starrte zu seinen Fenstern hinauf.

Wie die Art seiner Liebe beschaffen war, kann man in seinen Briefen nachlesen. Er sei sich sicher, daß Eleonora ihn um der geringsten Kleinigkeit willen anbete – »wie ich in das Obst beiße, meine Art, aus einem Glas zu trinken, meine Art, mich zu beugen«.

Für seine ständige Untreue hat er eine wahrhaft brillante Erklärung: »Ich bin untreu aus Liebe [!], noch mehr aus Liebeskunst, wenn ich bis zum Sterben liebe.« Was er von ihr erwartet, drückt er dann deutlich aus: »Da Du die einzige Offenbarung bist, die eines Dichters würdig ist, und da ich ein großer Dichter bin, ist es notwendig, vor dem heiligen Gesetz des Geistes, daß Du Deine Kraft meiner Kraft übergibst – Du Eleonora Duse mir Gabriele d'Annunzio.«

Er schrieb zwei neue Tragödien, »Gloria« und »La Gioconda«, und gestattete der Duse, sie herauszubringen, das heißt, er machte sie zur Marionette seiner Regieanweisungen. Sie, die es mit größter Mühe durchgesetzt hatte, ihre Rollen nach eigenem Gutdünken zu gestalten, wurde auf einmal in das Korsett seiner strikten Vorschriften gezwängt, und er achtete bei jeder Probe darauf, daß sie nicht um Haaresbreite von seinen Geboten abwich. In »La Gioconda« mußte sie sogar während des ganzen letzten Aktes ihre Hände – alle Welt rühmte die Ausdruckskraft dieser Hände! – in den weiten Ärmeln einer Kutte verbergen. Böse Zungen behaupteten sofort, er hätte das verlangt, um die Zuschauer nicht durch das Spiel der Duse von seinen »göttlichen Versen« ablenken zu lassen.

Willig, widerstandslos und vertrauensvoll wie ein kleines Kind an der Hand des Vaters ließ sich die Duse von d'Annunzio ins Verderben leiten, nachdem sie auch noch einen Großteil ihres Vermögens in die üppige Ausstattung der Stücke gesteckt hatte. Zum ersten Mal in ihrem Leben erntete sie wütende Schreie und Pfiffe, und das »Abbasso – abbasso« (aufhören, aufhören) gellte ihr aus sämtlichen Zuschauerräumen zwischen Palermo und Mailand entgegen.

Eleonoras Reaktion? Sie klagte sich selbst an, sie müßte mehr tun, mehr arbeiten, sich besser anstrengen, genauer d'Annunzios Befehlen folgen. Ihre Schuld, ihre Schuld ganz allein war das Fiasko!

Hastig brach sie die verunglückte Tournee ab und ging wieder ins Ausland. Dort hatte sie mehr Glück. Die Zuschauer verstanden die gestelzten Verse d'Annunzios nicht, und die Duse war die Duse, wenn sie auch ein wenig befremdlich spielte. Es gab Bravo- und

Hervorrufe, und sie münzte tränenden Auges allen Beifall auf den großen Dichter um. Lohn aller Mühe: Der Geliebte schenkte ihr aufs neue heftige Zuneigung, und sie wähnte sich voll in der Sonne seiner Gnade.

Vergeblich flehten ihre wenigen verbliebenen Freunde sie an, den Wahnsinn sein zu lassen. Wenn sie Geld für d'Annunzio brauchte, sollte sie es ihm in Gottes Namen geben, ihre Kunst aber nicht an unspielbare Stücke verschwenden. Sie wollte nicht sehen, sie wollte nicht hören. Es war, als hätte der Herr sie mit Blindheit und Taubheit geschlagen.

Gegen das Jahr 1900, die unglückselige Liebesgeschichte währte nun schon fast fünf Jahre, arbeitete d'Annunzio, sonst sehr mitteilsam, was sein Schaffen betraf, an einem neuen Werk. Nur soviel sickerte durch: diesmal kein Bühnenstück, diesmal wieder ein Roman.

Eines Tages überreichte er José Schurmann, Eleonoras ihr freundschaftlich verbundenem Agenten, das Manuskript mit der Bitte um eine Beurteilung. Ein, wie sich sogleich herausstellen wird, grundloser, infamer Schachzug nur um der Infamie willen.

Schurmann las das Opus, traute seinen Augen nicht, von Minute zu Minute wuchs sein Entsetzen. Dann rannte er zur Duse, erzählte ihr vom Inhalt des Romans, der den Titel »Il Fuoco« (»Das Feuer«) trug, und bestürmte sie, dessen Veröffentlichung mit allen ihr zu Gebote stehenden Mitteln zu verhindern; persönlich oder auf dem Rechtsweg, egal wie, nur erscheinen dürfe das Buch unter keinen Umständen. Die Duse hörte sich an, was Schurmann zu sagen hatte, sie schien verwirrt, aufgeregt und nervös, machte aber den Eindruck, nichts über den Inhalt des Romans zu wissen.

Wenige Stunden später überbrachte ein Bote Schurmann Nachricht von der Duse. Sie schreibt: »Ich habe Ihnen nicht die Wahrheit gesagt. Ich kenne den Roman und habe seiner Drucklegung zugestimmt, denn all mein Leiden, wie groß es auch sei, zählt nicht, da es darum geht, der italienischen Literatur ein Meisterwerk zu schenken ... Und dann – ich bin vierzig Jahre alt und ich liebe!«

Der Skandal war nicht mehr aufzuhalten. Noch ehe der Roman

erschien, war er in aller Munde. D'Annunzio hatte reichlich für Flüsterpropaganda gesorgt, und man stürzte sich darauf, um aus dem Schlüsselroman »alles« über das berühmte Liebespaar zu erfahren. Der Held ist ein genialer Dichterjüngling (d'Annunzio) und seine Geliebte (Duse) zwanzig (tatsächlich nur fünf!) Jahre älter. Die alte lüsterne Frau versucht den herrlichen, göttlichen Jüngling, diese Heilsfigur von einem Übermenschen, mit ihren verblichenen Reizen an sich zu fesseln. Nachdem sie alle Demütigung und Verachtung frohen Herzens auf sich genommen hat, verzichtet sie schließlich auf ihn, um seinen künstlerischen Höhenflug nicht zu hemmen. In ihrer Jugend sei sie eine männerverschlingende Gorgone gewesen, jetzt ist ihr Gesicht von Falten zerfurcht, tiefe schwarze Ringe liegen unter ihren Augen.

D'Annunzio braucht diese drastische Überzeichnung, um der geneigten Leserschaft begreiflich zu machen, worauf er an der Seite dieser entsetzlich verblühten Frau berechtigten Anspruch hat. Er macht es klar in einer wichtigen Episode des Buches:

Der Romanheld lockt seine Geliebte in ein barockes Labyrinth aus Büschen und Hecken, obwohl sie panische Angst hat, sich darin zu verirren. Er achtet ihrer nicht, läuft davon, versteckt sich hinter Laubwerk und lauscht mit spürbarem Behagen ihren Hilfeschreien, ihrem verzweifelten Schluchzen. Und was denkt er sich dabei? Er denkt sich: »Nun verlangte es ihn nach einem Geschöpf, das ihm gliche, nach zwei flinken Beinen, zwei Armen, zum Ringen bereit, nach einer Beute, sie an sich zu reißen, nach dem Bezwingen einer Jungfräulichkeit, dem Vollbringen einer Tat der Gewalt.«

Bravo!

Das Buch wurde auf der Stelle das, was man heute einen Bestseller nennt, in sechs Sprachen übersetzt, und es verkaufte sich sogar in den Vereinigten Staaten hervorragend. Heute ist es in seiner überquellenden Schwülstigkeit so gut wie unlesbar, damals wurde es sicher auch nicht seiner literarischen Werte, sondern seiner pikanten Details wegen gelesen.

Begafft wie eine Dame ohne Unterleib oder ein doppelköpfiges

Kalb absolvierte die Duse ihre nächsten Auftritte und spielte mit verbissener Unverdrossenheit d'Annunzios Stücke, ehe sie sich endlich zu einer ausgedehnten Tournee ins Ausland absetzen konnte. Mit verletzender Deutlichkeit mußte ihr auch dort bewußt werden, daß das Publikum nur kam, um sie zu sehen, und die von ihr dargebotenen Stücke des Geliebten ablehnte.

Es war einer der seltenen Fälle, daß Publikum und Kritik einer Meinung waren. Hugo von Hofmannsthal: »... wo der Dichter erlahmt und sie im Stich läßt, spielt sie seine Puppe als lebendiges Wesen in dem Geist, den er nicht gehabt hat.« In der »Neuen Freien Presse« las man: »Sie spielt, was zwischen dem Text ist.«

Eleonora war zutiefst enttäuscht, entmutigt und verbittert, als sie in einem ihrer raren Interviews erklärte: »Die beste Lösung aller Lebensrätsel ist ein früher Tod. Die beste. Eine Frau soll nicht alt werden, und eine Schauspielerin ihren Abgang nicht versäumen.«

Der Freundin Matilde Serao gestand sie schließlich: »Ich dachte, ich allein würde mich kennen, ich dachte es. Er hat mich bloßgestellt, daß ich mich nackt fühlte. Er hat mich vorgeführt wie ein Tier auf dem Jahrmarkt – Niemandem war es gelungen, die Linien meines fließenden Schattens nachzuzeichnen – Ach! Man kann es nie wiedergutmachen – die Rolle verlassen, die er mir zugewiesen hat.«

Die Freunde und aufrichtigen Verehrer der Duse hofften, sie wäre nun geheilt vom Alptraum dieser Liebe, doch sie hatten sich geirrt. Eleonora verließ nicht den Dichter, sie stieß die Getreuen von sich. Und es sollte alles noch viel schlimmer kommen.

Die Gedanken und Überlegungen, die der männliche Protagonist in seinem Roman »Das Feuer« angestellt hatte, setzte d'Annunzio nun in die Tat um. Er ging daran, eine neue Form der Tragödie zu schaffen, die Jahrtausende überleben sollte wie die Meisterwerke der großen Dichter des alten Griechenland. Er wählte dafür einen Stoff, den schon Dante (nach einer wahren Begebenheit des 14. Jahrhunderts) geadelt hatte. »Francesca da Rimini« ist die Geschichte einer jungen Aristokratin, die der Vater aus dynastischen

Gründen mit einem geistigen und körperlichen Krüppel vermählt. Sie verliebt sich in den Stiefbruder des Angetrauten und wird dafür umgebracht. Um ja keine Zweifel über den Inhalt des Stückes aufkommen zu lassen, versah es d'Annunzio mit dem Untertitel »Ein Gedicht vom Blute und der Wollust«.

Selbstverständlich war die Duse ausersehen, diese Blutoper zu realisieren. Berauscht von dem Glück, mit allem, was sie kann und hat, dem Geliebten neuerlich dienen zu dürfen, lernt sie binnen weniger Wochen die langatmigen, kompliziert gedrechselten Verse, verschwendet Geld und Energie, den passenden prunkvollen Rahmen für das, was sie für einen Geniestreich hält, zu schaffen.

Kostüme werden aus den edelsten Stoffen, Kopien von Möbeln und Waffen und anderen Geräten von den bekanntesten Künstlern angefertigt. Noch die Schuhschnallen, so wird gemunkelt, sind mit Halbedelsteinen geziert. Die Duse gibt bei der Uraufführung der »Francesca da Rimini« im römischen Teatro Constanzi ihr Letztes an Können und Leidenschaft, nachdem sie praktisch bereits ihr Letztes an Vermögen für die Vorbereitungen gegeben hat.

Und was passierte? Es passierte der schlimmste Theaterskandal, den die Ewige Stadt jemals erlebt hat. Zuerst sitzen die Leute stumm da. Dann lachen sie. Schließlich brechen sie in Zornesrufe und laute Verwünschungen aus. Eine Bühnenmauer stürzt ein, Brocken fallen auf das Publikum, Kanonendonner und Pulverdampf, möglichst wirklichkeitsgetreu gestaltet, gehen in heftigem Husten unter, manche Zuschauer erleiden gar Erstickungsanfälle, weil der Pulverrauch eine ätzende Chemikalie enthält. Zuschauer stürzen aus dem Saal, Standhaftere bleiben auf ihren Plätzen und brüllen »abbasso, abbasso«, bis endlich der Vorhang fällt. Auch die nächsten, überarbeiteten und von allen Schadstoffen gereinigten Fassungen finden beim Publikum keine Gegenliebe.

Die Duse, seit undenklicher Zeit ein Herz und eine Seele mit ihrem Publikum, blickt jetzt mit Verachtung auf die »tobende Bestie« herab. Sie ist überzeugt, daß diese Banausen einfach nicht imstande sind, d'Annunzios hehre Größe zu begreifen. Also macht sie weiter – vorsichtshalber nicht in Italien, sondern im Ausland, wo ihr, wie immer, begeisterter Applaus sicher ist – den sie in ihrer Verbohrtheit abermals dem Dichter zumessen kann.

In einer langen, ausführlichen Kritik, in der er kaum auf das Stück eingeht, schreibt Hermann Bahr das Hohelied dieser geistesumnachtenden Liebe: »Sie ist vor d'Annunzio die größte Schauspielerin der Welt gewesen, sie hat ihn nicht gebraucht ... Menschlich ist sie uns durch ihren Glauben an ihn, durch ihre Treue, durch ihren fanatischen Trotz gegen alle Warner und Zweifler unendlich teuer und rührend geworden; und was sie für ihn getan hat, sichert ihr allein eine edlere Unsterblichkeit zu, als ihrem Stande vergönnt ist.«

Mit wachsendem Schauder beobachtete Schurmann, wie Italiens Publikum von ihr abrückte, wie das Ausland längst nicht mehr die Kassen stürmte, wie die letzten Reserven dahinschmolzen und die umfangreiche Truppe kaum mehr zu unterhalten war. Er flehte, er bat, er bettelte, er rechnete ihr vor, daß eine Katastrophe unausweichlich näherrückte. Sie sah ihn traurig an und flüsterte: »Sie haben wahrscheinlich recht, aber ich liebe. Die Wahl heißt Herz oder Verstand. Ich bin das Herz.« Schurmann gab sich geschlagen und löste seinen Vertrag mit der Duse.

Als selbst ihr klar wurde, daß sie etwas gegen den drohenden Bankrott tun müßte, entschloß sie sich zu einer weiteren Tournee durch Amerika, wo sie schon einmal zur Millionärin geworden war. Die ersten Vorstellungen waren, wie üblich, ausverkauft. Der Name Duse zog noch immer magnetisch. Dann aber spielte sie ihre d'Annunzio-Stücke vor halbleeren Häusern, was sie, wie vom Wahn befallen, nicht wahrnehmen wollte.

Täglich schickte sie Telegramme an den Geliebten und verkündete ihm die Höhe der für ihn eingespielten Tantiemen – getürkte Zahlen. Sie berechnete den ihm zustehenden Anteil nach einem Schlüssel, der ihm bei einem bis auf den letzten Platz gefüllten Saal zugestanden wäre. Die Kritik einer amerikanischen Zeitung, sie hätte »in den miserabelsten Stücken [gespielt], die jemals das Bühnenlicht erblickten«, hat sie nicht gelesen oder einfach nicht zur Kenntnis genommen.

Sie liebte noch immer »von ganzem Herzen und mit allen Kräften«, wie sie Matilde Serao anvertraute – aber die Kräfte schwanden immer mehr dahin, aufgezehrt von schlaflosen Nächten, vergeblichem Warten auf ein freundliches Wort des Geliebten, tiefen Depressionen, wilder Unrast, anstrengender Arbeit. Wenn alles wieder im Lot scheint: Ein Brief, ein Wort von ihm – und sofort bittet sie ihn um Verzeihung – Verzeihung wofür? Sie weiß es selbst nicht.

Dann plötzliches Aufbäumen. Duse an d'Annunzio: »Eines Tages fühlte ich mich wie in zwei Teile zerbrochen, so von Deinen Händen und ich weiß nichts mehr über uns beide ... Du hast mich wie ein Instrument der Kunst behandelt, das man nimmt und wegwirft.«

Die wenigen Freunde, die sie an sich heranließ, sahen verstört Eleonoras unaufhaltsam fortschreitenden Verfall, und einer von ihnen, Angelo Corti, entschloß sich zu einer Rettungsaktion. Am anderen Ende von Florenz, mitten im Hügelland, entdeckte er ein hübsches kleines Haus, das zu mieten war. Nach einigem Zureden erklärte sich die Duse bereit, das Objekt wenigstens anzusehen. Als sie dann dort war, brach sie in Entzückensrufe aus, lief treppauf, treppab, war hingerissen vom Garten, und mit dem Eifer eines beglückten Kindes unterschrieb sie auf der Stelle einen Mietvertrag.

Sofort wollte sie einziehen, ließ ein Fuhrwerk kommen, das die dringendst benötigten Gegenstände noch am selben Tag in das neue Domizil brachte. Vergeblich wartete die Vermieterin auf die Bewohnerin. Sie kam nicht. Am nächsten Tag eilte Corti zu ihr und fragte, warum sie es sich anders überlegt hätte. Sie zuckte die Achseln. Es hätte alles keinen Sinn, sagte sie: »Es wäre dort, wie es hier ist, denn *ich* wäre ja dort.«

Ihr neuer Agent ließ sich eine kluge Strategie einfallen. Er brachte sie in ausländische Städte, wo sie nie zuvor aufgetreten war, und ihr Ruf war derart strahlend, daß die Zuschauer willig d'Annunzio auf sich nahmen, nur um die Duse einmal gesehen zu haben.

Sie überwies dem Geliebten nach wie vor weit überhöhte Tantiemen, und sie scherte sich nicht darum, was ihr gute Freunde und böser Klatsch zutrugen: Daß er mit ihrem Geld in Saus und Braus lebte und sich immer neue Freundinnen zulegte, daß er in aller Öffentlichkeit über sie höhnte und spottete.

Die Augen wurden ihr allerdings bei ihrer Rückkehr schmerzlich geöffnet. Hatte d'Annunzio seine Affären und Affärchen bislang diskret abgewickelt, so stellte er nun seine neue Liebschaft schamlos zur Schau. Die verwitwete Marchesa Alessandra di Rudini Carlotti, Mutter zweier Kinder, war eine Trophäe, die der eitle Gabriele einfach nicht im Verborgenen halten konnte.

Die Duse erlitt einen vollkommenen Zusammenbruch. Sie sah sich außerstande, sein neuestes Stück »Figlia di Jorio« (»Tochter des Jorio«), ein Drama im ländlichen Milieu, herauszubringen, und bat ihn, die Uraufführung ein paar Wochen verschieben zu dürfen. Er aber überließ das Werk einer Mailänder Compagnia – nicht ohne vorher die bereits fertigen, aufwendigen Kostüme bei der Duse abholen zu lassen. Um die Schwerkranke kümmerte er sich nicht, teilte ihr jedoch nach der Premiere telegrafisch mit, daß »Figlia di Jorio« ein großer Erfolg gewesen sei.

Matilde Serao beschreibt die herzzerreißende Szene, als sie Eleonora am Abend der Uraufführung in ihrem Hotel in Genua besuchte. Sie lag im Bett und schrie unaufhörlich: »Das Stück gehört mir. Es gehört mir und nicht dieser Frau.« (Gemeint ist die neue Hauptdarstellerin, die vermutlich auch d'Annunzios Geliebte war oder werden würde.)

Dann erhob sie sich, das Textbuch in der Hand, und spielte der Freundin das ganze Stück vor, sämtliche Rollen in einem Guß. Sie lief herum, sie sprang aufs Bett, und als Matilde ihr in die Arme fallen wollte, stieß sie sie mit Riesenkräften zurück. Es war die gespenstischste Uraufführung eines Stückes, die sich jemals ereignet hat.

Den Anfang vom Ende schildert Dr. Palmiero in seinen Memoiren in aller Ausführlichkeit. Es war im Mai 1904, d'Annunzio befand sich zu einem Vortrag in Livorno, als die Duse Palmiero aus dem Haus des Freundes anrief und ins Telefon schluchzte: »Palmiero, Sie müssen mir helfen. Wir müssen dieses Haus sofort anzünden. Es *muß* niedergebrannt werden.«

Zu Tode erschrocken fragte Palmiero nach dem Grund und erhielt die rätselhafte Auskunft: »Der Tempel wurde entweiht. Nur Feuer kann ihn reinigen. Sie sind ein guter Freund Gabrieles. Sie sollen Zeuge seines unglückseligen Sakrilegs sein.«

So schnell es ihm möglich war, eilte er in die Villa, fand die Duse in bedrohlichem Zustand und versuchte sie zu beruhigen. Je mehr er auf sie einredete, desto hysterischer wurde sie und schrie: »Feuer! Feuer! Schnell das Feuer«. Wie wild begann sie den ganzen Raum nach Streichhölzern abzusuchen.

Vorsichtig nahm Palmiero ihre Hand, streichelte sie sanft und sagte: »Bitte beruhigen Sie sich, Signora. Wenn Sie versuchen, Feuer zu legen, muß ich die Polizei rufen. Kommen Sie bitte vor das Haus hinaus, vielleicht tut Ihnen die frische Luft gut.« Sie starrte ihn eine Weile an, dann folgte sie ihm in den Garten.

Als sie ein wenig friedlicher wirkte, frage er nach dem Grund ihrer Aufregung. Wortlos öffnete sie die Hand, in der sie die ganze Zeit einen winzigen Gegenstand verborgen gehalten hatte: eine goldglänzende Haarnadel, wie sie von Blondinen verwendet wurde. Sie hatte die Nadel im Gästezimmer gefunden.

Palmiero wußte nur zu genau, wem die Haarnadel gehörte, aber er sagte nichts. Er sprach Eleonora weiterhin gut zu, und endlich löste sich ihre Spannung in einem Strom von Tränen.

Wenige Tage später trennte sich die Duse von d'Annunzio – ohne Krach, ohne Szenen. Sie verschwand einfach. D'Annunzios (uneheliche) Tochter Renata, die damals zehn Jahre alt war, hat die tragische Begebenheit in ihren Memoiren festgehalten:

»Mein Vater war für drei Tage verreist, und während dieser Zeit schlief ich mit Eleonora Duse im selben Zimmer. Eines Nachts hörte ich sie heftig weinen. Ich wollte zu ihrem Bett gehen, aber ich war zu schüchtern ... Mein Vater kam zurück, lustig, jung, tatendurstig. Aber Signora Duse wurde noch blasser, noch trauriger. Ich pflegte immer mit den Hunden spazierenzugehen. Und als ich einmal zurückkam, war sie nicht mehr da. ›Sie hat uns verlassen und wird nie mehr zurückkommen‹, sagte mein Vater, der nicht ahnte, wie sehr ich mit ihr litt. Ein paar Tage später schickte er mich zur Duse, die in einer Pension in Florenz wohnte. Ich bat sie zurückzukommen. ›Das ist nicht möglich‹, sagte sie bestimmt, und ich werde niemals den Ausdruck von Pein in ihrem Gesicht vergessen. Ich sah sie nie mehr wieder.«

Einen Abschiedsbrief hat sie ihm dann doch geschrieben, langatmig, verworren, aber eindeutig: »Es ist also entschieden! Gabri – süße Kraft – einzig schmerzreicher Teil meines Lebens! Es ist entschieden. Auch ich sage Amen, und so sei es! Damit werde ich alles hingegeben haben für Dein gutes Geschick – und wenn mir das Herz bricht – jetzt, dieses letzte Mal ... so sei es!«

In seiner Antwort heißt es, ziemlich unverfroren: »... von dem Morgen an, als ich die Freude hatte, Dich zu treffen, bis zu dieser verzweifelten Stunde habe ich nur Gedanken und Gefühle gehabt, die Deiner Seele mit Anbetung, Anerkennung und unendlicher Zärtlichkeit begegneten. Du dagegen hast mich ständig verdächtigt, hast mich herabgewürdigt und hast mich (das ist wirklich entsetzlich) für einen durchtriebenen Feind gehalten! Du hast Dich geirrt. Wahrhaftig, das sage ich Dir. Ich hoffe, daß Du diesen Irrtum erkennst!«

Die Duse ließ ihn daraufhin durch Dritte wissen, daß sie nie mehr eines seiner Stücke spielen werde und sich jede Annäherung seinerseits verbiete.

Endlos ist die Kette der Frauen, die d'Annunzio kurz »besessen« und dann meist abrupt verlassen hat. Keiner von ihnen ist es je ganz gelungen, sich von ihm zu lösen. Alle starben in Verlassenheit, manche in bedrängender Not, eine ist wahnsinnig geworden, eine verfiel der Morphiumsucht. Allein die Duse brachte die Kraft auf, sich von ihm zu lösen, ehe er sie für den Rest ihres Lebens vollkommen zugrunde gerichtet hatte. Wie nahe auch sie daran war, beweist ein Brief an Matilde Serao: »In fünf oder zehn Jahren wird sein Werk in aller Welt bekannt sein – Aber du, arme Duse, wirst nichts mehr sein als ein Halm im Grase ...«

Ehe sie noch zum Halm im Grase wurde, mußte sie, wohl oder

Gabriele d'Annunzio und Eleonora Duse

übel, weiterspielen. Fünf Jahre lang hielt sie durch. London, Paris, Wien, wo das Burgtheater ihr zu Ehren einen Festabend veranstaltete. Dann wieder London, Berlin, Paris, mit langsam dahinschwindenden Kräften, mit rasenden Herzschlägen, manchmal wie eine Sterbende nach Luft ringend.

Hinzu kam ein geheimnisvolles Augenleiden: Ihre Sehkraft ließ nach, aber eine unmittelbare Ursache war nicht erkennbar. Wenn sie so weitermachte, sagten die Ärzte, hieße das nichts anderes als Selbstmord auf Raten. Erstaunlicherweise war sie nun durchaus nicht mehr gewillt, sich selbst umzubringen. Am 25. Januar 1909 nahm sie in Berlin mit Ibsens »Frau vom Meer« Abschied von der Bühne. Sie war einundfünfzig Jahre alt und fühlte sich wie neunzig.

Endlich entspannte sich auch das Verhältnis zu ihrer Tochter Enriquetta, das durch die verhängnisvolle Affäre mit d'Annunzio aus den Fugen geraten war.

Das Mädchen war in verschiedenen Internaten erzogen worden, hatte als Vierzehnjährige in Davos ein Lungenleiden auskuriert, später in Deutschland studiert. Mutter und Tochter sahen einander sporadisch, meist im Sommer am Meer oder in den Bergen ein paar Tage lang, bestenfalls wenige Wochen.

Enriquetta verstand die späte, ruinöse Leidenschaft ihrer Mutter nicht. Sie hielt sich, kaum achtzehn Jahre alt, bei Freunden in Berlin auf, als d'Annunzios »Feuer« erschien, von ganz Europa im doppelten Sinn des Wortes beklatscht. Das Mädchen erlitt einen Nervenzusammenbruch. Von den Freunden benachrichtigt, traf die Duse am Krankenbett ihrer Tochter ein, doch die beiden Frauen kamen einander nicht um Haaresbreite näher. Enriquetta, so meinte die Mutter, müsse sie doch verstehen: »Ich habe zwei Arme, um leben zu können. Der eine von ihnen heißt Enriquetta, der andere heißt Gabriele. Soll ich den einen abschneiden, um ihn dem anderen zu opfern? Wenn ich ihn abschneide, sterbe ich ... Ich kann nicht wählen. Ich kann nur sterben.« Enriquetta verstand nicht.

Sie kam erst zur Ruhe, als sie einen jungen Professor der Universität Cambridge kennen und lieben lernte und an seiner Seite ein konfliktfreies Familienleben aufbaute. Die Mutter war zufrieden. Sie fand, der Schwiegersohn sei »ein gütiger und feinsinniger Mensch«. Die beiden Frauen sahen einander selten, nähergekommen sind sie einander nicht.

Die Duse war keine reiche Frau mehr, als sie sich von der Bühne zurückzog, doch schien ihr Lebensabend gesichert. Sie hatte in den fünf Jahren elender Schinderei soviel erspart, daß sie von den Zinsen eines bescheidenen Vermögens leben konnte. Scheinbar gut und sicher lag das Kapital bei einem befreundeten Bankier in Berlin.

In der Nähe von Florenz erwarb sie ein Häuschen, dessen Garten sie liebte und mit großer Hingabe pflegte. Ihr Augenlicht hatte sich so weit gebessert, daß sie wieder lesen konnte. Sie nahm auch wieder Kontakt zu ihren alten Freunden auf, ließ aber niemanden mehr ganz an sich heran. Manchmal tauchte sie überhaupt unter. Wo sie geblieben war, das bewahrte sie als ihr Geheimnis, ein Geheimnis, das bis heute nicht gelüftet werden konnte.

Auch fand sie ihren Glauben wieder, von dem sie sich schon in frühester Jugend abgewandt hatte. Regelmäßig besuchte sie Gottesdienste und studierte die Bibel. Vor einer kleinen Madonnenstatue in ihrem Schlafzimmer brannte stetig eine Kerze, und dort kniete sie häufig im Gebet versunken.

Doch die alte Unruhe ließ sie nicht los. Plötzlich gab sie das Haus in Florenz auf, mietete ein wesentlich größeres in Rom, das jungen Schauspielerinnen als Heimstätte und Zufluchtsort dienen sollte: Das demütigende Wanderleben ihrer Kindheit und frühen Jugend stand ihr noch immer drastisch vor Augen. Sie fand in der römischen Aristokratie und unter vermögenden Bürgern Mäzene, doch das meiste Geld, das für die Adaptierung des Hauses notwendig war, bestritt sie – allen Warnungen zum Trotz – aus eigenen Mitteln.

Die »Casa delle Attrici« (Haus der Schauspielerinnen) wurde im Mai 1914 eröffnet, fand aber wenig Zuspruch bei den jungen Damen, die sich nicht als Vestalinnen der Kunst sahen, sondern etwas *erleben* wollten. Zu erleben gab es bei der Duse nichts, nur ein heiligmäßiges Vorbild und mütterliche Vorhaltungen, sich mehr an das Studium der Literatur als an das der männlichen Jugend Roms zu halten. Die Eröffnung der »Casa« war ein gesellschaftliches Ereignis gewesen. Kein Mensch nahm Notiz, als das Haus wenige Monate später geschlossen wurde.

In den hügeligen Ausläufern der venezianischen Alpen, in dem kleinen Städtchen Asolo, nicht zu weit entfernt vom geliebten Venedig, fand die Duse das Haus, von dem sie sagte: »Das wird die Zuflucht meines letzten Alters sein, und hier will ich begraben werden.«

Ruhe war ihr in der letzten Zuflucht nicht beschieden, dafür sorgte der Krieg. Abgeschnitten von ihren in Berlin ruhenden Ressourcen war sie plötzlich gezwungen, Geld zu verdienen, egal wie. Das neue Medium Film hatte sie von Anfang an fasziniert, und so nahm sie begeistert das Angebot an, sich vor der Kamera zu versuchen. In dem Streifen »Cenere« übernahm sie eine rührselige Mutterrolle (Mamma, ehemalige Prostituierte, läßt Sohn studieren und bringt sich um, damit er unbelastet Karriere machen und brave Bürgerstochter heiraten kann).

Spätestens als die Kinokassen bei »Cenere« leer blieben, sah sie ein, daß der Film nicht dafür geschaffen war, ihre Kunst zu transportieren. »Wenn ich zwanzig Jahre jünger wäre, würde ich hier ganz neu anfangen, und ich bin sicher, daß ich viel erreichen könnte. – Ich bin zu alt. Schade«, schrieb sie der Freundin.

Unverhoffte Rettung aus der ärgsten Not kam 1918 aus Lissabon, wo Tebaldo Checchi, mit dem sie noch immer verheiratet war, das Zeitliche gesegnet und ihr, der offenbar noch immer Geliebten, seine ganzen Ersparnisse vermacht hatte. Sie hatte erheblich Skrupel, das Erbe dieses Mannes anzunehmen, den sie dreißig Jahre zuvor schnöde verlassen hatte. Doch ihr Anwalt überzeugte sie, daß sie gar keine andere Wahl hätte, wollte sie nicht verhungern.

Zu etwas Neuem fühlte sie sich zu alt, aber das Alte, das von Kindheit Gelernte und Erprobte – es sollte doch noch einmal gelingen. Es *mußte* gelingen, denn sie war, nachdem Tebaldos Ersparnisse verzehrt waren, dort angelangt, wo sie schon vor Jahrzehnten gestanden war: am Rande der Armut.

Am 25. Mai 1921 präsentierte sie sich in Turin in der Rolle, mit der sie zwölf Jahre zuvor »für immer« von der Bühne abgegangen war, Ibsens »Frau vom Meer«. Dreiundsechzig Jahre alt, schlohweiß das Haar, nicht den leisesten Hauch von Rouge im aschbleichen Gesicht. Das gesteckt volle Teatro Balbo vibrierte vor Erregung, bis sich endlich der Vorhang hob.

»Sie klammerte sich an Zacconi [ihren Partner], damit die Knie nicht unter dem Anprall des Tosens einknickten«, schreibt Renato Simoni, Theaterkritiker des »Corriere della Sera«. Und weiter: »Als das Publikum verstummte, war sie wieder die Duse von vor zehn Jahren, von Akt zu Akt sahen wir sie zu immer größeren Höhen aufsteigen ... All das, was wir gehört und gesehen haben, ist weit, weit von dem entfernt, was gemeinhin Schauspielkunst heißt ... Hochrufe und Blumen flogen ihr zu, einstimmige Dankbarkeit. Alle Augen waren naß. Die Menge hatte begriffen, welch ein Kleinod ihr da zurückgegeben war.« Am wenigsten beeindruckt zeigte sich die Duse selbst: »Alle waren erschüttert. Ich war es nicht.«

Der Siegeszug durch die übrigen großen Städte Italiens wurde nur zeitweise durch das allgegenwärtige Leiden unterbrochen: Fieber, Schüttelfrost, Husten, Atemnot, daß Gott erbarm. Immer häufiger mußte sie ausverkaufte Vorstellungen absagen – und das kostete, kostete. Mit dem brausenden Jubel, der sie bei ihren raren Auftritten umtoste, konnte sie die Pfändungsbeamten nicht abspeisen, die ihr auf Schritt und Tritt folgten.

Dann gab es ein Wiedersehen mit d'Annunzio. Nicht weil sie ihn um Hilfe bitten wollte, sondern weil sie bereit war, unter Umständen sein vollkommen umgearbeitetes Stück »Città morta« (»Tote Stadt«) in ihr Repertoire aufzunehmen.

Der mittlerweile weltberühmte Dichter, der sich jetzt »Commandante von Fiume« nannte – was später zu erklären sein wird –, kam im Hinblick auf die »Tote Stadt« nicht mit der Duse überein – aber er »unternahm« etwas für sie. Die Duse berichtet es selbst: »... [er] hat einen sehr schönen Brief über mich in den Zeitungen veröffentlicht – ich hätte viel für mein Vaterland getan, und jetzt wäre es an Italien, etwas für mich zu tun. Sehr schön war der Brief, sehr ergreifend, aber das war auch schon alles! So ist er ... er hat einen Gedanken, den spricht er aus ... Und hat er ihm dann eine Form gegeben, hat er ihn literarisch zur Welt gebracht, so ist er auch damit fertig ...«

Ein Angebot Benito Mussolinis, des neuen Herrn über Italien, ihr eine kleine Rente auszusetzen, beantwortete sie mit der Bitte, man möge ihr lieber helfen, ihre Truppe zu unterhalten. Es gab keine Antwort. Und es kamen auch keine neuen Angebote mehr.

Durch die zähe Initiative einer theaterbesessenen und Duse-begeisterten jungen Engländerin kam endlich ein finanziell sehr erfolgreiches Gastspiel in London zustande. Bitter bemerkte die Duse dazu: »... was diese Ausländerin für mich getan hat, ist so schön. Während in meinem eigenen Land sich niemand gefunden hat, der mir zu Hilfe gekommen wäre. Nein, niemand, niemand. Sie sagen alle, nachdem sie nicht mehr spielen kann, lohnt es doch gar nicht.«

Als sie wieder ein wenig Hoffnung geschöpft und sich auch ihre Gesundheit gebessert hatte, wagte sie sich erneut ins Ausland. Genf, Lausanne, Paris, und auch das Wiener Publikum war »seiner« Duse treu ergeben geblieben. Es füllte den rund 1400 Sitze umfassenden Raum der »Neuen Wiener Bühne«, ein ehemaliges Boulevardtheater in der Wasagasse im 9. Bezirk, das seit Kriegsende vor allem der Avantgarde offenstand. Die nun Fünfundsechzigjährige wurde womöglich noch enthusiastischer und hingebungsvoller gefeiert als drei Jahrzehnte zuvor die Fünfunddreißigjährige.

Langsam begann sich ihr Konto wieder zu füllen – für einen ungetrübten Lebensabend im geliebten Asolo reichte es dennoch nicht. Sie mußte weitermachen. »Ich kann noch arbeiten. So muß es auch sein. Die Meinigen sind arm gewesen und sind arm und arbeitend gestorben. Es ist gerecht, daß ich ende wie sie.«

Das Wagnis einer neuerlichen Amerika-Tournee bestätigte ihre pessimistisch getönte Aussage. Die Summen, die sie aufgebracht hatte, um die Tournee auf die Beine zu stellen, waren rasch verbraucht, Amerika war teurer als vorausberechnet. Trotz des ungeheuren Erfolges, der auch diese Rundreise – Kuba eingeschlossen – begleitete, gelang es ihr nicht, Reserven für ihr künftiges Leben zu schaffen. In Pittsburgh brach sie endgültig zusammen und starb am 21. April 1924 mit den Worten: »Aufbrechen, arbeiten.«

Italien empfing den Leichnam der Duse wie den eines regierenden Staatsoberhauptes. Rom, Florenz, Bologna, wo riesige Trauerfeiern abgehalten wurden, versanken im Schmuck schwarzer Fahnen und üppiger Blumendekorationen, ehe die arme Haut in aller Stille in Asolo beerdigt wurde. Der Pomp funèbre hat ein vielfaches dessen gekostet, was die Duse gebraucht hätte, um ihre letzten Jahre friedlich und bescheiden in Asolo zu verbringen.

D'Annunzios Trauer über das Hinscheiden seiner ehemaligen Geliebten dürfte sich in Grenzen gehalten haben. Sie hatte ihre Schuldigkeit getan, und er war mittlerweile längst zu einer der populärsten Persönlichkeiten Italiens geworden, sowohl als Dichter wie auch als politische Figur – kaum weniger berühmt und verehrt als der neue Stern am politischen Himmel Italiens, Benito Mussolini.

Schon lange vor dem Ersten Weltkrieg, Jahrzehnte ehe Mussolini Italiens Anspruch über den gesamten Mittelmeerraum angemeldet hatte, war d'Annunzio 1907 durch sein Drama »La Nave« (»Das Schiff«) zum Idol einer ganzen Nation geworden. Es heizte den Nationalstolz an und beschwor Weltherrschaftsträume. »Aus allen Meeren soll ein mare nostrum werden«, lautete einer der Kernsätze des Stückes, der begierig aufgegriffen und später zu einem der Leitsätze mussolinischer Außenpolitik werden würde.

Endgültig zum umjubelten Volkshelden wurde d'Annunzio am 20. September 1909, als in Brescia ein internationaler Flugtag stattfand, bestaunt von 50000 Zuschauern, darunter auch der sechsundvierzigjährige Dichter. Der bestieg nach Ende der Schau eine Maschine – nicht nur um mitzufliegen, nein, er pilotierte sie selbst, ohne je zuvor auch nur eine einzige Flugstunde absolviert zu haben.

Das von ganz Europa beklatschte Husarenstück fand umgehend seinen Niederschlag in einem neuen Roman »Forse che sì forse che no« (»Vielleicht – vielleicht nicht«), der in hymnischen Worten die Freiheit des Mannes über den Wolken besang – darüber hinaus selbstverständlich das vom Dichter erwartete Übliche: Wollust, Inzest – Unterwerfung und Wahnsinn der Frau. Höchste Verkaufsauflagen in ganz Europa waren dem Werk gewiß.

Doch ach, es hielten sich die Tantiemen, die Vorauszahlungen für weitere erhoffte Bestseller keineswegs die Waage mit d'Annunzios notorischer Verschwendungssucht, und er entzog sich der wütenden Schar seiner Gläubiger durch die Flucht nach Frankreich. Aber auch dort, wo er mal eine Hundezucht, mal eine Pferdezucht aufzog, mußte er mehrmals die Wohnsitze wechseln, immer die jeweilige Geliebte an seiner Seite. Zuletzt seine Haushälterin Amélie Mazoyer, die bis zu seinem Tod an seiner Seite ausharren sollte.

Der Ausbruch des Ersten Weltkriegs beflügelte ihn zu nationalistischen, anti-österreichischen Kriegshetzereien, und er plädierte mit der ganzen Kraft seines dichterischen Feuers für eine Kriegsteilnahme Italiens an der Seite Frankreichs. Die Gerüchte wollten nie verstummen, daß Frankreich ihn dafür von seiner Schuldenlast befreit hat. Jedenfalls kehrte er, von jeglichen Gläubigern unbehelligt, nach Italien zurück.

Als Italien dann »endlich« 1915 den Zurufen seines »größten Dichters« folgte und in den Krieg eintrat, meldete sich der Zweiundfünfzigjährige sofort zum Kriegsdienst. Er kämpfte mit seiner Feder, er kämpfte mit seiner Stimme, wenn er verschiedene Einheiten besuchte und anfeuernde Reden hielt. Er kämpfte aber auch mit ganzem körperlichen Einsatz, indem er sich in ein Flugzeug setzte, es selbstverständlich selbst steuerte, und über Triest (damals noch österreichisch) Flugzettel mit Durchhalteparolen abwarf: Die braven Triestiner mögen nur noch kurze Zeit ausharren, dann würden sie vom österreichischen Joch befreit. Hilfloskindische Reaktionen der österreichischen Behörden: Sie setzten eine Prämie von 20 000 Kronen auf den Kopf des italienischen Nationalhelden aus.

Aufsehen in der ganzen Welt erregte sein legendär gewordener Flug über Wien im August 1918. Unbehelligt flog d'Annunzio von Treviso aus über die österreichische Hauptstadt und ließ Tausende gelber Flugzettel hinabregnen mit der provokanten Botschaft: »Die unbekümmerte Kühnheit wirft über den Heiligen Sankt Stephan und den Graben das unwiderstehliche Wort: Viva l'Italia!« Das Entsetzen war verständlich: Was wäre gewesen, hätte d'Annunzio Bomben statt Papier über St. Stephan und den Graben abgeworfen?

Zum Schrecken kam das Hohngelächter der ganzen Welt. D'Annunzio hatte, für damalige Zeiten erstaunlich, den Zettelregen über dem Herzen von Wien fotografiert, die präzisen Bilder konnten in zahllosen Zeitungen bewundert werden.

Die nächste verwegene Heldentat des »Dichtersoldaten« erregte ebenfalls internationales Aufsehen und hemmungslose Begeisterung in ganz Italien. An der Spitze eines bunt zusammengewürfelten Heerhaufens marschierte er, stürmisch begrüßt vom italienischen Teil der Bevölkerung, in Fiume ein – damals österreichisch, heute kroatisch unter dem Namen Rijeka.

Fiume war, laut Friedensvertrag, nicht – so wie Triest – Italien zugesprochen worden, was die Italiener als tiefe Schmach empfanden, allen voran ein gewisser Benito Mussolini, der schon damals seine schützende Hand über d'Annunzio hielt. Es verwundert daher nicht, daß d'Annunzio und seine Haudegen, das Lied »Giovinezza« auf den Lippen, in Fiume einzogen, das später zur offiziellen faschistischen Hymne werden sollte.

Zum »Commandante (Gouverneur) von Fiume« erhoben, wurde er zum Idol der Massen, die er ebenso durch seine Wortgewalt wie durch die minutiöse Planung und Gestaltung von Aufzügen und Großveranstaltungen zu elektrisieren vermochte. Hitler und Mussolini haben sich eine Menge von ihm abgeschaut; der italienische Diktator übernahm zum Beispiel die von d'Annunzio kreierten Uniformen seiner Mitkämpfer, schwarze Hemden, fesartige Mützen.

Ehe das Regime des »Commandante« an seiner wirtschaftlichen Unfähigkeit ohnehin zu zerbrechen drohte, mußte er die Stadt aufgeben und verlassen: Italien einigte sich mit Kroaten und Slowenen über die Gebietsaufteilung, Fiume, nun Rijeka, wurde zur Freistadt erklärt. Der »Commandante« wich nicht ganz freiwillig, sondern erst nachdem vom Schlachtschiff »Andrea Doria« aus auf seinen Regierungssitz geschossen worden war.

Obwohl d'Annunzio niemals Mitglied der Faschistischen Partei wurde, war die Beziehung zwischen ihm und Mussolini eine sehr enge, und nicht umsonst erhielt er den Spitznamen »Johannes der Täufer des Faschismus«. Ja, es wurden ihm sogar selbst Ambitionen auf die Position eines »Duce« nachgesagt, doch Mussolini war entschieden der noch Stärkere und noch Schlauere. Scheinbar der Politik müde, beschließt d'Annunzio, sich »in die Stille zurückzuziehen und ganz meiner Kunst zu widmen«.

Dieser Entschluß erwies sich als weise und brachte reichen Ertrag. Das neue Regime gewährte ihm ungezählte finanzielle Vorteile und Ehrungen aller Art. Über Vorschlag Mussolinis wurde d'Annunzio von König Viktor Emanuel III. zum Prinzen von Montenevoso und später zum Präsidenten der Akademie der Wissenschaft erhoben.

Die von »anonymer Seite« veranlaßte Herausgabe seiner Gesammelten Werke warf die für damalige Zeiten Irrsinnssumme von sechs Milliarden Lire ab. Ob das Geld aus dem Verkauf oder aus der Staatsschatulle kam, ist bis heute nicht geklärt.

»Il Vittoriale«, der neue pompöse Wohnsitz d'Annunzios in Gardone am Gardasee wurde zum Nationaldenkmal erklärt, wodurch alle Erhaltungskosten an den Staat fielen, der auch eine eigene Zufahrtsstraße erbauen ließ. Im Park des riesigen Anwesens stand das Flugzeug, von dem aus d'Annunzio die Flugzettel über Wien gestreut hatte; die Innenräume des Hauses waren ein Museum seiner Eitelkeit, vollgestopft mit Kunstwerken aller Art und Erinnerungen an sein glorreiches Erdenwallen.

Die letzten Jahre seines Lebens verbrachte d'Annunzio weltabgeschieden, immer stärker kränkelnd, kokainsüchtig, und er hatte Anfälle von Verfolgungswahn. Sein nach wie vor unstillbarer Hunger nach frischen jungen Mädchen wurde gestillt, indem man ihm arme Bauernmädchen aus der Nachbarschaft zuführte.

Er starb am 1. März 1938 an den Folgen eines Schlaganfalls. Beim Staatsbegräbnis schritt Mussolini hinter dem Sarg, an seinem Arm eine bis zur Unkenntlichkeit schwarz verhüllte Frau. Sie hätte ruhig ohne Schleier gehen können, es hätte sie ohnehin niemand erkannt: Donna Maria d'Annunzio, die unglückliche Ehefrau und Mutter seiner Kinder, mit der er achtundfünfzig Jahre auf dem Papier verheiratet war.

»Liebe ist die größte Seelenkraft«

Alice von Herdan (1901–1991) und Carl Zuckmayer (1896–1977)

Es geschah auf einem jener turbulenten, exzentrischen, privaten Berliner Künstlerfeste der zwanziger Jahre, wo manche Mädchen, damals schon, »oben ohne« erschienen und einige Herren mit nichts anderem als einer knappen Badehose und einer Smokingmasche bekleidet. Einer der Gäste, ein junger Mann von neunundzwanzig Jahren, wollte seinen Augen nicht trauen, als eine schmale, sehr mädchenhafte Blondine den Raum betrat. Sie war gänzlich ungeschminkt und trug ein bis oben geschlossenes einfaches Kleid mit langen Ärmeln. Sie schien sich nicht sehr zu amüsieren, und plötzlich war sie verschwunden.

Der junge Mann entdeckte sie später zufällig in einem Nebenraum, in einer Sofaecke eingeschlafen wie ein kleines Kind. Wenige Wochen später waren sie ein Paar: Carl Zuckmayer und Alice Frank, geborene Herdan-Harris von Valbonne und Belmont ...

So jedenfalls erfahren wir die Geschichte dieses denkwürdigen ersten Zusammentreffens aus Carl Zuckmayers Autobiographie »Als wär's ein Stück von mir«. Es gibt aber auch eine ganz andere, ebenfalls authentische Darstellung, die weit weniger romantisch klingt und sich daher für den Anfang dieses Kapitels nicht so gut eignet. Doch davon erst später ...

Eindeutig und unwiderlegbar indes geht aus allen Quellen hervor, daß Zuckmayer zu jenem Zeitpunkt, 1925, kaum mehr war als ein brotloser Künstler, ein ziemlich unbegabter Schnorrer und ein verkrachtes Genie, für dessen Zukunft selbst der eigene Vater grau in schwarz sah.

Vater Carl Zuckmayer betrieb in dem rheinhessischen Weiler Nackenheim eine solide und gutgehende kleine Fabrik für Flaschenkapseln. Die Familie, die ursprünglich aus dem Österreichischen gestammt haben soll, hatte bislang nur Kaufleute, Beamte und Anwälte hervorgebracht, kunstsinnig zwar, jedoch, wie alle braven Bürger, dem Beruf des Künstlers mit leiser Skepsis begegnend.

Auch die Mutter, Amalie, entstammte bürgerlichem Milieu mit ähnlichen Anschauungen, doch wurden ihre Vorbehalte dem losen Künstlervölkchen gegenüber schließlich von der Mutterliebe verdrängt. Nicht nur der jüngere Sohn, Carl, sondern auch dessen sechs Jahre älterer Bruder Eduard schlug völlig aus der Art: Eduard verdiente seinen Lebensunterhalt als sehr erfolgreicher Musiker.

Amalie Zuckmayer, geborene Goldschmidt, war übrigens nach der absurden Definition der Nationalsozialisten eine »Liegechristin«, das heißt, ihre Vorfahren waren Juden gewesen, ehe sie sich völlig assimiliert hatten. Ihr Vater war evangelischer Kirchenrat und Herausgeber von Fachzeitschriften für Weinbau und Weinhandel.

Die – wenngleich patriarchalisch geführte – Ehe der Eltern Zuckmayer war überaus glücklich, die beiden arbeiteten buchstäblich Hand in Hand. Der Vater kümmerte sich ums Geschäft, die Mutter um die Mitarbeiter. Sie gründete eine Sozialstation mit Gesundheitsberatung, führte eine Krankenversicherung für die Arbeiter und Angestellten ein (eine Pflichtversicherung gab es damals noch nicht) und unterstützte die Mitarbeiter mit Rat und Tat. Vater und Mutter lebten in vollendeter Harmonie, und der Sohn hat für sie den schönen Satz geprägt: »Liebe ist die größte Seelenkraft«. Eine Erkenntnis, von der auch er lebenslang zehren sollte ...

Carl Zuckmayer wurde am 27. Dezember 1896, einem Sonntag, in Nackenheim geboren. Als er vier Jahre alt war, übersiedelte die Familie nach Mainz in eine große, elegante Stadtwohnung mit entsprechendem Personal, so daß Vater und Mutter ihren Verpflichtungen in Nackenheim ungestört nachgehen konnten.

Als Kind nannten sie ihren zweiten Sohn »Mohr« wegen seiner dichten schwarzen Haare, später Carl, und schließlich kannte ihn jedermann nur unter dem Namen »Zuck«. Dabei wollen wir auch in diesem Bericht bleiben.

Zuck besuchte, mehr oder weniger brav, die Elementarschule, dann das Gymnasium, wo er, den kurzen Hosen noch nicht entwachsen, sein erstes Gedicht schrieb. Das machte ihn sofort in der ganzen Schule populär, denn es war nicht nur gekonnt gereimt, es enthielt auch, unverblümt und mehrmals wiederholt, jenes Tabuwort, das sich wie selbstverständlich auf den in diesem Poem besungenen Schuster Leissen reimte.

Er selbst räumte ein, daß er zwar leicht lernte, aber viel zu viele anderweitige Interessen gehabt habe und darum ein »liederlicher, aufsässiger Schüler« gewesen sei. Den meisten Ärger gab es mit dem Griechisch-Professor, denn Zuck bestand darauf, Ilias und Odyssee in freien Rhythmen zu übersetzen. Daß er dabei auf die Grammatik, die griechische natürlich, pfiff, tat ihm gar nicht gut.

Mit siebzehn geriet er in die erste wilde Phase seines Lebens, als er sich heftigst verliebte. Sie hieß Anna Gans, entstammte wie er selbst einem angesehenen Bürgerhaus, und als Annas Eltern dahinterkamen, daß die beiden jungen Leute in der sogenannten Ingelheimer Au heimlich Küßchen und vielleicht auch mehr tauschten, gab es ein donnerndes Gericht.

Anna durfte den Liebsten nicht mehr sehen, und Zuck wurde in der Schule noch störrischer und aufsässiger, als er es vorher schon gewesen war. Besonders seinen Klassenlehrer hatte er aufs Korn genommen. Der arme Mann regte sich darüber dermaßen auf, daß er eines Tages vor versammelter Klasse in Ohnmacht fiel. Zwar war er, weil hochgradig nervös, schon mehrmals zusammengebrochen – doch das Lehrerkollegium war unerbittlich: Schulausschluß für den Oberprimaner Zuckmayer lautete das Urteil ein knappes Jahr vor dem Abitur. Im letzten Augenblick wurde das Verdikt in eine Karzerstrafe umgewandelt, doch der Makel blieb an dem Jungen hängen. Er kam sich »wie ein Mörder« vor und wurde von Reue und Gewissensbissen geplagt, als hätte er tatsächlich ein Verbrechen begangen.

Das persönliche Drama wurde allerdings rasch überdeckt von der auf einen Krieg zutreibenden allgemeinen Hysterie, die im Sommer 1914, nach der Ermordung des österreichischen Thronfolgerpaares in Sarajevo, ihren Höhepunkt erreichte. Europa erbebte. Alles schrie nach Revanche und Blut, auch der junge Zuck war erschüttert – und zutiefst verwirrt zugleich. Wie in Trance schrieb er eine Reihe von Gedichten, deren letztes uns um seiner Hellsicht wegen in Staunen versetzt.

Siebzehn Jahre war der Junge, als er prophezeite:
Einmal, wenn alles vorüber ist,
Werden Mütter weinen und Bräute klagen,
Und man wird unterm Bild des Herren Jesu Christ
Wieder fromme Kreuze schlagen.
Und man wird sagen: es ist doch vorbei!
Laßt die Toten ihre Toten beklagen!
Uns aber, uns brach das Herz entzwei
Und wir müssen unser Lebtag die Scherben tragen.

Auf die Frage einer Bekannten, ob er denn nun in den Krieg ziehen werde, entgegnete er heftig: »Nie, nie gehe ich in einen Krieg, um auf andere Menschen zu schießen. Da soll man mich lieber einsperren.«

Der Knabe war jedoch bei weitem noch nicht so überzeugungstreu und charakterfest, wie es der Mann dermaleinst werden würde. Als am 1. August der Krieg ausbrach, da »war [es] selbstverständlich, es gab keine Frage, keinen Zweifel mehr: wir werden mitgehen, alle«. Es war, das sah er später ein, »eine Art von Hypnose«, eine »Massenentscheidung«. Er konnte, er wollte sich auch nicht dem allgemeinen Taumel entziehen.

Ihn reizte vor allem »der Aufbruch ins Ungewisse«, »die innere Befreiung der Nation von abgelebten Konventionen«. Als einer der ersten meldete er sich zum Kriegsdienst. Seine entsetzten Eltern versuchten zu glauben, was ihr Kaiser den Soldaten versprochen hatte: »Ehe die Blätter fallen, seid ihr wieder zu Hause.«

Bereits in Uniform legte Zuck an der Schule, die ihn um ein Haar davongejagt hätte, das Notabitur ab, und alle kamen durch, denn »die Uniform gab auch dem schlechtesten Schüler noch einen Zug von Manneswürde, gegen die der Lehrer machtlos war«.

Die in den folgenden Jahren im Stahlgewitter der Westfront eingetretene Enttäuschung und Ernüchterung, in Tausenden Briefen, Hunderten Büchern festgeschrieben, liest sich in vier Zeilen aus Zucks Feder so:

Ich habe sieben Tage nicht gegessen
und einem Manne in die Stirn geknallt.
Mein Schienbein ist vom Läusebiß zerfressen.
Bald werd' ich einundzwanzig Jahre alt.

Während er, bereits hoch dekoriert und bis zum Leutnant aufgestiegen, noch mitten im Dreck der Front lag, wuchs in ihm die Sehnsucht nach Frieden, Völkerverständigung und »nie wieder Krieg«, die in Gedichten ihren Niederschlag fand. Gedichte, die er an eine Literaturzeitschrift namens »Aktion« sandte und die auch gedruckt wurden. Das war der eigentliche Beginn seiner schriftstellerischen Tätigkeit.

Ende Juli 1918 wurde er schwer verwundet, zunächst als tot liegengelassen und dann doch in ein Lazarett gebracht, in seiner Heimatstadt Mainz schließlich gesundgepflegt.

Da nach Kriegsende noch nicht ganz klar war, wie er es anfangen sollte, aus dem Stegreif ein berühmter Schriftsteller zu werden, beugte er sich dem Wunsch des Vaters, in Frankfurt am Main das Studium der Rechte zu beginnen.

Die Paragraphen interessierten ihn wenig. Vielmehr verlor er sich in Hirngespinsten über ein neues Welttheater und nahm sich vor, einen Dramen-Zyklus, beginnend mit Prometheus und endend mit Lenin, zu schreiben. Daraus wurde nichts, und er begnügte sich mit weniger spektakulären Arbeiten wie Essays und Gedichten, die in kleinen Zeitschriften erschienen und sich nichts Geringeres zum Ziel gesetzt hatten, als die Kunst von Grund auf zu revolutionieren.

Zucks Eltern lebten mittlerweile in eher bescheidenen Verhältnissen. Der Vater, an einer schleichenden Augenkrankheit laborierend, hatte den Betrieb aufgeben müssen, seine Rente war klein, das Vermögen schwand dahin. Der Senior war darum wenig erbaut, als der Filius ihm mitteilte, er werde seine Studien in Heidelberg fortsetzen. Sollte die Übersiedlung andere Gründe haben als den simplen Wunsch nach besseren Ausbildungsmöglichkeiten?

In der Tat bestand die Attraktion Heidelbergs vor allem darin, daß sich hier eine Keimzelle avantgardistischer Kunst befand, daß die Studenten, gleich welcher Fakultät, sich mehr den Musen als der Wissenschaft verpflichtet fühlten. Es wurden Dichterlesungen gehalten, Diskussionen geführt, experimentelle Theater- und Tanzabende veranstaltet – und der verbummelte Student Zuckmayer war immer mitten drin im pulsierenden Geschehen.

Sie gingen für Paul Hindemith und Oskar Kokoschka auf die Barrikaden. Sie scharten sich um den jungen Schauspieler Heinrich George, der alle bürgerlichen Konventionen hinter sich ließ und auch schon einmal nackt Hypermodernes zum Vortrag brachte – denn nur der Nackte sei der wahre Künstler, postulierte er. Stundenlang palaverte Zuck mit dem Dichter-Philosophen Ernst Bloch über das Tiefgründige in den Werken Karl Mays – eine Obsession, die später in der Namensgebung für Zucks Tochter weitreichende Folgen haben sollte.

Es war eine verschworene Gemeinschaft junger Rebellen, die nicht jedem Dahergelaufenen Zugang zu ihrem elitären Kreis gewährte. Einer der Ausgeschlossenen, ein Jura-Student, der wohl gern dabeigewesen wäre, blieb draußen vor der Tür. Nicht etwa weil er einen Klumpfuß hatte, sondern wegen seiner gegensätzlichen Geisteshaltung. Er wird nichts vergessen, er wird sich bitter rächen, dieser kleine, häßliche Mensch. Wie war doch gleich der Name? Ach ja, Goebbels hieß er, Joseph Goebbels.

Es war die Zeit der Brüche und Umbrüche, der radikalen Veränderungen. Radikal veränderte Zuck den vom Vater vorgegebenen Lebensplan. Überstürzt heiratete er seine Jugendliebe Anna Gans. Rauschhaft überstürzt schrieb er sein erstes Theaterstück »Kreuzweg«, das eine Episode aus den Bauernkriegen behandelt und das sogar von einem Berliner Verlag angenommen wurde.

Überstürzt brach er das Studium ab und ging nach Berlin, um die Theaterwelt zu erobern, nachdem der »Kreuzweg« im Theater am Gendarmenmarkt zur Aufführung vorgesehen war – warum und wieso, weiß man sich heute nicht mehr zu erklären. Vielleicht hielt der Direktor das Chaos aus wilden Versen, aus dem sich kein genauer Handlungsstrang destillieren läßt, für ungeheuer modern und zeitgeistig.

Hoffnungsfroh lud Zuck seine Eltern zur Uraufführung. Um so mehr schmerzte ihn die Niederlage. Das Stück wurde ausgebuht und ausgepfiffen; Zucks arme Mutter, ohnehin bis ins Mark getroffen, sank vollends in sich zusammen, als ihr eine Dame zuzischelte: »Das muß ein armer Irrer geschrieben haben.« Die Eltern verließen fluchtartig Berlin, noch ehe sie die vernichtenden Kritiken gelesen hatten, die in dem als endgültig scheinenden Verdikt des damaligen Kritikerpapstes Alfred Kerr gipfelten, daß »dieser heillose Lyriker« niemals »einen auf der Bühne sprechbaren Satz« hervorbringen werde.

»Du bist nichts, du hast nichts, du kannst nichts, du wirst nichts«, ließ der empörte Vater den scheinbar mißratenen Sohn wissen und stellte die monatlichen Schecks ein. Der Sohn teilte diese Meinung nicht, starrköpfig entschlossen, den einmal eingeschlagenen Weg weiterzugehen. Er blieb in Berlin, »ohne Geld, ohne Stellung, ohne Ruhm, und Berlin begann mich zu fressen«.

Mit gelegentlichen Einsätzen als Regieassistent, mit Chansons fürs Kabarett, mit kleinen Zeitungsartikeln konnte er sich, in einer unheizbaren Dachkammer vegetierend, kaum über Wasser halten. Trotzdem schrieb er zwei neue Theaterstücke, die ihm aber selbst so mißfielen, daß er sie vernichtete. Vernichtet war auch seine Ehe. Sie ging sang- und klanglos auseinander.

Eine neue Gefährtin fand sich bald in der Person der Schauspielerin Annemarie Seidel, die in Zucks Durchfall-Stück mitgespielt hatte. Sie war zwar fest am Theater engagiert, aber ihre Anfänger-Gage reichte bei weitem nicht für beide aus. Sie lebten auf Pump und Kredit, führten ein – damals gar nicht unübliches – Schnorrer-Dasein im Kreise der bunten Berliner Bohème.

Eine Weile zehrten sie von einer kleinen Erbschaft, die Zuck unvermutet zugefallen war, und sie waren fest entschlossen, den Sprung in die Ehe zu wagen. Aber bevor es dazu kam, war das letzte Geld dahin und Mirl, wie sie genannt wurde, ihre Stellung los: Tuberkulose.

Verzweifelt nahm Zuck jede sich bietende Gelegenheit wahr, ein paar Pfennige zu verdienen. Er verdingte sich als Hilfsarbeiter, als Filmstatist, als Model für Reklamefotos, als Schlepper für dubiose Nachtlokale ... was ihm eben so über den Weg kam. Er war nicht wählerisch, denn Mirl mußte geholfen werden.

Aber eines Tages war sie aus der gemeinsamen Wohnung verschwunden. Ein alter Verehrer der Schauspielerin, der aus Holland stammende, heute weltberühmte Haydn-Forscher Anthony van Hoboken, hatte sie aufgestöbert, kurzerhand mitgenommen, auf seine Kosten in ein Schweizer Lungensanatorium verfrachtet und ihr damit das Leben gerettet. Sie kam nie mehr wieder.

Verzweifelt, reumütig kehrte Zuck ins Elternhaus nach Mainz zurück. Der verlorene Sohn wurde mit offenen Armen aufgenommen – um sich schon bei nächstbester Gelegenheit in ein Abenteuer mit ungewissem Ausgang zu stürzen. Dr. Kurt Elwenspoek, Intendant der Städtischen Bühnen Kiel, glaubte an Zucks immenses Talent und offerierte ihm den Posten eines Dramaturgen mit Regie-Verpflichtung. Zuck zögerte keinen Augenblick und nahm an.

Das Scheitern der beiden Feuerköpfe war vorhersehbar. Provokativ, extrem modern und unbekümmert wollten sie »vom Theater her die Welt erneuern«. Das konnte nicht gutgehen, wenn sie, zum Beispiel, »selbst Klassiker in einer Bühnenform und -bearbeitung [herausbrachten], in der sie kein Gymnasiallehrer wiedererkannt hätte«. Ein Skandal folgte dem nächsten. Schreiend verließ das Publikum das Theater, als die geheiligte »Zauberflöte« in modernen Kostümen gespielt wurde, wobei die Sänger sich wie Marionetten rhythmisch zu bewegen hatten.

Als der Hinausschmiß der beiden Revoluzzer bereits unmittelbar bevorstand, leisteten sie sich ein besonderes Husarenstück. Zuck übersetzte und bearbeitete das Lustspiel »Der Eunuch« des römischen Dichters Publius Terentius humorvoll-kritisch-zeitgemäß und hielt damit den Kieler Spießern einen Spiegel vor. Die Leitfiguren der Konservativen, Ludendorff und Hindenburg, wurden respektlos karikiert; es wurde weder mit sehr derben Scherzen gespart noch mit barbusigen Maiden.

Merkwürdigerweise gab es kein Buh und kein Pfui und keinen Pfiff während der Aufführung. Um so bedrohlicher war das kalte Schweigen des Publikums. Am nächsten Tag wurden Elwenspoek und Zuck gefeuert, dem im Entlassungsschreiben »Aufsässigkeit, Unbotmäßigkeit und völlige künstlerische Unfähigkeit« bescheinigt wurde.

Die nächste Station war München. Das Schauspielhaus nahm zwar den »Eunuch« an, aufgeführt wurde das Stück dann doch nicht. Die Schauspieler weigerten sich, »derartiges in den Mund zu nehmen«. Zum Trost erhielt Zuck die miserabel bezahlte Stellung eines Dramaturgen, und es blieb ihm viel Zeit, mit einem neugewonnenen Freund namens Bert Brecht über das Theater im allgemeinen und die Kunst des Stückeschreibens im besonderen zu diskutieren.

Gelegentlich besuchten die beiden auch die Bierhallenversammlungen eines Politikers, der überraschend viel Zulauf hatte, aber sie schätzten diesen Adolf Hitler unisono als »heulenden Derwisch« ein, der »die Menschen in eine Trance versetzte wie der Medizinmann eines wilden Völkerstammes«. »Doch es waren«, sinniert Zuck, »keine Wilden, sondern verstörte Kleinbürger, denen der Zweifel der gewohnten Werte den Halt geraubt hatte. Hier fand die Probe statt für das, was man mit Menschen machen kann.«

Im Spätherbst hatte Zuck ein neues Stück fertiggestellt, das in Berlin einen Verleger fand und, Gipfel des Glücks, Zuck und Brecht wurden als Dramaturgen an die Reinhardt-Bühnen verpflichtet. Sie zogen los mit dem festen Vorsatz, von Berlin aus die Welt zu erobern, was ihnen, den von allen Seiten ertönenden Unkenrufen zum Trotz, überraschend schnell gelingen sollte.

Im Februar 1925 wurde Zucks neues Opus, »Pankraz erwacht

oder Die Hinterwäldler« aufgeführt und fiel ebenso spektakulär durch wie das erste. Es lag nicht nur daran, daß einer der Hauptdarsteller sich, volltrunken wie er war, immer im Text verhaspelte, denn das spielte keine wirkliche Rolle: Der Text war ohnehin so verworren – es ging um einen Hochstapler im Wilden Westen anno 1900 –, daß kein Mensch daraus schlau wurde. In sieben dürren Worten faßte Alfred Kerr sein abermals vernichtendes Urteil zusammen: »Stück und Autor können wir getrost vergessen.«

Als der Unglücksrabe auch noch seinen Posten bei Reinhardt verlor, fand er sich erneut als Gelegenheitsarbeiter und Schuldenmacher wieder, und es kostete ihn ein bitteres Lachen, als ihm eine Wahrsagerin prophezeite, daß er demnächst eine blonde Frau heiraten und über Nacht reich werden würde.

Die ihm verheißene Blondine traf er tatsächlich wenige Wochen später (wie, wann und wo ist eigentlich unerheblich) – jedenfalls spürte er bald, so erinnerte er sich später, daß er diese Frau brauchte, »daß es mit der Libertinage ein Ende haben und ein richtiges, produktives Leben beginnen müsse«. Zu einem »richtigen Leben« gehörten, seiner Meinung nach, Frau und Kind. Mit einem Male konnte er sich gar keine andere als diese eine an seiner Seite vorstellen, und ihr sei es ebenso ergangen. »Wir wußten einfach: das Glück ist da und muß gehalten werden ...«

Das wußte er nun – aber sonst nicht viel mehr, als daß diese Alice Frank eine aus Wien stammende Schauspielerin war, die sich mit einer kleinen Tochter mühsam genug durchs Leben schlug. Die Einzelheiten erfuhr er erst im Laufe der langen Lebensbeichten, wie sie Jungverliebte in aller Welt und zu allen Zeiten in dem Drang ablegen, alles voneinander zu erfahren, was »vorher« gewesen ist.

Es steht zu vermuten, daß er wesentlich mehr erzählte als sie, denn sie hatte weniger »erlebt« als er. Das Seelendrama ihrer Kindheit, von dem sie später in ihren Büchern so herzergreifend berichtete, wird sie wohl zunächst unberührt gelassen haben. Frühe Verletzungen werden am Anfang einer stürmischen Liebesbeziehung zumeist nicht erwähnt. »Meine Mutter war schön, hinreißend, schwierig. Sie war die einzige unglückliche Liebe in meinem Leben«, lautet der Schlüsselsatz in ihrem Buch »Das Scheusal«. (Um Mißverständnisse auszuräumen: Der Titel bezieht sich nicht auf besagte Mutter, sondern auf einen unerziehbaren Hund.)

So tief war das Bild der angebeteten, unglücklich geliebten Mutter im Gedächtnis eingegraben, daß sie deren Aussehen noch nach mehr als fünfzig Jahren akribisch zu beschreiben vermochte: »Da stand sie in ihrem blauen Kleid, weiße Spitzen rieselten um ihren Hals in den Samtkragen der blauen Jacke. Sie hatte den blauen Hut auf, und der war voller Blumen. In der Hand hielt sie einen blauen Sonnenschirm, der Griff war aus Elfenbein. – Ich stand vor ihr, ich küßte ihre Hand, sie roch nach Veilchen. – Sie beugte sich herab, küßte mich auf die Stirn. Ihre Augen waren blau, ihre Haare waren aus Gold, und ihr Gesicht war kerzenweiß hinter dem blauen Schleier.« (Aus »Das Kästchen«, S. Fischer 1962.)

Cläre Liesenberg hieß die schöne Mama, sie stammte aus Norddeutschland, hatte als Kind die Mutter und als junges Mädchen den Vater, einen Großkaufmann, verloren. Sie hatte Schauspiel studiert, den Beruf aber nicht ausgeübt, denn es erschien der Traumprinz, Albert Herdan-Harris von Valbonne und Belmont, ein millionenschwerer Schloß- und Grundbesitzer in Ungarn, auf der Bühne ihres jungen Lebens, machte sie zur Mutter und sehr, sehr unglücklich: Drei Monate ehe sein Töchterchen Alice Henriette Alberta am 4. April 1901 geboren wurde, setzte er sich nach Südamerika ab und ließ nie mehr von sich hören: Das Land, das er besessen, das Schloß und das meiste Geld waren binnen weniger Monate verspielt und verspekuliert, Frau und Kind standen allein, aber zum Glück nicht gänzlich mittellos da.

Cläre konnte, mit einiger Mühe, einen gewissen Lebensstandard halten: eine große Wohnung in der Riemergasse im Herzen Wiens, das *allermindeste* an Personal (Köchin und Stubenmädchen), und Geld für ordentliche Kleidung und Reisen war auch noch da.

Die Kleine erfuhr nichts über den Vater. Man sagte ihr, er sei kurz vor ihrer Geburt gestorben. Das Kind sah seine Mutter nur selten, denn Cläre hatte 1902, unter ihrem Mädchennamen Liesenberg, ein Engagement am Wiener Burgtheater angenommen, aber eine große Karriere blieb ihr versagt. Sie war häufig krank, Migräne, Nierenleiden, Rückenschmerzen, und mußte sich immer wieder langwierigen Kuren im In- und Ausland unterziehen.

Das heißt, Alice – sie wurde Liccie gerufen, mit zwei cc – Liccie also war die meiste Zeit mutterlos. Zu einem braven, folgsamen Kind erzogen von Gouvernanten, die man damals in Wien Kinderfräulein nannte. Später hießen die Kinderfräulein »Mademoiselle«, und man durfte mit ihnen nur Französisch sprechen, auch auf den Spaziergängen im nahen Stadtpark. (Laufen und Springen streng verboten.)

Ihre Einsamkeit und ihren Kummer reagierte sie an ihren ungezählten Puppen und Stofftieren ab. Liccie besaß mehr Spielzeug als alle anderen Kinder zu jener Zeit, und auch ihre Garderobe war phänomenal: Kleider aus Samt und Seide und ein Wintermantel mit Hermelinbesatz, dazu passend ein Hermelinmuff. Überfluß an äußerlichen Werten als Ersatz für Liebe ...

Menschliche Wärme kam allerdings von der dicken böhmischen Köchin Luise, an deren Busen man sich schon einmal ausweinen konnte, von dem lustigen Stubenmädchen Lizzi und natürlich, vor allem, vom Patenonkel, der so etwas wie einen Vater- und Mutterersatz darstellte.

Er war ursprünglich Cläres Scheidungsanwalt gewesen, kümmerte sich, da er in derselben Straße wohnte, ein wenig um die kleine Rumpffamilie und faßte schließlich eine tiefe Zuneigung zu dem verlassenen kleinen Mädchen, die auf Gegenseitigkeit beruhte. Der »Onki«, wie sie ihn nannte, hatte ein untrügliches Gespür für Kinderwünsche. Er kroch mit dem Baby auf dem Boden herum, er ließ Liccie laufen und springen, wenn er mit ihr spazierenging, er spielte mit ihr Verstecken, er nahm sie zu einer Rodelpartie auf den Semmering mit, und es blieb ihr ein Leben lang unvergeßlich, daß er auf dieser Reise mit ihr die dritte Klasse benützte statt des üblichen Salonwagens. Mitten unter Kindern, Bauern, Arbeitern, Körben voller Geflügel aßen die beiden Wurstsemmeln aus dem Papiersäckchen und sangen aus voller Kehle laut und falsch Volkslieder.

Es war auf dieser Reise, als Liccie ihn hoffnungsfroh fragte, ob er nicht vielleicht doch ihr Vater wäre, und als er verneinte, brach sie in hemmungsloses Schluchzen aus.

Die wenigen Möglichkeiten, der Mutter nahe zu sein, boten sich, wenn Liccie ins Burgtheater gehen oder Mama in den Sommerferien »aufs Land« begleiten durfte. Die Faszination des Theaters hat sie nie mehr losgelassen und, wie wir sehen werden, ihren Lebensweg entscheidend beeinflußt. Die Ferien mit Mama, stets sehnlichst herbeigewünscht, verliefen zumeist enttäuschend. Mama hatte häufig Migräne, man durfte nicht laufen, nicht springen, nicht laut sein.

Wie es sich für eine k.u.k. Hofschauspielerin gehörte, verbrachte man die Sommermonate in einer Mietwohnung in Bad Ischl, wo auch Seine Majestät, Kaiser Franz Joseph I., seine Sommerresidenz hatte und seinen Geburtstag feierte. Dies war auch für Liccie ein besonders schöner, weil aufregender Tag: Sie gehörte zu jenen auserwählten Kindern, die dem Kaiser am 18. August gratulieren durften. Tagelang wurde der Hofknicks geübt, ehe die Mädchen im weißen Batist über rosa Unterkleid, langärmelig, hochgeschlossen, weiße Strümpfe, schwarze Lackschuhe – alles sehr heiß und sehr unbequem – dem alten, hochverehrten Herrn die Hand küssen durften.

Nein, Liccies frühe Kindheit war alles andere als lustig – das reinste Paradies aber gegenüber dem »Ernst des Lebens«, der mit ihrem sechsten Lebensjahr über sie kam. Mama steckte sie in eine hochangesehene private Volksschule gleich hinter dem Stephansdom, wo einige furchterregende Frauen mittleren Alters, engen Geistes und fischbeinverschnürten Körpers ein wahres Schreckensregiment ausübten. Gehorsam und Pflichterfüllung waren die obersten Gebote, Liebe und Einfühlsamkeit Fremdworte.

Die Mädchen wurden in einen schweren, bockigen Stoff gehüllt, der »Lüster« hieß und den sie über die eigenen Kleider ziehen mußten, so daß sie sich wie in eine Ritterrüstung gesperrt fühlten. In der Schulstunde mußten die Hände flach aufs Pult gelegt werden, mit dem Daumen an dessen Unterseite. Während der Pause hatten sie zu zweit stumm im Korridor auf und ab zu gehen.

Befand sich Mama auf Reisen, war Liccie gezwungen, bis zum Abend in der Schule zu bleiben, der auch ein Internat angeschlossen war. Zum Mittagessen gab es *täglich* hartes, faseriges, gekochtes Rindfleisch, das Liccie nicht ausstehen konnte, und am Nachmittag Buttersemmel mit Kakao, den wie das Amen im Gebet eine dicke Haut verunzierte. Es war Pflicht, auch die Haut zu verzehren.

Ihr Pech war es, daß sie schon schreiben, lesen und rechnen konnte, ehe sie zur Schule kam – ihr Patenonkel hatte es dem aufgeweckten Kind spielerisch beigebracht –, und so ergriffen die Lehrerinnen jede sich bietende Gelegenheit, um Liccie als eingebildete Besserwisserin zu verhöhnen und zu demütigen.

Zwei Jahre lang ertrug sie die Schikanen, dann ereignete sich die Katastrophe, die sie fast das Leben gekostet hätte: Sie flog, aus heutiger Sicht einer Lappalie wegen, von der Schule.

An die Tafel gerufen, wurde Liccie im Rechnen geprüft. Die Rechnungen waren korrekt, nicht so die Schrift. Immer wieder mußte das Mädchen die Zahlen löschen und von neuem schreiben. Beim fünften Mal legten sich rote Schleier vor ihre Augen, und sie schleuderte den nassen Schwamm von sich. Der traf zufällig die Lehrerin und hinterließ auf ihrer schwarzen Lüsterschürze einen nassen Fleck. Das war das Ende.

Relegierung von der Schule war damals ein verdammenswertes Verbrechen. Keine Schule, die etwas auf ihren guten Ruf hielt, war bereit, eine derart Stigmatisierte aufzunehmen.

Einsam und verzweifelt, wie sie war – Mama war wieder einmal »zur Kur«, Köchin Luise zeigte in diesem Fall kein Verständnis –, beschloß das Kind, Selbstmord zu begehen und sich aus dem vierten Stock auf die Straße zu stürzen. Sie beugte sich bereits so weit aus dem Fenster, daß ein plötzlicher Platzregen ihre knielangen Zöpfe durchnäßte. In ihrer kindlichen Unlogik beschloß sie, zuerst die Haare trocknen zu lassen, und setzte sich bei offenem Fenster auf einen Stuhl.

Am nächsten Morgen fand man das Kind ohnmächtig neben dem Sessel liegend, und bald darauf erkrankte es an einer – damals meist tödlich verlaufenden – Lungenentzündung. Aus den Fieberphantasien erfuhr die eilends heimgekehrte Mutter von Liccies tiefen Schul- und Lebensängsten, und sie beschloß zu handeln. Für die Achtjährige begann ein neues Leben in einer neuen Schule.

Alle waren glücklich und zufrieden, bis auf die böhmische Köchin Luise. Eine Schule, wo der Hausmeister die Kinder mit lautem Hallo begrüßte, die Fratzen lachend und laut über die Pausengänge toben durften, eine Frau Direktor ein langes weites Kleid ganz ohne Fischbein trug und sogar hin und wieder ein Kind zärtlich streichelte – nein, so etwas war doch keine richtige Schule!

In der Tat zog die Frau Direktor die kleine, zu Tode verängstigte Liccie sanft auf ihren Schoß, als ihr das Kind vorgestellt wurde. Zum ersten Mal in seinem Leben spürte es sich mit ganzer Aufmerksamkeit von einer Lehrerin angenommen, und vom ersten Tag an wußte sie, daß sie mit Freuden in dieser Schule bleiben und sehr, sehr viel lernen würde. Was ja dann auch geschah.

Dr. Eugenia Schwarzwald war Leiterin und Inhaberin einer der denkbar modernsten und fortschrittlichsten Schulen Europas – mit ihren pädagogischen Prinzipien der Zeit weit voraus und eisern entschlossen, Mädchen umfassende Bildung und nicht nur »Höheres-Töchter-Wissen« zu vermitteln.

Sie selbst hatte sich durch ein Germanistik-Studium in der Schweiz – in Österreich war das damals noch nicht möglich – den Doktor-Titel errungen, weshalb sie auch von allen nur einfach »Fraudoktor« genannt wurde. Aus einer heruntergekommenen Privatschule, die sie 1901 erwarb, machte sie ein vorbildliches Institut, bestehend aus Volksschule mit gemischten Klassen (was viele Zeitgenossen empörend fanden), Lyzeum, Realgymnasium und höherer Lehranstalt für wirtschaftliche Frauenberufe, und es gelang ihr auch nach vielen harten Kämpfen, den Schulbehörden das Öffentlichkeitsrecht abzuringen.

Die künstlerische und wissenschaftliche Avantgarde ging in der Schule ein und aus. Adolf Loos, Hans Kelsen und Egon Wellesz hielten für die interessierten Schülerinnen – und wie interessiert sie waren! – Fortbildungskurse, Oskar Kokoschka war sich nicht zu gut, die Schülerinnen im Zeichnen zu unterrichten.

Im großen, von Adolf Loos gestalteten Festsaal wurden für Eltern und Schüler Vorträge gehalten, die Kinder gestalteten selbst Theater- und Konzertaufführungen. Fraudoktors oberstes Prinzip war es, die schöpferischen Kräfte in den heranwachsenden jungen Menschen zu wecken, sie nicht zu drillen, sondern aus eigenem Antrieb gerne und mit Freuden lernen zu lehren.

Von Liccie wissen wir, daß das, was in damaliger Zeit ein tollkühnes Experiment war, voll und ganz aufging. Sie wurde sich ihres eigenen Wertes und ihrer eigenen Fähigkeiten bewußt und hatte die Kraft und den Mut, ihre eigene Meinung kundzutun, selbst wenn sie damit gegen den Strom der Zeit schwamm.

Typisch dafür ist ein Aufsatz, den die Fünfzehnjährige zum Thema »Was bedeutet der Krieg für uns?« schrieb, als alle Welt und alle Medien noch dem Massentaumel des Hurra-Patriotismus verfallen waren, als jedermann brüllte: »Serbien muß sterbien – Jeder Schuß ein Russ' – Jeder Stoß ein Franzos'«. Liccies Aufsatz war der kürzeste der ganzen Klasse und hatte folgenden Wortlaut: »Der Krieg bedeutet viel für uns, denn wir bekommen keine Semmeln ... zum Frühstück ... sondern trockenes schwarzes Brot ... und zu Mittag ist das Essen sehr vermindert, und das ist gut so, weil wir dadurch empfinden lernen, was der Krieg wirklich ist!«

Noch während des Krieges richtete Fraudoktor Landschulheime ein, in der weisen Voraussicht, daß die jungen Menschen auf dem Lande besser zu versorgen und zu ernähren sein würden als in der hungernden und frierenden Großstadt. In einem solchen Heim auf dem Semmering war es, wo Liccie ihre erste feste Stellung antrat. Nach dem Krieg wurde sie – bei einem Theologen in Einzelstunden durch ein Kurzstudium gepaukt und mit einer Sondergenehmigung des Unterrichtsministeriums versehen –, Hilfslehrerin für evangelischen Religionsunterricht.

Müßig, darüber nachzudenken, ob Liccie, die sich brennend für Religionsgeschichte interessierte, vielleicht ernsthaft Theologie studiert oder gleich an der medizinischen Fakultät inskribiert hätte, was sie sich sehr wünschte – wären nicht alle ihre noch unausgesprochenen Zukunftsträume mit einem Mal durcheinandergeraten.

Das war, als sie neunzehnjährig, im Hause der Fraudoktor, mit der sie längst auf gleichberechtigtem freundschaftlichen Fuß stand, vom Blitz der ersten großen Liebe getroffen wurde. Er hieß Karl Frank, war erstens »der schönste Mann von Wien«, zweitens von Beruf Journalist und drittens ein vor Idealismus brennender Kommunist, der eine führende Rolle in der Jugendbewegung spielte. Seine charismatische Erscheinung wurde von Männern verehrt, von Frauen angebetet. Eine seiner Bewunderinnen soll sich sogar wegen der Aussichtslosigkeit ihrer Liebe aus dem Fenster gestürzt haben.

Liccie beschreibt ihn mit der ihr eigenen distanzierten Ironie so: »Er ist sehr schön, er sah aus wie eine Gestalt von Dostojewski und strahlte den Sendungswillen des Tolstoi aus. Wenn er hustet, dachte man an eine Lungenkrankheit, die edelste Krankheit jener Zeit.«

Es war eine heiß lodernde Liebe. Aber kalter Schrecken durchfuhr sie, als Karl ihr sehr bald einen Heiratsantrag machte. Nur einmal in ihrem Leben hatte sie an Ehe gedacht – da wollte sie unbedingt ihren geliebten Patenonkel zum Manne nehmen, wenn er schon nicht ihr Vater sein konnte, und sie war sehr bekümmert, als er ihr einen Korb gab. Da war sie dreizehn.

Jetzt, mit neunzehn, sträubte sie sich: »Ich will nicht heiraten, ich will dich lieben.« Karl nahm diesen Einwand einfach nicht zur Kenntnis, und so versuchte sie es mit vermeintlich unwiderlegbaren Argumenten: Sie sei, so erklärte sie ihm, absolut ungeeignet für die Ehe, sie könne weder kochen noch waschen noch bügeln. Das mache ihm nichts, erwiderte Karl gelassen, aber es wäre doch wenigstens einen Versuch wert – in einem Jahr könne man sich ja scheiden lassen, wenn das Experiment schiefliefe. »Ein ganzes Jahr?« schrie sie entsetzt. Und dann sagte sie ja.

Liccies Mutter war entrüstet über die Pläne der Tochter, sie ließ sich bei der Trauung nicht blicken, dafür schickte sie einen Koffer, vollgestopft mit den edelsten und teuersten Abendkleidern Liccies. Dazu einen Zettel: »Für die Kommunistin.«

Fraudoktor ließ ihre Lieblingsschülerin nicht im Stich. Sie besorgte dem jungen Paar eine kleine Wohnung und stellte auch einen Großteil der Einrichtung bereit.

Liccies einstmals prächtige Garderobe war im Laufe eines langen Krieges und der von Entbehrung und Mangel geprägten Nachkriegsjahre verschlissen und abgetragen. Es war kein Geld da, Neues zu kaufen, und zu kaufen gab es im Grunde ohnehin nichts. Auch diesmal konnte Fraudoktor aushelfen: Eine junge amerikanische Journalistin hatte in ihrer Heimat Kleider für die darbenden Europäer gesammelt. Ihre Anlaufstelle in Wien war Fraudoktor, und so kam Liccie in den Besitz eines rosa Sommerkleides, das zuvor der Amerikanerin gehört hatte. Sie hieß Dorothy Thompson. Liccie lernte sie einmal flüchtig kennen und behielt den Eindruck einer lebendigen, gescheiten Person in ihrer Erinnerung. Woher sollte sie ahnen, daß besagte Dorothy Jahre später ihre Lebensretterin sein würde?

Liccie war in Fraudoktors Schule zwar umfassend gebildet, über den Marxismus indes nicht aufgeklärt worden. Diesem üblen Mangel abzuhelfen nahm Karl Frank einen Untermieter in der gemeinsamen Wohnung auf, dessen Aufgabe es war, Liccies Bildungslücken in Sachen Marxismus zu schließen und sie für die Ideen der kommunistischen Partei zu begeistern.

Sie war nicht der Mensch, sich gegen ihren Willen und ihr Interesse fremdes Gedankengut aufzwingen zu lassen. Zum »Unterricht« erschien sie demonstrativ wie zu einem Galaabend in Samt und Seide (Danke, Mama, für den Koffer voller Abendkleider), sie lernte zwar stur auswendig, was der »Lehrer« ihr auftrug zu lernen, aber sie weigerte sich, auch nur ein Wort zu kapieren und ließ auch keinen Zweifel daran.

Der Marxismus-Unterricht endete mit einem fürchterlichen Krach. Der Lehrer beschimpfte Liccie, eine Ignorantin und eine hoffnungslose Bourgeoise zu sein, sie brüllte zurück, daß sie ja nichts dafür könne, kein Proletariersproß zu sein. Damit endete das Experiment.

Um die Zeit totzuschlagen oder aus welchen Gründen immer, nahm Liccie bei einem Kollegen ihrer Mutter, dem Schauspieler und soeben emeritierten Burgtheaterdirektor Albert Heine, Unterricht. Und schon wenig später übersiedelte sie mit ihrem Mann nach Berlin, wo Karl Frank eine wichtige Funktion in der kommunistischen Partei einnehmen sollte.

Von Scheidung war längst nicht mehr die Rede, und am 13. Juni 1923 gebar Liccie eine Tochter, Michaela – und zwar in München, wohin sie ihrem Mann nachgereist war. Dort wurde er in einem politischen Prozeß zu zwei Monaten Gefängnis verurteilt. Tapfer hielt sie in seiner Nähe aus.

Als Frank für längere Zeit nach Moskau berufen wurde, schlüpfte Liccie mitsamt dem Baby bei einer Freundin unter, die in Berlin ein Schauspiel-Engagement hatte. Zu dritt lebten sie in einer besseren Dachkammer. Liccie verdiente als Stenotypistin in einem KP-Verlag ein paar Mark, die im Laufe der Inflation immer wertloser wurden. Im übrigen wurden sie von der »Roten Hilfe«, einer karitativen KP-Organisation unterstützt, die sie ausreichend mit Kohle und Kartoffeln, hin und wieder auch mit anderen Lebensmitteln versorgte. Als Frank endlich aus Moskau zurückkam, gab es nur ein kurzes Wiedersehen – auf ihn wartete schon ein Haftbefehl und er wanderte erneut hinter Gitter.

Der drückenden Geldnot zu entkommen und auf bessere Verdienstmöglichkeiten hoffend, entsann sich Liccie ihres kurzen Schauspielstudiums und sprach im Schloßparktheater vor. Zu ihrer Überraschung gab man ihr auf Anhieb die Hauptrolle in Max Halbes »Jugend« – weniger, wie sie vermutete, ihres phänomenalen Talentes wegen, sondern weil sie rein äußerlich dem Typ, den sie verkörpern sollte, entsprach: zart, blond, mädchenhaft. Danach wurde sie an die Volksbühne engagiert und spielte in einem Volksstück wieder genau das, was man von ihr erwartete: ein zartes blondes Mädchen.

Da auch ihre Freundin pausenlos auf der Bühne stand, mußte sich Liccie, schweren Herzens, für einige Zeit von ihrer kleinen Michi trennen und gab sie zu einer Verwandten nach Wien in Pflege; Geldverdienen war in diesen schweren Zeiten wichtiger als Babybetreuung, um so mehr als der Kindsvater, oben geschilderter Umstände halber, weder für Lebensunterhalt noch für Kinderpflege aufkommen konnte.

Liccies Ehe wurde 1925, nach einem endlosen Papierkrieg zwischen Berlin und Wien, im beiderseitigen Einvernehmen geschieden. Da lebte sie aber bereits mit Carl Zuckmayer zusammen, den sie in dem Augenblick heiratete, da die letzte Ehedispens eingetroffen war.

Wie sich die erste Begegnung der beiden abgespielt hat, liest sich bei Liccie ganz anders als bei Zuck. Offenbar überhaupt nicht beeindruckt vom flüchtigen Kennenlernen auf der Berliner Fête, schreibt sie, er habe irgend jemanden gesucht, der seine neuesten Gedichte auf der Maschine abschreiben könnte, da er diese Fertigkeit damals noch nicht beherrschte. Gemeinsame Freunde vermittelten ihm Liccie, die zunächst tief davon beeindruckt war, daß er ihre wohlgezählten 51 Tippfehler großzügig ignorierte. Außerdem hätten ihr seine Gedichte außerordentlich gut gefallen. Aus der gemeinsamen Arbeit sei eine tiefe Freundschaft erwachsen, die vor allem auf den vielfachen gemeinsamen geistigen Interessen basierte.

Sie sei, so berichtet sie weiter, dann mit ihm in die Sommervilla seines Onkels Goldschmidt, eines reichen Bankiers, gezogen, wo er mit der Niederschrift seines neuesten Stückes, »Der fröhliche Weinberg«, begann. Als der letzte Federstrich getan war und sowohl Liccie als auch Zuck überzeugt waren, daß nun der ganz große Erfolg unmittelbar vor der Tür stehe, hätten sie kräftig gefeiert. In derselben Nacht seien sie ein Liebespaar geworden, und Zuck habe ihr am nächsten Morgen einen Heiratsantrag gemacht: »Zusammenbleiben fürs ganze Leben. Wir werden die Welt erobern!«

»Uns war sehr feierlich zumute«, berichtet Liccie. »Wir befanden uns in einem Zustand, einen Schwur zu schwören, einen Geheimpakt zu schließen, von dem unser beider Leben abhing.«

Wenn zwei Sprößlinge aus gutbürgerlichen Familien die Absicht äußerten, sich fürs Leben zu verbinden, dann hatten die Eltern gemeinhin nicht viel mehr im Sinn, als herauszufinden, ob die Auserwählten in die jeweiligen Familien paßten. War der junge Mann fähig, eine Familie standesgemäß zu erhalten? War die junge Frau »ebenbürtig«, ehrenhaft und eine brave Hausfrau?

Im Fall von Liccie und Zuck lagen die Dinge wesentlich anders: Sie hatten ihren Eltern gar nichts gesagt. Zuck, weil er sich ausmalen konnte, wie entsetzt seine Eltern wären, wenn er es überhaupt nur in Betracht zöge, in seiner hoffnungslosen finanziellen Lage eine feste Bindung einzugehen – noch dazu mit einer geschiedenen Frau, noch dazu mit einem Kind »belastet«. Liccies Verhältnis zur Mutter war zu angespannt, als daß sie auch nur daran gedacht hätte, sie in ihr Vorhaben einzuweihen.

Dennoch: Es gab eine »Instanz«, die sehr wohl ein mißtrauisches Auge auf die neue Gemeinschaft hatte. Es waren die fünf engsten Freunde, besser gesagt: Zucks verschworene Kumpel, die nichts mehr fürchteten, als daß durch irgendeine schöne, aber hirnlose Zicke ihre innige Gemeinschaft gestört werden könnte. Da Zuck störrisch darauf beharrte, nicht von Liccie zu lassen, schickten sie einen der Ihren aus, das Objekt ihres Mißtrauens einer genauen Prüfung zu unterziehen.

Henry Goverts, der später wohlbekannte Verleger, stattete Liccie einen Besuch ab; sie merkte sofort, daß sie einem Examen unterzogen wurde. Er »prüfte« sie vor allem in Literatur und über ihre Einstellung zu wichtigen Fragen der Tagespolitik, und als er sich verabschiedete, murmelte er: »... nicht schlecht. Geht in Ordnung, ich werde meinen Freunden berichten.« Sie war in Gnaden angenommen.

Als die beiden einen gemeinsamen Haushalt gründeten, begannen sie im wahrsten Sinn des Wortes mit Minus. Zuck brachte nichts als Schulden ein, Liccie eine wunderschöne, überdimensionierte Stehlampe und, was das wichtigste war, eine klapprige Schreibmaschine. Der Verdacht, daß der arme Dichter sich nur der Schreibmaschine wegen mit Liccie zusammengetan hat, ist natürlich nicht mehr als ein müder Scherz.

Diese Maschine, Marke »Orga-Privat«, befand sich bereits im Zustand der Auflösung. Die Buchstaben klemmten dermaßen, daß sich Zuck die beiden Finger, mit denen er mühsam zu tippen imstande war, blutig schrieb. Die Umschalttaste klemmte, so daß »Der fröhliche Weinberg« nur im exzentrischen Schriftbild der extremen

Kleinschreibung den verschiedenen Verlagen vorgelegt werden konnte. Nicht deswegen, sondern weil sie das Stück einerseits für »zu gewagt«, andererseits für »zu rustikal« hielten, sandten sie es dem unglücklichen Autor zurück.

Und dann kam Elias. Julius Elias, eines der vielen Originale jener Zeit, der einerseits einen kleinen Theaterverlag betrieb, andererseits ein ungeheures Gespür für junge Talente hatte. Er lobte das Stück enthusiastisch, prophezeite Zuck, daß er damit auf der Stelle Millionär werden würde, und warnte den verblüfften Dichter im selben Atemzug, sich den Ruhm nicht zu Kopf steigen zu lassen und das Geld mit vollen Händen beim Fenster hinauszuschmeißen. Er möge seiner jungen Frau ein paar Kleider kaufen, vielleicht ein oder zwei Schmuckstücke, aber keinesfalls zuviel, »sonst kriegt sie den Brillantenkoller«.

Zuck wandte schüchtern ein, im Augenblick besäße er nicht einmal einen warmen Mantel, und das Stück sei überall abgelehnt worden. Elias tat den Einwand als puren Schwachsinn ab, denn, so orakelte er, »von heute ab sind Sie ein gemachter Mann«.

Zuck war nicht so ganz überzeugt, als er erfuhr, welche Mühe Elias hatte, einen Abnehmer für den »Fröhlichen Weinberg« zu finden. Es glückte nur mit einer glatten Erpressung. Elias besaß die Rechte für vier heißbegehrte französische Boulevardstücke, und er war nur bereit, sie herzugeben, wenn Heinz Saltenberg, Leiter dreier großer Berliner Bühnen, Zucks Stück noch vor Weihnachten 1925 herausbrächte. Zähneknirschend stimmte der Theatermacher zu.

Es begann Zuck langsam zu dämmern, daß »Der fröhliche Weinberg« ihm doch den Durchbruch bringen könnte, als er, noch vor der Uraufführung der Komödie, den renommierten »Kleist-Preis« erhielt, der an vielverheißende junge Dramatiker vergeben wurde. Alle Warnungen des alten Elias in den Wind schlagend, gerieten Liccie und Zuck in einen wahren Kaufrausch, denn sie meinten, die 1500 Mark des Kleist-Preises wären gefundenes Geld, das man getrost verprassen könnte. Sie stürmten von Geschäft zu Geschäft, kauften Nützliches (Wintermantel für Zuck, Kleidung für Michaela) und viel Unnötiges. Es blieb dann gerade noch genug übrig, daß sie den ereignisreichen Tag in ihrem Stammlokal mit einem opulenten Abendessen beschließen und die dort aufgelaufenen Zechschulden begleichen konnten.

Als Zuck die Rechnung des Abends und all die anderen verlangte, kam der Wirt an den Tisch, machte eine tiefe Verbeugung vor Liccie und wandte sich an Zuck mit den bedeutungsvollen Worten: »Ein Herr, der den Kleist-Preis bekommen hat, hat bei mir keine Schulden.« Sprach's und zerriß mit einer dramatischen Geste sämtliche Rechnungen. So noble Menschen gab es damals ...

Die Hochstimmung wich Niedergeschlagenheit, nachdem die ersten Proben über die Bühne gegangen waren. Der Direktor hatte einen auf Operetten spezialisierten Regisseur eingesetzt, die Besetzung war durchschnittlich und, Gipfel aller bösen Theateromen, es lief alles wie am Schnürchen, kein einziger Krach, vollkommene Harmonie, die Darsteller liebten einander, den Regisseur, den Autor.

Saltenberg nahm all diese düsteren Vorzeichen gebührend zur Kenntnis und erteilte Anweisung, die Dekorationen des zuletzt gespielten Stückes nicht wegzuräumen, man werde sie in spätestens drei Tagen wieder brauchen. Auch der Ullstein-Verlag muß von den wenig Gutes verheißenden Vorgängen gehört haben. Als Zuck, der bereits einen winzigen Vorschuß auf einen noch zu schreibenden Roman kassiert hatte, um einen weiteren bat, wurde ihm barsch kundgetan, das ginge jetzt nicht, er möge nach der Premiere noch einmal vorsprechen.

Seinem eigenen Pessimismus trotzend, lud Zuck die Eltern zum großen Ereignis ein. Der Vater zog es vor, daheim zu bleiben. Der Mutter versprach Zuck, sollte das Stück ein Erfolg werden, ein Paar neue Überschuhe. Pelzgefüttert.

Mit Bangen sah Liccie der ersten Begegnung mit der Schwiegermutter entgegen, aber dann ging doch alles gut. Wortlos nahm die alte Dame die neue Schwiegertochter in die Arme, und später sollte sich auch zum Vater Zuckmayer eine herzliche Beziehung entwickeln. »Sie waren die einzigen Eltern, die ich je hatte«, schreibt Liccie im Rückblick auf ihr Leben.

Am 22. Dezember 1925 fand die Uraufführung von »Der fröhliche Weinberg« im Theater am Schiffbauerdamm statt. Am Morgen des 23. konnte Zuck, wie weiland Lord Byron, sagen: »Ich wachte auf und war berühmt.«

Die Uraufführung geriet zu einem triumphalen Fest. Es gab Gelächter und Szenenapplaus, sogar Kerr hatte, wie Zucks Mutter berichtete, zweimal gelächelt. Am Ende raste das Publikum vor Begeisterung, Blumensträuße flogen auf die Bühne, der Vorhangzieher mußte nachher seinen Arm in der Schlinge tragen.

Die einzigen, die während der ganzen Vorstellung keine Miene verzogen, waren Zuck (»Ich hatte das Gefühl wie bei der ersten Beschießung«), seine Mutter und seine Frau: »Es war die Entscheidungsschlacht, und wir wußten es.«

Auch Zucks Onkel, Dr. Goldschmidt, in dessen Sommerhaus das Stück entstanden war, wohnte der Aufführung bei. Nachdem schon die erste Pause durchgeklatscht worden war, schaltete er blitzschnell und ließ in seiner Wohnung eine Premierenfeier improvisieren, die zu einem gesellschaftlichen Ereignis ersten Grades geriet. Was in Berlins Kunstszene Rang und Namen hatte, tauchte, wie von Zauberhand herbeigeholt, auf. Die Zuckmayers sahen sich von den Göttern des deutschen Verlagswesens umringt, Ullstein, Fischer, Kiepenheuer.

Während Ullsteins Geschäftsführer, der Zuck noch vor ein paar Tagen vor die Tür gesetzt hatte, diesem einen großzügigen Vorschuß anbot, erklärte Liccie, in einem geborgten Abendkleid und schon leicht beschwipst, einem der beiden Ullsteinbrüder keck, ihr Mann denke nun bestimmt nicht mehr daran, den vom Verlag bestellten Roman zu schreiben.

Am nächsten Morgen, Liccie und Mama Zuckmayer schliefen noch, verließ Zuck leise das Haus, um seine beiden Damen nach zehn Uhr mit großem Getöse zu wecken. Er hieß sie am Tisch Platz nehmen, tat desgleichen, und dann begann er langsam seine sämtlichen Hosen- und Jackettaschen zu leeren. Unter dem andächtigen Schweigen der Frauen holte er Stück um Stück Hundertmarkscheine hervor, legte sie in penibel ausgerichteten Zehnerreihen auf den Tisch.

Liccie war sprachlos. Mama Zuckmayer stammelte: »Ich bin ganz wirr, ich kann's nicht zählen.«

»Zehntausend«, sagte Zuck. Und dann, nach einer Kunstpause: »Als Anzahlung, haben sie gesagt.« (»Sie« – das waren die Leute vom Ullstein-Verlag.)

Gegen Mittag war das Haus von Reportern umlagert, Radio und Wochenschau meldeten sich an, mehr als hundert Bühnen bestellten telefonisch und telegrafisch die Aufführungsrechte, das Publikum stand in langen Schlangen vor den Vorverkaufskassen. Allein in Berlin lief »Der fröhliche Weinberg« mehr als zweieinhalb Jahre en suite.

Was war nun das Geheimnis dieses beispiellosen Erfolges, mit dem sich, erst drei Jahre später, nur Bert Brechts »Dreigroschenoper« messen konnte? Das hervorragend gebaute Werk, das in seiner Grundstruktur Elemente der Commedia dell'arte und des Wiener Volksstücks vereinte, bot nicht nur eine heitere, pointenreiche Handlung rund um ein rheinisches Weinlesefest mit den immer wieder gern gesehenen Turbulenzen um echte und falsche Liebespaare, es enthielt auch zielsicher unmißverständliche Zeitkritik, satirisch verpackt. Intoleranz und Engstirnigkeit muffigen Kleinbürgertums wurden ebenso bloßgestellt wie völkische Aufgeblasenheit und Antisemitismus. Selbst Alfred Kerr bestätigte, daß »Der fröhliche Weinberg« »… das Theater heute vielleicht vor dem rettungslosen Literaturmist rettet, vor der anspruchsvollen Unmacht, vor dem sabbernden Chaos … und einen letzten Damm baut gegen das bereits überlegene Kino.«

Dem Jubel um das Stück stand, vor allem in den hintersten Winkeln der deutschen Provinz, schärfste Ablehnung gegenüber. Besonders die Anhänger der NSDAP fühlten sich entlarvt, angeprangert und bis ins Mark getroffen. Daß es in der Komödie auch handfeste erotische Szenen gab, rief die Kirche auf den Plan. Von der Kanzel herab wurde gegen »den Teufel der Unzucht« gewettert; in Stuttgart trieb man ganze Schulklassen durch die Stadt mit Transparenten, die folgende Aufschrift trugen: »Eltern, bewahrt eure Reinheit, geht nicht in den Fröhlichen Weinberg.« Eine bessere Werbung läßt sich wohl kaum vorstellen.

Sogar einen Gotteslästerungsprozeß mußte Zuck über sich ergehen lassen, wurde aber in allen Punkten freigesprochen. Das Gericht befand, daß »der Naturlyrik des Autors religiöse Gefühle nicht abzusprechen sind und von einer Lästerungsabsicht keine Rede ist«.

Zwei Menschen, die in ihrem weiteren Leben eine entscheidende Rolle spielen sollten, kreuzten im Zusammenhang mit dem »Fröhlichen Weinberg« den Weg der Zuckmayers: die amerikanische Star-Journalistin Dorothy Thompson und der aus Oberösterreich stammende Dichter Richard Billinger.

Dorothy Thompson sind wir schon einmal begegnet. Sie war eine Freundin von Liccies geliebter Lehrerin Dr. Eugenia Schwarzwald, und Liccie hatte im ausgepowerten Nachkriegs-Wien von der Amerikanerin ein Kleid geschenkt bekommen.

1925 hielt sich die Thompson als Korrespondentin mehrerer Zeitungen in Berlin auf, und die Brillanz ihrer politischen Analysen legte den Grundstein für eine steile Karriere, die sie an die Spitze der amerikanischen Publizistik und als maßgebliche Beraterin in die Zentren der Macht bringen sollte.

Dr. Schwarzwald, die sich zu dieser Zeit ebenfalls in Berlin befand, war es, die Dorothy Thompson beschwatzte, mit ihr den »Fröhlichen Weinberg« zu besuchen. Sie, die Schwarzwald, »müsse« gehen, denn der Autor hätte gerade einen ihrer Schützlinge geheiratet, was »eine Katastrophe« sei, denn »er ist ein verrückter Kerl. Manche Leute sagen, er hätte Talent, ich bezweifle das.« Seufzend ging Dorothy in die Uraufführung, und verwundert schreibt sie in ihren Memoiren: »Drei Stunden, bevor ich ihn [Zuckmayer] kennenlernte, war er ein bemerkenswert verarmter Autor gewesen, aber wenige Augenblicke, bevor er mir vorgestellt wurde, war er bereits berühmt und erfolgreich geworden.«

Sie machte ein langes Interview mit Zuck, und sehr schnell begann sich aus der Begegnung mit ihm und Liccie eine von gegenseitiger Sympathie und Hochachtung getragene Freundschaft zu entwickeln.

Von Dorothy Thompson haben wir auch eine ebenso kurze wie

präzise Beschreibung des jungen Paares. »Er [Zuck] sah gar nicht aus wie ein Autor oder Dichter. Er sah aus wie ein Bauer. Er hatte dickes schwarzes Haar, eine niedrige, breite, eigensinnige Stirn, sehr blaue, lebendige Augen und eine gedrungene Figur und machte den Eindruck, als ob er sich des Lebens unbeschreiblich freue.« Besonders schätzte sie an ihm, daß man so herrlich mit ihm lachen konnte, »... dieses Lachen scheint die Essenz seines Wesens zu sein«.

Über Liccie: »Sie war groß, mit langen, geraden Beinen, weit auseinanderstehenden Augen, blondem Haar, einer Stupsnase, einem hübschen großen Mund und der Ausstrahlung einer vulkanischen Energie. Ihre Energie wurde aber durch die seine weit übertroffen.«

Von vulkanischer Energie zeugt auch die Episode, die sich im Sommer 1926 auf der Ostseeinsel Hiddensee abspielte, wo die Zuckmayers ein Haus gemietet hatten – übrigens in unmittelbarer Nähe des damals unumstritten regierenden Dichterfürsten Gerhart Hauptmann, dessen Wohlwollen errungen zu haben sich Zuck wie Liccie zur hohen Ehre anrechneten.

Liccie und Zuck scheinen zu jener raren Spezies von Menschen gehört zu haben, die auch dann noch großzügig blieben, nachdem ihnen, buchstäblich über Nacht, Geldregen in den Schoß gefallen war. Sie hatten nicht vergessen, was es hieß zu hungern, und darum luden sie den darbenden Dichter Richard Billinger ein, mit ihnen die Sommerferien auf Hiddensee zu verbringen. (Daß Billinger später ein vom Regime des Dritten Reiches wohlgelittener Autor wurde, dessen Roman »Der Gigant« verfilmt und unter dem Titel »Die goldene Stadt« berühmt wurde, während die Zuckmayers im amerikanischen Exil festsaßen, steht auf einem anderen Blatt – unter dem Titel »Grotesken der Literaturgeschichte«.)

Diesen Sommer 1926 jedenfalls verlebte man noch in schönster Eintracht, und nur das Wetter ließ sehr zu wünschen übrig. Pausenlos tobten Stürme um das Haus, Regen peitschte an die Fensterscheiben, man zog sich in die gut geheizte Stube zurück und wärmte Leib und Seele zusätzlich mit ungezählten Grogs.

Wie die Rede darauf gekommen ist, wußte nachher niemand mehr zu sagen. Billinger jedenfalls begann in glühenden Worten und blühenden Farben von einem alten Haus zu schwärmen, im salzburgischen Henndorf lag es, nahe dem Wallersee. Die »Wiesmühl«, eine Mühle also, am rauschenden Bach, mit viel Wald dahinter und blumigen Wiesen davor – das Paradies auf Erden, wenn man Billinger glauben sollte. Ach ja, noch eins, das Wichtigste: Die Wiesmühl stünde zum Verkauf.

Benebelt vom Grog, umnebelt von den märchenhaften Schilderungen, beschlossen die Zuckmayers, dieses fabelhafte Haus zu kaufen – und zwar sofort, auf der Stelle. Noch in der Nacht kabelten sie dem Besitzer, dem Gastwirt Carl Mayr: »Kaufen Wiesmühl, sendet sofort Kontrakt.« Die Antwort kam postwendend: »Besser anschaun. Mayr Carl.«

Was sie damals nicht ahnen konnten, erfuhren sie erst viel später, daß nämlich der Mayr Carl, Inhaber des »Kaspar Moser Bräus« in Henndorf, eines der ältesten Gasthäuser Österreichs, sich vor allem die potentiellen Käufer »besser anschauen« wollte. Die Inspektion fiel allerseits zur vollen Zufriedenheit aus. Die Zuckmayers erwarben die Wiesmühl, richteten sie mit Liebe und Sorgfalt, großteils mit alten Bauernmöbeln, ein, und der Mayr Carl wurde ihr Freund.

Zunehmend wurde die Wiesmühl zum Lebens- und Arbeitszentrum der Familie, obgleich sie, aus beruflichen Gründen, die Wohnung in Berlin behielt. Ab 1933 sollte das alte, heimelige Gemäuer ihre geliebte Heimat werden – doch leider nur für knappe fünf Jahre.

Wenige Monate nach dem Urlaub auf Hiddensee kam das erste und einzige gemeinsame Kind der Zuckmayers zur Welt – zu Liccies Enttäuschung ein Mädchen. Sie hatte sich so sehr einen Jungen gewünscht, und ihr Geburtshelfer wußte das. Unmittelbar nach der Entbindung trat er, das Neugeborene noch in Händen, einige Schritte zurück und beichtete Liccie, sie könne ihn jetzt ohrfeigen, es bleibe trotzdem nur ein Mädchen. Sie ertrug es mit Fassung und war dann doch sehr glücklich.

Alice und Carl Zuckmayer in der Wiesmühl

Eine Stunde später erschien der überglückliche Vater, der seinerseits verrückt nach einem Mädchen gewesen war – empört, daß er nicht auf der Stelle mit seiner Frau ein Glas Sekt auf das Wohl der Tochter trinken durfte. Dafür stürmte er sogleich in sein Stammlokal und verkündete lauthals, alle anwesenden Mädchen seien abgrundtief häßlich im Vergleich zu seiner wunder-wunderschönen Tochter.

Um Liccie zu »trösten«, schlug er seiner Frau vor, dem Kind wenigstens einen Jungen-Namen zu geben, und wie wäre es mit Winnetou? Liccie sagte, ihr sei es recht – nur der Standesbeamte schien leicht verwirrt. Als erster Name wurde zwar, ganz brav katholisch, Maria angegeben, als zweiter aber der dem Beamten völlig unbekannte »Winnetou«. Zuck zeigte sich erstaunt. Wie – der Mann wisse nicht, daß Winnetou ein berühmter schottischer Heiliger sei? Der Beamte, ganz offensichtlich kein Karl-May-Leser, entschuldigte sich wortreich. Er sei evangelisch und kenne sich mit den katholischen Heiligen eben nicht so gut aus.

Die Kleine hieß also offiziell Maria, gerufen wurde sie Winnetou, manchmal auch Winnie oder Win. Sie selbst zog den vom Vater gewählten Namen immer vor.

Was Zuck kaum zu hoffen gewagt, seine heimlichen und unheimlichen Feinde und Neider indes mit Verbitterung wahrnahmen, ereignete sich schon zwei Jahre später. »Der Schinderhannes«, eine volkstümliche Ballade um den Räuberhauptmann Johann Bückler, geriet neuerlich zum Sensationserfolg, obwohl das Drama, wohlverpackt in eine aktionsreiche, streckenweise rührende Handlung, starke sozialkritische Elemente enthielt. »In den Schlußszenen [sah ich] die Leute weinen, wie sie im ›Fröhlichen Weinberg‹ gelacht hatten«, schreibt Zuck.

Merkwürdig war das Geschick seines dritten großen Bühnenwurfes: »Katharina Knie«, ein Drama im Zirkusmilieu, feierte beim Publikum Triumphe und wurde von der Kritik zerrissen. Einzig der Wiener Starkritiker Friedrich Torberg jubelte, das Stück sei »vom Saft des Lebens so durchtränkt, als hätte dieser Saft [den Dichter] ganz direkt vom Lebensbaum durchrieselt«.

So »nebenbei« heimste Zuck zwei der begehrtesten Literaturauszeichnungen, den Georg-Büchner-Preis und den Dramatikerpreis der Heidelberger Festspiele, ein. Und er schrieb, »als Fingerübung«, ein Filmdrehbuch, das allerdings nicht den Verfasser – wer merkt sich schon den Namen des Script-Schreibers? –, sondern die Hauptdarstellerin in den Star-Himmel katapultierte: Marlene Dietrich, bisher nicht viel mehr als eine kleine Tingeltangel-Darstellerin, spielte die Titelrolle in »Der blaue Engel«.

Mit einem neuen Werk, das den Till Eulenspiegel zur Hauptfigur haben sollte, kam Zuck nicht und nicht vom Fleck, bis ihn der Schauspieler und Regisseur Fritz Kortner auf einen Stoff aufmerksam machte, der dem Thema »Eulenspiegelei« perfekt entsprach: die Geschichte vom arbeits- und unterstandslosen Schuster Voigt, der beim Trödler eine Hauptmannsuniform ersteht, eine Kompanie Soldaten anhält, mit ihr das Rathaus von Köpenick stürmt und dort die Stadtkassa leert.

Der Coup hatte sich vor dem Ersten Weltkrieg ereignet, in der ganzen Welt Hohngelächter über deutsche »Pflichterfüllung« und Untertanenmentalität ausgelöst. Zuck selbst hatte den alten Schuster 1910 in Mainz gesehen, als der, von Kaiser Wilhelm II. begnadigt, durch die Lande zog und sich gegen Entgelt öffentlich zur Schau stellte.

Aus diesem Stoff entstand eine geniale Komödie. An Max Reinhardts Deutschem Theater sollte am 5. März 1931 die Uraufführung stattfinden, doch schon die Vorpremiere wäre tags zuvor um ein Haar ins Wasser gefallen. Hauptdarsteller Werner Krauß – *der* Werner Krauß, der Jahre später als größter Mime deutscher Zunge den Ifflandring erhalten würde, nebstbei aber auch ein begnadeter Trinker vor dem Herrn – war bei letzten »Milieustudien« im Rathauskeller von Köpenick versackt.

Er konnte nur mit Brachialgewalt, mit Eiswassergüssen und Kannen starken Kaffees so weit auf die Beine gebracht werden, daß er, steif wie eine Holzpuppe, auf die Bühne zu staksen vermochte. Wunderbarerweise beherrschte er seinen Text einwandfrei – was er nicht beherrschte, war die Fähigkeit, Konsonanten zu formen. Sagte er, zum Beispiel, »Haben Sie gedient?«, so vernahmen die Zuschauer: »Aa – ii – ii?« Allgemeine Verstörung über dieses »seltsame Stück« machte sich breit, kopfschüttelnd gingen die Leute auseinander.

Tags darauf war Krauß auf der Höhe seiner Kunst. Dem Siegeszug des neuen Werkes stand auch diesmal nichts im Weg. Werner Krauß, um das Geheimnis befragt, das ihn so schnell wieder auf die Beine gebracht hatte, erklärte verschmitzt, er habe den ganzen Tag geschlafen und kurz vor Beginn der Vorstellung zwei Schlafpulver genommen, »damit ich nicht übertreibe«.

Er hat nicht übertrieben, er hat den Schuster Wilhelm Voigt mit berührend menschlichen Zügen ausgestattet. Daß das Stück aber auch eine sehr starke politische Aussage enthielt, die sich gegen die Idolisierung der Uniform und den Kadavergehorsam im heraufdämmernden Nationalsozialismus richtete, auch das hat Krauß sehr fein herausziseliert.

Der von Dr. Joseph Goebbels, dem späteren Reichspropagandaminister, bereits kontrollierte Teil der Presse schäumte, polemisierte gegen Zuckmayer, drohte ihm für den Fall der Machtergreifung durch Adolf Hitler bestenfalls mit Kerker oder Landesverweisung, schlimmstenfalls mit dem Strick. Haufenweise langten Schmähbriefe ein. Achselzuckend warf Zuck sie in den Papierkorb. Er mag, wie so viele Intellektuelle seiner Zeit, die drohende Gefahr gespürt haben – sie wahrzunehmen weigerte er sich, was er später zutiefst bereute.

»Wir, die wir berufen gewesen wären, dem rechtzeitig entgegenzuwirken, haben zu lange gezögert, uns mit dem profanen Odium der Tagespolitik zu befassen. Wir lebten zu lange in der splendid isolation des Geistes und der Künste: und so tragen wir, auch wenn wir dann zu Opfern ... wurden, genauso wie alle Deutschen an der Kollektiv-Scham, die Theodor Heuss dem sinnlosen Anathema [Bannfluch] einer Kollektiv-Schuld entgegengesetzt hat«, schreibt Zuckmayer in seinen 1966 (also mehr als zwanzig Jahre nach dem Ende der Naziherrschaft) erschienenen Erinnerungen »Als wär's ein Stück von mir«.

Zuck ließ sich vielleicht auch von der Tatsache einlullen, daß die zustimmenden Reaktionen zum »Hauptmann von Köpenick« die ablehnenden bei weitem überwogen – »Die beste Komödie der Weltliteratur seit Gogols ›Revisor‹«, urteilte zum Beispiel Thomas Mann – und überall lief das Stück vor ausverkauften Häusern. Bis zum Jahre 1933. Am 30. Januar zog Hitler in der Reichskanzlei ein, wenige Wochen später mußten sämtliche Stücke Zuckmayers von den Spielplänen verschwinden – allein in Berlin liefen gleichzeitig drei davon.

Nicht nur wegen seiner »antivölkischen Stücke« hatte Goebbels ein scharfes Auge auf den mißliebigen Autor, er registrierte auch genau, daß dieser sich der »Eisernen Front« anschloß, einer Kriegsveteranen-Organisation im scharfen Gegensatz zum stramm rechtsorientierten »Stahlhelm«. Als er während einer Versammlung heftig und kritisch gegen das Verbot des Filmes »Im Westen nichts Neues« seines Freundes Erich Maria Remarque auftrat und bei dieser Gelegenheit Spott und Hohn über Goebbels ausschüttete, war Zuck politisch bereits so gut wie tot.

Am Vorabend der Katastrophe, dem 29. Januar 1933, fand in Berlin das glanzvollste gesellschaftliche Ereignis des Jahres statt: Der Presseball, zu dem neben dem Kunst-, dem Geld-, und dem Geistesadel traditionsgemäß die gesamte Regierungsspitze zu erscheinen pflegte. Sie erschien dieses Mal nicht. Die Regierungsloge war gähnend leer, und auch viele andere Prominente fehlten – so zum Beispiel die Brüder Ullstein, Inhaber des größten deutschen Verlagshauses.

Auf diesem Presseball feierten die Zuckmayers – sie waren in Begleitung von Zucks Mutter erschienen – Wiedersehen mit einem alten Freund. Ernst Udet war der kühnste und berühmteste Jagdflieger des Ersten Weltkriegs gewesen, 62 feindliche Maschinen hatte er abgeschossen, und er lebte auch nach Kriegsende aufs trefflichste von seinem Ruhm. Zunächst arbeitete er im Flugzeugbau, stieg aber dann ins viel lukrativere Geschäft des Kunstfluges ein. In ganz Europa, in den USA und in Kanada begeisterte er die Massen mit extrem gewagten Vorführungen. Dazu kamen noch zahlreiche Einsätze beim Film.

Ernst Udet war ein gemachter Mann, der sein Leben sowie Wein, Weib und Gesang in vollen Zügen genoß. Nichts deutete darauf hin, daß er sich mit den kommenden Herrschern über Deutschland gemein zu machen beabsichtigte. Im Gegenteil: Er lästerte unverhohlen über die »Armleuchter«, die auf diesem Presseball ihre alten Kriegsdekorationen wieder aus der Mottenkiste geholt, sich auf die Frackbrust gesteckt oder ums Frackhemd gehängt hatten. Bislang war es üblich gewesen, dieses Fest ohne Ordensschmuck zu besuchen. Nur Udet nahm immer das Privileg in Anspruch, sich mit dem »Pour le mérite« zu schmücken, dem höchsten Orden, den das ehemalige Deutsche Kaiserreich zu vergeben gehabt hatte.

Nachdem Udet die »Armleuchter« eingehend studiert und unflätig beschimpft hatte, nahm er seinen »Pour le mérite« ab, steckte ihn weg und schlug dem Freund vor, die Hosen runterzulassen und diesen »Armleuchtern« über die Logenbrüstung hinweg »den nackten Hintern zu zeigen«. Die Zuckmayer-Damen waren einem Kollaps nahe, als die beiden Männer langsam und genüßlich die Fräcke auszogen und die Hosenträger ablegten. Die beiden Frauen, die den beiden schon leicht illuminierten Herren alles zutrauten, atmeten auf, als diese zur Besinnung kamen und sich wieder ankleideten.

Anschließend an den Ball zogen alle vier in Udets Wohnung, verbrachten den Rest der Nacht heiter und beschwingt an der berühmten Propellerbar. Die Männer hatten sich vorgenommen, kein Wort mehr über Hitler und seine Kumpane zu verlieren – die Damen »sollten eine schöne Ballnacht« bis zum Schluß genießen.

Udet hat in den darauffolgenden Jahren eine schwindelerregende Karriere gemacht. Er wurde Generalluftzeugmeister im Rang eines Generalobersten. Noch einmal, 1936, trafen die Freunde einander, und Udet riet Zuck, hinaus in die Welt zu gehen, denn in Deutschland gäbe es keine Menschenwürde mehr. Auf Zucks Frage, warum er denn nicht selbst dem guten Ratschlag folge, antwortete er düster: »Ich bin der Luftfahrt verfallen, ich kann nicht mehr raus. Aber eines Tages wird uns alle der Teufel holen ...«

Einen Monat nach dem gespenstischen Presseball, einen Monat nach dem Machtwechsel, brannte das Reichstagsgebäude, die erste große Verhaftungswelle rollte über die Stadt. »Rette sich, wer kann«, lautete die Devise. Die meisten Freunde der Zuckmayers flohen oder wurden festgenommen, die weniger Bedrohten flehten Zuck und Liccie an, sich baldmöglichst abzusetzen, denn Zucks Leben sei ernstlich in Gefahr; nicht wegen der jüdischen Mutter: Es war die eindeutige politische Haltung, die aus all seinen Werken sprach und die ihn in den Augen der Diktatur zum Staatsfeind machte.

Allein auf sich gestellt, hätte er vielleicht auf dem heißen Pflaster ausgeharrt, doch die Sorge um Frau und Kinder ließ ihn kapitulieren. Liccie konnte keine Nacht mehr ruhig schlafen, immer wenn der Morgen graute, hörte sie bereits die Fäuste der Gestapo gegen die Tür donnern. Die Zuckmayers zogen nach Henndorf, im fatalen Irrglauben, daß »der Spuk« bald vorüber sein würde.

»Wir lebten damals im Paradies ...« lesen wir in Zucks Lebenserinnerungen. »Damals«, das waren die Jahre in der Wiesmühl, seit 1926 zeitweiser, seit 1933 ständiger Wohnsitz. Die Familie war allmählich vollkommen in die Dorfgemeinschaft eingebunden, sie waren längst nicht mehr die fremden Zuckmayers, sondern einfach »die Wiesmüller«. Man wurde zu Hochzeiten, Begräbnissen und rauschenden Festen eingeladen, man saß zusammen am Wirtshaustisch, und die Kinder gingen hier zur Schule – bis zu dem Zeitpunkt, da Liccie fand, daß die beiden Mädel drauf und dran waren, völlig zu verbauern.

Die Kleine wie die Große sprachen nur mehr den heimischen Dialekt, sie weigerten sich, im Sommer Schuhe anzuziehen, und ihre »feinen« Manieren ließen stark zu wünschen übrig. Liccie bestand darauf, die Kinder nach Salzburg in die Schule zu geben, was den beiden gar nicht behagte, denn der Weg war weit und die Klosterschwestern hielten dem Vergleich mit den liebenswerten Dorfschullehrern durchaus nicht stand.

Dabei gab es dann schon den ungeheuren »Komfort« einer direkten Autobusverbindung. Anfangs war die Reise nach Salzburg überaus beschwerlich: Man mußte eine Viertelstunde zum See wandern, dann übers Wasser nach Wallersee rudern, von wo aus man die Stadt mit der Bummelbahn erreichen konnte. Zuck, der unermüdliche und begeisterte Wanderer, zog es meist vor, zu Fuß zu gehen. Drei Stunden – wenn er sehr flott unterwegs war. Später besaß die Familie zwar ein Auto, doch Zuck hat sich niemals hinters Volant gesetzt. Das Auto zu steuern, das war Weibersache – also Sache Liccies.

Liccie war es auch, die sich hauptsächlich um Haus und Garten kümmerte, auch wenn es natürlich jede Menge professionelle Hilfe gab: Geld war, zum Glück, genug vorhanden, denn der Hausvater saß täglich hinter seinem Eichenholztisch mit der langgestreckten Platte und arbeitete fleißig. Eine Reihe von Romanen und Erzählungen entstand in dieser produktiven Zeit, vor allem aber Filmmanuskripte für den großen englischen Produzenten Alexander Korda. Auch ein neues Theaterwerk war im Entstehen: »Bellman«, ein balladeskes Stück über Schwedens volkstümlichsten Dichter, den »Sänger des bacchantischen Hauptstadtlebens«, wie er in Meyers Konversationslexikon von 1895 gerühmt wird. Eine pralle, kraftvolle Figur nach Zucks Geschmack, und auf der Bühne sollten auch all die populären Lieder in der zeitgenössischen Fassung von 1780 gesungen und gespielt werden – Lieder, die noch jedes Kind in Schweden kannte und auch jeder Erwachsene, wie Liccie und Winnetou in einer ebenso seltsamen wie gefährlichen Situation feststellen würden. Die Uraufführung war für den März 1938 im Wiener Theater in der Josefstadt geplant. Attila Hörbiger sollte die Titelrolle verkörpern, Paula Wessely die weibliche Hauptfigur. Es kam anders ...

»Das schönste an diesen Festspielsommern ist, daß jeder der letzte sein kann. Man spürt den Geschmack der Vergänglichkeit auf der Zunge«, hat Max Reinhardt einmal zu Zuck und Liccie gesagt. Es muß in einem der Festspielmonate zwischen 1933 und 1937 gewesen sein, als Salzburg überquoll von Kunstgenuß und Lebensfreude, mehr noch als in den früheren Jahren, obwohl – oder gerade weil – hinter der Grenze, nur ein paar Kilometer von Salzburg entfernt, unter den harten Stiefeltritten der SA und der SS die alte Weltordnung bereits zu beben begann.

Salzburg war überfüllt, und die Wiesmühl war es auch. Ein endloser Strom von Gästen zog durch das Haus, manche blieben über Nacht, manche wohnten in der Nachbarschaft und schauten vorbei, wann immer sie konnten. Hier eine kleine Auswahl der illustren Namen: Max Reinhardt und Helene Thimig, natürlich Werner Krauß und Albert Bassermann, Stefan Zweig, Bruno Walter, Arturo Toscanini, Franz Werfel und Alma Mahler-Werfel, Gerhart Hauptmann und Thomas Mann saßen in der Großen Stube. Franz Theodor Csokor und Ödön von Horváth haben in der Wiesmühl ge-

Familie Zuckmayer

wohnt und gearbeitet, Fjodor Schaljapin, der russische Jahrhundert-Bassist, hat hier gesungen.

Es waren aber nicht nur Künstler und anderes »fahrendes Volk«, die einander in der Wiesmühl trafen, es waren auch Menschen aus der Welt der Geisteswissenschaft und der Politik, die miteinander diskutierten und einmal, schon 1927, düstere Wolken am Horizont wahrnahmen, als die meisten Intellektuellen in Hitler nichts anderes sahen als einen lächerlichen Radaubruder. Sechzehn Jahre später fanden sich einige dieser Henndorfer Gäste im »Kreisauer Kreis« zusammen, dem Herzstück des deutschen Widerstandes. Der Sozialdemokrat Theodor Haubach und der preußische Graf Helmuth James von Moltke wurden nach dem Attentat auf Hitler im Jahre 1944 hingerichtet, der führende Sozialdemokrat Carlo Mierendorff, einer der intimsten Freunde Zucks, entging dem Henker durch Zufall: Während der Vorbereitung zum Attentat kam er bei einem Luftangriff ums Leben.

Das Henndorfer Paradies, es war durchaus nicht vollkommen. Unter der Decke begann es auch dort leise zu brodeln, nachdem die Nationalsozialisten ans Ruder gekommen waren und alle Welt glauben machten, daß es mit Deutschland mächtig bergauf ginge. Das leise Brodeln entlud sich in einer Julinacht des Jahres 1934, kurz nachdem der österreichische Bundeskanzler Engelbert Dollfuß von Nazikillern ermordet und der Haupttäter hingerichtet worden war. Eine mächtige Explosion schreckte ganz Henndorf aus dem Schlaf: »Unbekannte Täter«, man konnte sich sehr wohl vorstellen, wer sie waren, hatten eine wichtige Brücke der Reichsstraße in die Luft gejagt.

Die meisten Henndorfer waren zwar empört über die ruchlose Tat der »Nazi-Rotzbuben«, sie waren aber selbst in sehr viel größerer Zahl in den Sog der deutschen Propaganda geraten als Zuck damals (und auch noch in seiner verklärenden Rückerinnerung) wahrnehmen wollte. Hinter dem Rücken von Zuck und Liccie wurde im Wirtshaus gelästert, daß in der Wiesmühl so viele Juden verkehrten.

Eine Szene, die Zuck anschaulich schildert, klingt dennoch

durchaus glaubhaft und nachvollziehbar. Ein Bauer redete ihn an und fragte, ganz im Vertrauen, ob die Juden wirklich so schlimm seien, wie immer behauptet würde. Nein, meinte der, das seien sie gewiß nicht. Worauf der Bauer seufzte: »Aa mol möcht' i an sehn.«
Und just jener Mann, der 1934 die Brücke gesprengt hatte und sofort nach Einmarsch der Deutschen 1938 aus dem Gefängnis geholt worden war, verteidigte die Wiesmühl mit gezücktem Revolver gegen die Plünderer. (Lauter »Unbekannte«, oder doch auch ein paar Leute aus dem Dorf?) Gegen die Gestapo (Geheime Staatspolizei), die den Besitz dann gründlich räumte und beschlagnahmte, war er natürlich machtlos.

Die Zuckmayers konnten nachher nicht behaupten, sie seien nicht eindringlich gewarnt worden. Im gleichen Jahr 1934 hielt sich Zuck in London auf, wohin er Alexander Korda Drehbücher lieferte. (Darunter den legendären »Rembrandt« mit Charles Laughton in der Hauptrolle.) In London traf er Stefan Zweig, der sein Salzburger Haus kurz zuvor Hals über Kopf verlassen hatte. »Ich konnte dort nicht mehr schlafen«, erzählte er, »ich habe nachts, von der deutschen Grenze her, immer das Rollen von Panzern gehört.« Fast flehentlich versuchte er Zuck zu überreden, es ihm gleichzutun und am besten sofort in London zu bleiben. »Du gehst in eine Falle zurück, die früher oder später zuschnappt. Es kann gar nicht anders kommen.«

Jetzt, argumentierte Zweig, könnten die Zuckmayers ihr ganzes Hab und Gut mitnehmen. Es sei besser, rechtzeitig ins Ausland zu gehen, »als auf die Flucht zu warten – falls sie dir dann noch glückt«. Zuck ahnte bereits damals, daß es dumm und kurzsichtig war, dem Rat des Freundes nicht zu folgen, dennoch: »... die Dummheit hat mir noch vier gute Jahre geschenkt.«

Er ahnte es – nein, er *mußte* es wissen! Demnach mutet eine Entscheidung, die er kurz vor der Ausradierung Österreichs von der Landkarte traf, wie der blanke Aberwitz an: Er erhielt die österreichische Staatsbürgerschaft und ließ umgehend die englischen Honorare in die neue Heimat überweisen: »Denn wenn man den Bestand eines wirtschaftlich kämpfenden Staates wünscht, kann man ihm sein Geld nicht durch Sicherung im Ausland entziehen.« Ihre österreichischen Pässe konnten die Zuckmayers nicht mehr abholen, da sie sich zum Zeitpunkt der Annexion in Wien befanden und die Papiere in Salzburg lagen. Ein Glück! Nach dem Krieg ruhten die Pässe noch immer in Salzburg, verunziert durch einen Gestapo-Befehl, wonach die Paßinhaber zu verhaften seien, sobald sie die Dokumente abholten ...

Doch noch lagen drei friedliche Jahre vor ihnen, 1935, 1936, 1937, sieht man davon ab, daß die Henndorfer Idylle mitunter erheblich durch einen Neuankömmling gestört wurde. Ein Danaer-Geschenk – um genauer zu sein: eine Danaer-Erbschaft. Und das kam so: Im Dezember 1937 starb Liccies Tante, einzige Schwester von Liccies im Jahre 1930 dahingegangener Mutter. Liccie war die Alleinerbin von schönem Silber und einem edlen Nerzmantel – aber nur unter der Bedingung, daß sie den Hund der Tante, Mucki mit Namen, bis an sein Lebensende pflegte.

Mucki war klein und dick, mit glattem, gelblichem Fell, spitzen Ohren, vierzehn Jahre alt. Das Unheimlichste an ihm waren seine »Augen«, die längst keine Augen mehr waren: zwei weißglänzende Kugeln, die unruhig hin und her rollten. Er fraß nur vom Feinsten (Kalbsleber und Schokolade) und war vollkommen hysterisch. Jedem, den er nicht kannte, fuhr er trotz Blindheit zielsicher an die Beine, konnte trotz seines Alters stundenlang in schrillsten Tönen ein sirenenartiges Gebell von sich geben. Allenfalls gelang es, ihn einigermaßen ruhigzustellen, wenn man die Kissen seines Schlafkörbchens ausgiebig mit Chanel N° 5 besprühte. Das war das Parfum seiner Herrin gewesen, die ihn vergöttert hatte.

Liccie wollte das schöne Silberbesteck und sie war scharf auf den Nerzmantel. Also behielt sie Mucki und brachte ihn nach Henndorf. Ihr Mann wandte sich angewidert ab von dieser »Kreuzung zwischen Feldmaus, Wüstenfuchs und Warzenschwein«. Als die Kinder Mucki freundlich zu streicheln versuchten, schnappte er sofort zu.

Er hielt sich ausschließlich in Liccies Zimmer auf und verließ es nur, um sich im Garten zu erleichtern – mit Treffsicherheit in die

Beete der zartesten und anfälligsten Blumen. Die »Stammhunde« des Hauses, zwei Spaniels und ein Bo edelster Rasse, machten stets einen großen Bogen um das Monster, das sie überfallsartig aus dem Hinterhalt anzugehen pfleg

Mit der Zeit gewöhnte er sich an Liccie, an Liccie und sonst niemanden. Nachdem sie einmal einige Stunden außer Haus geblieben war, kam es zu einem der nicht allzu häufigen, dann aber um so explosiveren Ehekrachs. Zuck tobte, das Vieh hätte die ganze Zeit »gebrüllt wie ein Wolf im Winter, wie ein Coyote im Wilden Westen«, keine einzige Zeile hätte er schreiben können. »Zum Donnerwetter«, schrie er, »du verläßt das Haus nicht mehr, ohne das Tier mitzunehmen.« Liccies Antwort ist nirgendwo vermerkt, man kann sich aber an fünf Fingern abzählen, daß »der Vulkan« nicht still geblieben ist.

Das letzte Weihnachtsfest in der Wiesmühl, 1937, verlief in den liebgeworden traditionellen Bahnen: Mit 36 Bauernkindern hatte Liccie ein Krippenspiel einstudiert, die kleinen Darsteller wurden reichlich beschert, dann feierte die Familie unterm deckenhohen Christbaum in der Großen Stube. Anschließend gingen alle zur Mette, um die Nacht mit einem späten Mahl beim Mayr Carl, dem Gastwirt und ehemaligen Besitzer der Wiesmühl, ausklingen zu lassen.

Auch Silvester wurde, wie gewohnt, zelebriert, zunächst im Freundeskreis, nach Mitternacht Aufmarsch der Blaskapelle und schließlich Tanz und Gesang mit den Dorfleuten bis drei Uhr früh. Nur – die Stimmung war dennoch ein wenig getrübt. Und das lag an dem sonderbaren Dr. Schwarz.

Wer in die Wiesmühl zu Besuch kam, konnte ungefragt Freunde mitbringen, und so tat es auch einer der Bekannten, der in Begleitung des besagten Dr. Schwarz erschien, von dem man zunächst annahm, daß er taubstumm sei. Er reagierte nicht, wenn man ihn ansprach, er saß schweigend da und starrte düster vor sich hin, als nähme er seine Umgebung überhaupt nicht wahr. Auf die Frage der Zuckmayers, was es denn mit dem seltsamen Menschen auf sich hätte, wurden sie beruhigt – es sei nichts weiter, Dr. Schwarz pflege nur stundenweise ausgiebig zu meditieren. Mitternacht: Nach-

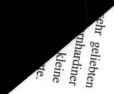

:stoßen und einander ein glückliches neues
, erhob sich der steinerne Gast und verkünde-
»Dies ist das letzte Fest – die Totenfeier.«
vieder in kryptisches Schweigen.
en nahm Liccie das kleine Scheusal, wie sie
iner Mischung aus Zärtlichkeit und Verachtung
aus seinem Körbchen und bettete ihn ins ehe-
liche Lager ... :n sich und Zuck. Der protestierte nicht. Es wurde überhaupt kein Wort gesprochen.

Am 6. Januar 1938 zerstob die Familie in alle Winde. Michaela, die Ältere, reiste nach England, wo sie seit Semesterbeginn in einem Internat lebte und lernte. Winnetou sollte ein paar Jahre später ein Internat in der französischen Schweiz besuchen. Es lag den Eltern daran, den Mädchen eine möglichst kosmopolitische Bildung angedeihen zu lassen. Diese Mühe sollte ihnen, nur allzubald, ein Mann namens Hitler abnehmen.

Michi also auf dem Weg nach England, Liccie, Winnetou und »das Scheusal« mußten nur bis Wien fahren, wo am 7. Januar die Schule wieder begann. Die jüngere Zuckmayer-Tochter besuchte jetzt dort das Gymnasium. Die Eltern hatten im Palais Salm, einem kleinen Barockpalais in der Mentergasse 11 im 7. Wiener Gemeindebezirk, ein hübsches Appartement gemietet. Vier nicht allzu große Zimmer in der Mansarde, für den Vater ein ruhiger Arbeitsraum im Erdgeschoß.

In Henndorf zurück blieb Zuck (er legte allerletzte Hand an sein Drama »Bellman«, das ab Mitte Februar im Theater in der Josefstadt probiert werden sollte), zurück blieben die drei edelrassigen Hunde. Zurück blieben, und das sei ausdrücklich erwähnt, das von der Tante ererbte Silber sowie der prächtige Nerzmantel.

Zuck kam im Februar nach Wien, und einer der ersten Menschen, die ihm in der Kärntner Straße über den Weg liefen, war der weltberühmte Kulturphilosoph Egon Friedell. Die beiden Männer gingen »auf einen Schluck« in die Reiß-Bar um die Ecke, und Friedell fragte, scheinbar ganz ruhig und voll konzentriert, nach dem »Bellman«.

Plötzlich brach er das Gespräch ab und sagte: »Was tust du, wenn die Nazis kommen?«

»Die kommen nicht.« (Glaubte das Zuck noch immer, oder wollte er den Freund nur beruhigen?)

»Und wenn sie doch kommen?«

Dann, meinte Zuck, bliebe wohl nichts anderes übrig, als schleunigst außer Landes zu gehen.

Trübsinnig schüttelte Friedell den Kopf. »Ich gehe nicht. Was soll ich in einem anderen Land? Da bin ich doch nur ein Schnorrer und eine lächerliche Figur.« Drei Wochen später war er tot. Er stürzte sich aus dem Fenster seiner Wohnung, nachdem er zwei SA-Leute das Haus hatte betreten sehen. Tragische Pointe: die Männer wollten gar nicht zu ihm ...

Am Vormittag des 11. März fand im Theater in der Josefstadt unter der Regie von Ernst Lothar eine Stellprobe für »Bellman« statt. Alle, die dabei waren – Zuck, die Wessely, Attila Hörbiger – erinnerten sich später, leise verwundert, daß sie noch einmal für ein paar Stunden dem Zauber-Flair des Theaters verfallen gewesen wären und die Welt ringsum vergessen hätten. Um so grausamer war der Sturz in die Wirklichkeit, als Bundeskanzler Kurt Schuschnigg am selben Abend über das Radio verkündete, daß er der Gewalt weiche, und er sprach sein unvergessenes »Gott schütze Österreich«. Was die Hörer nicht mitbekamen: Schuschnigg wurde nach seiner Abschiedsrede von zweien seiner eigenen Leibwächter verhaftet. Sie trugen Hakenkreuzbinden.

Durch die Straßen der Innenstadt schoben sich bereits Abertausende, vor Begeisterung brüllende Menschen. Die meisten zog es zum deutschen Reisebüro in der Kärntner Straße, wo ein lebensgroßes Hitler-Bild ausgestellt war, das die Massen mit ausgestreckten Armen anbeteten. Es war »ein Hexensabbat des Pöbels und ein Begräbnis aller menschlichen Würde«, schreibt Zuck.

Er selbst spürte keine Angst, nur Zorn, Abscheu und Verzweiflung, er war »von Kälte erfüllt, die die natürliche Empfindung der Furcht völlig auslöschte«. Das hat ihn, in einem sehr kritischen Augenblick, vor Prügeln bewahrt, wenn nicht vor Ärgerem.

Er war mit einem Freund im Taxi unterwegs, als der Wagen in der tobenden Menge hoffnungslos steckenblieb. Eine haßverzerrte Fratze schob sich ans Fenster und glotzte auf die beiden Männer. »Im Taxi fahrn – des san polnische Juden – holt's es raus – schlagt's es z'samm«, brüllte der Mann. Geistesgegenwärtig kurbelte Zuck das Fenster herunter, streckte den rechten Arm hoch und schnarrte im besten reichsdeutschen Militär-Befehlston: »Heitler«, das man als »Heil Hitler« auslegen konnte, wenn man wollte. Und man wollte damals immer. Der Mann wich erschrocken zurück, erwiderte den »deutschen Gruß«, und das Freundespaar war gerettet.

Die Kälte verließ Zuck nicht, doch noch am selben Abend überfiel ihn eine Art von temporärem Irresein. Er wollte sofort nach Henndorf zurückkehren, wo er in einer Schublade seinen Armeerevolver und Munition wußte. »Wenn sie mich holen wollen, dann müssen einige mitgehen, vorher«, schleuderte er seiner Frau entgegen. Lange und geduldig redete sie auf ihn ein, hielt ihn davon ab, diese »Form von Selbstmord« zu begehen, und überzeugte ihn fürs erste, daß Flucht die einzige Alternative wäre.

Wenige Tage später – die ersten Massenverhaftungen fanden statt, das Telefon der Zuckmayers knackte verdächtig, es wurde also bereits abgehört – verfiel Zuck auf eine neue Wahnsinnsidee. Er teilte Liccie mit, er werde nach Berlin gehen, im Auge des Orkans untertauchen und mit Gleichgesinnten den Aufstand gegen Hitler vorbereiten – gar nicht bedenkend, daß die meisten der Gleichgesinnten längst hinter Zuchthausmauern verschwunden, wenn nicht gar schon liquidiert waren – »auf der Flucht erschossen«, wie es damals euphemistisch umschrieben hieß.

Liccie versuchte es erst gar nicht mit Gegenargumenten. Überraschend ruhig sagte sie: »Ich habe jetzt nur eine Bitte an dich. Schenke mir ein Jahr deines Lebens. Versuche durchzukommen und dieses Jahr im Ausland abzuwarten. Wenn du dann noch immer so denkst wie heute, dann gehe zurück und tue, was du glaubst tun zu müssen. Ich verspreche, mich dann nicht zu widersetzen und selbst mitzugehen, wenn die Kinder in Sicherheit sind. Aber um dieses eine Jahr bitte ich dich.«

Diese wenigen Worte seiner klugen Frau brachten ihn auf den Boden der Wirklichkeit zurück. Er sah ein, »daß es die größere Feigheit wäre, sein Leben jetzt wegzuwerfen, als es mit Mühe und Geduld für eine noch kommende bessere Stunde und größere Aufgabe zu bewahren«.

Vermochte er nur annähernd abzuschätzen, wie groß die Mühen sein würden, welch unendliche Geduld sie alle aufbringen müßten, ehe die »kommenden besseren Stunden« schlagen würden?

Am Vorabend der Abreise, dem 15. März 1938, schauten noch einmal Freunde bei den Zuckmayers vorbei. Die Stimmung war gedrückt, aber nach einigen Gläsern Champagner wurde die kleine Gesellschaft von einer fatalistischen Heiterkeit befallen. Man bemühte sich, von ganz nebensächlichen Dingen zu reden. Nur als die Eheleute, Hand in Hand, im Bett lagen, murmelte Liccie: »Es ist das Schlimmste, was Menschen passieren kann. Aber wir müssen es ...« Mitten im Satz schlief sie, zu Tode erschöpft, ein.

Sie hatten beschlossen, daß Zuck allein reisen sollte – eine ganze Familie auf dem Weg in die Schweiz wäre zu auffällig gewesen. Er bestieg auf dem Wiener Westbahnhof den Zug nach Zürich mit Anschluß nach London. Geschützt durch seinen noch immer gültigen deutschen Reisepaß und das vorsichtshalber sichtbar getragene Eiserne Kreuz Erster Klasse kam er, trotz einiger sehr brenzliger Situationen, heil über die Schweizer Grenze.

24 Stunden später stürmte ein Verhaftungskommando zur Wohnung im Palais Salm. Da die Häscher das Nest leer fanden, räumten sie es bis auf den letzten Suppentopf aus. Kein Stück von den wertvollen antiken Möbeln, kein einziges Buch der vielen Tausende umfassenden Bibliothek mit ungezählten signierten Erstausgaben sind jemals wieder aufgetaucht. Ebenso wie Liccies Erb-Silber und Erb-Nerz, die in Henndorf geraubt wurden.

Nur der Erb-Hund, das blinde Scheusal, ging mit Liccie und Winnetou auf die Reise nach Berlin, unmittelbar nachdem der Vater Richtung Zürich abgefahren war. Nach einer von der Vorsicht gebotenen Wartezeit wollte man einander in der Schweiz wiedertreffen. Die Zuckmayers reisten mit denkbar leichtem Gepäck.

Der Vater, weil er auf der gefährlichen Fahrt so beweglich wie möglich sein mußte, Mutter und Kind, weil sie das Flugzeug nach Berlin nahmen und ohnedies mit dem Hund belastet waren. Dennoch: Winnetou bestand vor allem darauf, ihre zwölf aller-allerliebsten Stofftiere und die Heidi-Bücher mitzunehmen, und die Mutter ließ das verstörte Kind gewähren. Kleider und all der andere Plunder hatten in diesen schrecklichen Tagen jegliche Bedeutung verloren.

Unvergeßlich blieb den beiden dieser gespenstische Flug nach Deutschland. Die Maschine war gerammelt voll mit betrunkenen SS-Offizieren, vor deren schwarzen, totenkopfgezierten Uniformen sich das Kind fürchtete. Liccie begann, um Winnetou zu beruhigen, leise Melodien vor sich hin zu summen, und plötzlich hob der Sitznachbar, ein Brocken von einem Mann, an mitzusingen – auf schwedisch. Liccie hatte Bellman-Lieder intoniert, und der Riese war, wie sich bald herausstellte, ein schwedischer Journalist. Er war von seiner Zeitung zur »Bellman«-Premiere nach Wien geschickt worden – statt dessen hatte er über die Umsturz-Tage berichten müssen. »Bellman« war noch vor der Uraufführung abgesetzt und »für alle Zeiten« verboten worden.

Die SS-Leute bestellten noch eine Lage Champagner und luden alle Mitreisenden ein. Liccie und der Schwede lehnten dankend ab, die Stewardeß nahm mit Freuden an. Die SS-ler grölten: »Heute, da hört uns Deutschland und morgen die ganze Welt ...« Der Schwede replizierte mit dem berühmten Bellman-Lied: »Der Tod steht auf der Schwelle, schleift schon sein Schwert, und bald ist's mit dir vorbei.« Er sang es auf schwedisch, und alle spendeten Beifall.

Die Stewardeß hob ihr Glas und schrie: »Auf den Sieg«, der Schwede prostete ihr mit ernster Miene zu und sagte in seiner Muttersprache: »Auf den Tod.« Sie strahlte ihn glücklich an. Dann waren sie auch schon in Berlin.

Als Zuck in Zürich eintraf, war er so gut wie mittellos. Bei der Ausreise aus Deutschland durfte man nur einen geringfügigen Geldbetrag mitführen, und er wagte es nicht, dieser strikten Vorschrift zuwiderzuhandeln. Zunächst halfen ihm Freunde aus, dann kam, ungefragt und ungebeten, ein beachtlicher Vorschuß von Alexander Korda aus London. Irgendwann könne Zuck ihn »abarbeiten«.

Dennoch: Es galt sparsam mit dem Geld umzugehen, denn Zürich war ein teures Pflaster, und inzwischen waren auch Liccie und Winnetou angekommen. Zu dritt besaßen sie drei mittelgroße Koffer mit der nötigsten Kleidung und den zwölf Stofftieren, eine Aktenmappe, eine Hundetasche und, natürlich, den Hund. Aber: sie lebten und sie waren beisammen!

Nach einigem Hin und Her und sehr vielen, sehr demütigenden Behördenwegen (»Was wollen Sie in der Schweiz, in Deutschland lebt es sich doch jetzt wunderbar ...«) waren die drei als Flüchtlinge anerkannt worden, doch sie wie alle anderen durften im Lande weder arbeiten noch Geld verdienen. Geld ausgeben durften sie sehr wohl.

Zuck reiste also häufig nach London, Liccie und Winnetou samt Hund machten sich auf die Herbergssuche, nach einem geldschonenden Unterschlupf. Nach langem Umherirren mit stetig sinkendem Herzen fanden sie in Chardonne, hoch über Vevey am Genfer See, zwei Zimmer in einer kleinen Pension, deren freundliche Inhaber bereit waren, selbst das vierbeinige Monster mit den weißrollenden blinden Kugelaugen zu akzeptieren.

Es kam so etwas wie Heimatgefühl auf, als das Leben in regelmäßigen Bahnen zu verlaufen begann. Zuck arbeitete an seinen Drehbüchern, fuhr nur manchmal nach London, Winnetou besuchte die Schule in einem nahe gelegenen Landschulheim – irgendwie würde man über die schlimmen Zeiten kommen, irgendwann in die Heimat zurückkehren.

Aus dem trügerischen Frieden gerissen wurden sie, als sie ein Freund besuchte und die Zukunft in den düstersten Farben ausmalte. Es hatte sich bereits ein Einwanderungsvisum in die USA besorgt und beschwor die Zuckmayers, es ihm gleichzutun. Noch war es ein leichtes, nach Amerika zu emigrieren, aber wer weiß, wie bald ...

Es klang wie ein Echo der Warnungen, die drei Jahre zuvor von

Stefan Zweig gekommen waren. Zuck und Liccie sahen sich an, dann sagten sie nein. Es fehlte ihnen der Mut, mit einem Schlag alle Brücken abzubrechen, und irgendwo keimte die irreale Hoffnung, daß alles sich zum Guten wenden könnte. Was sollte ein deutschsprachiger Schriftsteller in einem Land, dessen Sprache er kaum beherrschte? Und überhaupt, Zuck meinte, »wo die Leute Ketchup aufs Rindfleisch schütten«, könnte er unter keinen Umständen leben.

Sternstunde in all der Betrübnis: Am 17. November 1938 wurde »Bellman« am Zürcher Schauspielhaus uraufgeführt, mit dem brillanten Karl Paryla in der Titelrolle. Es gab Ovationen, es gab eine rauschende Premierenfeier, nur Liccie und Zuck konnten im allgemeinen Jubel nicht mithalten. Übereinstimmend hatten beide das Gefühl, daß sie für sehr lange Zeit keine Zuckmayer-Premiere mehr erleben würden, wenn diese nicht überhaupt die letzte gewesen war. Neun bittere Jahre und einen Monat sollte es währen, bis Zuck in Zürich wieder vor den Vorhang gerufen wurde.

Anfang 1939, die über Europa heraufziehenden Kriegswolken waren immer unübersehbarer, erhielt Zuck ein großzügiges Angebot von Alexander Korda, einen langjährigen Vertrag, verbunden mit einem traumhaften fixen Salär. Korda schlug vor, die Familie sollte so bald wie möglich nach London übersiedeln, dort lebte es sich angenehm, dort wären sie sicher.

Zuck zögerte, den Vertrag zu unterschreiben. »Warum?«, wollte Liccie (diesmal leicht begriffsstutzig) wissen. Er schwieg eine Weile, dann sagte er: »Hunde müssen sechs Monate in die Quarantäne ... vier Tage kann er überleben, dann stirbt er.«

Das Monster, das Scheusal hatte Herrchen und Frauen besiegt, ihr Schicksal entschieden, weil es sie an ihrer wundesten Stelle getroffen hatte, ihrer grenzenlosen Tierliebe. Wegen des blinden, bellenden und quengelnden alten Überrestes aus einer großartigen Erbschaft gingen sie nicht nach England, wo sie mit offenen Armen erwartet wurden, sondern in die amerikanische Ungewißheit. Die meisten hielten sie schlichtweg für verrückt. Nur Tierfreunde, wahre Tierfreunde, konnten diesen Schritt nachvollziehen.

Einwanderungsvisa nach Amerika gab es längst nicht mehr. Das Gelobte Land war nur mit einem »Affidavit«, einer Bürgschaftserklärung durch einen angesehenen und auch finanziell unabhängigen US-Staatsbürger, betretbar. Dorothy Thompson, der sie umgehend schrieben, reichte ihnen die rettende Hand über Länder und Meere hinweg.

Im März 1939 hatte Zuck beruflich in Paris zu tun, da er an einem Drehbuch für Max Ophüls arbeitete. Seine Frau war mit ihm; gemeinsam besuchten sie einen alten Bekannten, den Dichter Jean Giraudoux, der im Augenblick den einflußreichen Posten eines Ersten Staatssekretärs im Außenministerium bekleidete. Der schlug vor, Familie Zuckmayer möge sich doch in Frankreich niederlassen, in Paris gebe es Arbeit genug, und London wäre von der Seine aus viel leichter zu erreichen als vom Genfer See.

Auf die Frage Zucks, was denn mit einem Flüchtling wie ihm passiere, wenn der Krieg ausbräche, lachte der Franzose herzlich und versicherte: »Dieser Krieg findet bestimmt nicht statt.« Worauf Zuck sofort beschloß, Europa eiligst zu verlassen. Er hatte in den letzten Monaten schon zu viele Fehldiagnosen aus allerberufensten Mündern vernommen, um den sogenannten »Eingeweihten« und »Geheimnisträgern« auch nur ein Wort zu glauben. Weg, nichts wie weg, war nun die Devise.

Also erneut Koffer packen, Abschied nehmen. Den letzten Abend in Paris verbrachten Zuck und Liccie mit Freunden in einem Restaurant, tranken mehr, als ihnen guttat, und traten dann schwankend zwischen Weinerlichkeit und hysterischer Fröhlichkeit zu Fuß den Heimweg ins Hotel an, wo Winnetou bereits schlief.

Auf einer der Seinebrücken blieben sie stehen, hielten einander lange fest umschlungen, ehe Liccie schluchzte: »Das alles – vielleicht nie mehr – vielleicht zerstört, in Trümmern ...« Sie löste sich aus den Armen ihres Mannes, wies mit einer weit ausholenden Handbewegung auf das glitzernde Panorama der Stadt und seufzte: »Schöööön ...« Zuck hat später erzählt, daß er den Blicken seiner Frau nicht folgte, sondern stumm in den Fluß starrte. Er sah nicht die Seine. Er sah den Rhein vor sich.

Gegen Ende Mai 1939 ging die Familie an Bord des kleinen holländischen Dampfers »Zaandam«, wobei Liccie eine mehr als seltsame Figur abgab. Unter einem weiten Trenchcoat verborgen schmuggelte sie Mucki, das Scheusal, an Bord, und sie war krampfhaft bemüht, das Tier so zu plazieren, daß sie »vollbusig«, aber, um Gottes willen, nicht »schwanger« wirkte. Als werdende Mutter hätte sie keine Chance gehabt, nach Amerika gelassen zu werden. Zu viele Frauen hatten versucht, in den Staaten niederzukommen, um den Neugeborenen damit automatisch zur amerikanischen Staatsbürgerschaft zu verhelfen.

Muckis Einreise hingegen wäre durchaus nichts im Wege gestanden, keine langmonatige Quarantäne wie in England. Aber laut Beförderungsvorschrift hätte der Hund in einen Zwinger im Bauch des Schiffes gesperrt werden müssen, und das hätte er, da waren sich die drei Zuckmayers sicher, nicht überlebt.

Ohne Zwischenfälle gelangte der kleine – im doppelten Sinn – blinde Passagier in die winzige Dreierkabine, und er gewöhnte sich, o Wunder, sogar daran, seine großen und kleinen Geschäfte im Duschabteil zu verrichten. Keiner der drei Zuckmayers wurde seekrank. Mucki wurde es und spie pausenlos – nicht nur aufs Zeitungspapier in der Dusche, sondern überall hin in die Kabine.

Trotz verzweifelter Versuche, die Spuren des Malheurs zu beseitigen, begann es in der Kabine dermaßen zu stinken, daß der Steward, der saubermachte, den Verdacht äußerte, dort würden tote Hunde transportiert, und dem Kapitän Meldung erstattete. Reumütig und zerknirscht legte Liccie ein volles Geständnis ab. Sie und ihr Tier fanden Gnade. Mucki durfte bleiben, wo er war. Die Seekrankheit wurde mit Unmengen von süßem Malaga unter Kontrolle gebracht. Der weitgereiste Mucki hatte noch zwei Jahre eines erfüllten Hundelebens vor sich, ehe er im methusalemischen Alter von 18 Jahren in Liccies Armen friedlich entschlief.

Das Husarenstück der Flüchtlingsfamilie wurde in der Langeweile des Bordlebens zum Tagesgespräch, die Mitreisenden brachten viel Verständnis und Sympathie auf, und eine in Amerika recht bekannte Schauspielerin nahm sich der drei liebevoll an, vor allem, um ihnen sprachlich ein bißchen weiterzuhelfen. Zuck konnte kaum Englisch (seine Drehbücher wurden in England immer aus dem Deutschen übersetzt), Liccie ein wenig und Winnetou überhaupt nicht.

Das Kind, das bald in ein Landschulheim in Vermont kommen würde, lernte das fremde Idiom spielend, Zuck studierte vom ersten Tag an mit großem Eifer und verbissener Konsequenz, Liccie sprach mit der Zeit fließend, aber mit starkem Akzent, und ihre bizarr bleibende Grammatik fand Zuck so lange haarsträubend, bis er sich endlich daran gewöhnt hatte ...

Mitten im Atlantik erhielten sie ein Kabel von Dorothy Thompson, dessen Inhalt Rätsel aufgab. Es lautete: »Erwarte euch als meine Gäste in meiner Wohnung 88 Central Park West. Laßt alle Gepäckstücke auf diese Adresse umschreiben.« Was sollte das heißen? Es war doch vereinbart, daß sie in einem kleinen Hotel wohnen würden? Wieso plötzlich die hochoffiziell klingende Einladung?

Dieses Kabel war, wie sich dann herausstellte, ein genialer Coup Dorothys. Ohne ihre Intervention hätte es der Familie passieren können, nicht ins Land gelassen und endlos auf der Einwanderer-Insel Ellis Island festgehalten zu werden. Denn: Die deutschen Pässe der Zuckmayers waren ungültig, nicht dem Datum nach, sondern wegen eines Passus im sogenannten »Reichsverordnungsblatt«. Darin war die sofortige Ausbürgerung der Zuckmayers verlautbart worden, und zwar aller drei, auch des zwölfjährigen Kindes. Damit verschafften sich die deutschen Behörden die Möglichkeit, den *gesamten* Besitz der *ganzen* Familie zu beschlagnahmen – und die Amerikaner hatten einen stichhaltigen Grund, den »Staatenlosen« die Einreise zu verweigern. Dorothy Thompsons »Affidavit« wäre ein wertloses Stück Papier gewesen.

Zuck hatte schon vor der Abreise gerüchteweise von der bevorstehenden Ausbürgerung erfahren, jedoch gehofft, daß die Amerikaner darüber noch nicht unterrichtet wären. Dorothy aber, gevift und davon überzeugt, daß die flinken amerikanischen Behörden sehr wohl wüßten, was im »Reichsverordnungsblatt« stand, hatte blitzschnell reagiert.

Sie flog nach Washington, stürmte direkt ins Vorzimmer des Präsidenten – niemand stellte sich ihr in den Weg, nicht umsonst war sie Amerikas berühmteste Journalistin –, erzwang binnen Minuten eine Aussprache mit Roosevelt. »Von ganz oben« erhielt die Einwanderungsbehörde die Anweisung, die Familie als »willkommene Gäste« ohne weitere Formalitäten einreisen zu lassen. Das Kabel, wonach die Neuankömmlinge Dorothy Thompsons persönliche Gäste wären, tat ein übriges, die Bürokraten zu beeindrucken.

Von allen diesen dramatischen Ereignissen hatte Zuck natürlich nicht die geringste Ahnung, und er war, so wie auch Liccie und Winnetou, von Angst und Hoffnung gleichzeitig aufgewühlt, als er am 6. Juni, Manhattan vor Augen, in die Schlange trat, die sich vor dem Schreibtisch des Einwanderungsbeamten gebildet hatte. Wußte der von der Ausbürgerung oder wußte er nicht? Das war die Frage.

Endlich kam die Reihe an »Mister Sackmär«, der gar nicht begriff, daß er gemeint war, bis ihm Liccie einen Schubser versetzte. Der Beamte strömte über von Höflichkeit und Ehrerbietung, schüttelte ihm die Hand und bemerkte respektvoll, daß Familie »Sackmär« den Vorzug einer persönlichen Empfehlung des Präsidenten genieße. Sie durften das Schiff vor allen anderen verlassen.

Die ersten Wochen in New York waren ein einziges Fest ohne die geringste Pause, die Zucks wurden wie Trophäen in der Kunstszene herumgereicht. Ihnen wurde allerdings nur allzubald klar, daß die Rosen, die man ihnen streute, nicht dem »berühmten« Schriftsteller aus Europa galten, sondern dem Namen Dorothy Thompson, in deren fürstlichem Appartement sie hausten, während die Dame des Hauses sich berufsbedingt in Washington aufhielt.

Winnetou allerdings, das verschreckte, verängstigte, heimatlose Kind, schätzte den Rummel um die Eltern überhaupt nicht. Sie saß meistens allein in der großen Wohnung und fürchtete sich. Besser fühlte sie sich erst, nachdem sie die Eltern in der Windsor Mountain School in Vermont untergebracht hatten, wo sie unter gleichaltrigen, fröhlichen Kindern ihr seelisches Gleichgewicht wiederfand.

Das Interesse der Society an den Flüchtlingen aus Europa war bald erlahmt, die Protektion durch den Präsidenten und eine renommierte Journalistin nützte wenig im Kampf ums Überleben. Die erste Zeit in Amerika »... war erfüllt von falschen Hoffnungen, verlorenen Illusionen, Abwehr, Entwurzelung und Kampf um die Existenz«, schreibt Liccie. Mit diesen wenigen Worten hat sie aufs einprägsamste die Situation fast aller Heimatvertriebenen umrissen. Hinzu kam die Sorge um die ältere Tochter Michaela, die noch immer in ihrem englischen Internat festsaß, während die Kriegsgefahr in Europa von Tag zu Tag stieg.

Liccie und Zuck verbrachten den Sommer 1939 in einem Häuschen in Vermont, das Dorothy Thompson ihnen zur Verfügung gestellt hatte. Von dort aus versuchten sie verzweifelt, alle in England verfügbaren Freunde und Bekannte zu mobilisieren, um das Mädchen aus dem bedrohten Land nach Amerika zu holen.

Einen Tag vor Kriegsausbruch gelang es Michaela, London in Richtung Amsterdam zu verlassen; sie fuhr von dort nach Kopenhagen und weiter nach dem schwedischen Göteborg. Findige Freunde hatten diese komplizierte Reiseroute zusammengestellt, da sonst keine Möglichkeit mehr bestand, aus der Festung Europa zu entkommen. Alle Schiffe, alle Flugzeuge waren hoffnungslos überfüllt.

Nach unendlichen Verzögerungen und Zwischenfällen erreicht Michaela als *letzte* Passagierin das *letzte* planmäßige Schiff, das Göteborg in Richtung New York verließ. Dort wurde sie von ihrem leiblichen Vater, Karl Frank, in Empfang genommen. Liccies Ex-Mann lebte, nun schon längst kein glühender Kommunist mehr, mit seiner zweiten Frau, einer Amerikanerin, in den Staaten und übte den politisch korrekten Beruf eines Psychotherapeuten aus. Er brachte Michaela zunächst zu Liccie und Zuck nach Vermont, später in ein Internat nach Connecticut.

Nachdem es Zuck nicht gelungen war, in New York beruflich Fuß zu fassen, ließ er sich von einem Agenten als Drehbuchschreiber nach Hollywood vermitteln. Liccie harrte inzwischen in New York in einem schäbigen kleinen Loch aus. Es war geplant, daß sie später ihrem Mann nachfolgen sollte.

Die Liste der Freunde, die Zuck in Hollywood willkommen hießen, liest sich wie das Who is who der damaligen Film- und Theaterwelt: Marlene Dietrich, Erich Maria Remarque, Ernst Lubitsch, William Dieterle, Max Reinhardt samt Ehefrau Helene Thimig, Curt Goetz und Valerie von Martens, Albert Bassermann, Ernst Haeusserman. Mehr als eine freudige Begrüßung hatten sie allerdings nicht zu bieten.

Als zukünftiger Autor von Drehbüchern war Zuck ganz auf sich allein gestellt. Er erhielt bei einer der großen Filmfirmen einen Siebenjahresvertrag für 750 Dollar die Woche (eine erkleckliche Summe damals), ein Büro und eine Sekretärin, mit der er allerdings nichts anzufangen wußte, denn sein Englisch war noch immer mangelhaft. Im übrigen mußte er auf alle Rechte an seinem geistigen Eigentum verzichten, und die Firma konnte ihn jederzeit feuern.

Sein erster Auftrag bezog sich auf ein russisches Sujet. Das Thema reizte ihn, die Arbeit ging gut voran. Er fühlte, auf dem richtigen Weg zu sein, und er war voller Zuversicht, obwohl ihm Hollywood mit seinem zwischen Hektik und Hysterie schwankenden Betrieb überhaupt nicht zusagte. Hier, so fühlte er, könnte er niemals heimisch werden.

Das Dilemma löste sich von selbst. Eines Tages wurde er zu seinem Boß gerufen, der ihm ungerührt mitteilte, daß der im Entstehen begriffene Film »gestorben« sei – aus politischen Gründen. Die Sowjetunion hatte soeben Finnland überfallen, Amerikas Sympathie stand auf Seite der Finnen, ein Film mit einem russischen Helden war undenkbar.

Zuck sollte sich eines anderen, eines unverfänglichen Heros annehmen, den der Star und Frauenschwarm Errol Flynn verkörpern würde: Don Juan. Don Juan – warum nicht? Als der Boß dann allerdings seinem Autor erklärte, wie er sich das Ganze vorstellte – viel Action, viel Liebesgetändel, das Ganze in Florenz (!) spielend, und die berühmte Giftmischerin, diese Medici, die müßte auch vorkommen –, da hatte Zuck doch manchen erheblichen Einwand. Der Don-Juan-Stoff sei in Spanien angesiedelt und nicht in der Toscana, und die Medici-Giftmischerin hieße eigentlich Lucrezia Borgia. Ach was, was spielte denn das alles schon für eine Rolle. Aber ja doch, für Zuck schon ... Na gut, dann eben nicht. Zuck war seinen Job los.

Die Eheleute trafen einander zu Weihnachten in San Francisco, die Töchter blieben in ihren Internaten. Sie wohnten in einer billigen Absteige, Liccie besorgte ein paar Tannenzweige, stellte vier Kerzen darauf, die sie nicht anzündete, und dann gingen sie in eine Pizzeria und betranken sich. »Es war die verlorenste, verlassenste Weihnachtszeit unseres Lebens«, schreibt Liccie.

Schließlich fand sich doch noch eine Verdienstmöglichkeit in New York. In einer Theaterschule sollte Zuck Vorlesungen und Diskussionen zum Thema »Humor im Drama« halten; er mußte gegen ein doppeltes Handicap ankämpfen. Er wußte sehr wohl in seinen Dramen witzige Pointen zu setzen, die Praxis beherrschte er aus dem Effeff – doch mit der Theorie hatte er seine liebe Not. Ebenso mit der Sprache. Seine Manuskripte wurden von einer Expertin aus dem Deutschen ins Englische übersetzt und zusätzlich mit allen erdenklichen Hinweisen über Aussprache und Betonung versehen. Seine Studenten waren taktvoll genug, nicht laut loszulachen, wenn er sich, was häufig vorkam, hilflos verhedderte oder katastrophale Sprachfehler machte.

Neben seiner Vorlesungstätigkeit unternahm er den zaghaften Versuch eines Comebacks als Dramatiker. Zusammen mit Fritz Kortner bearbeitete er das Anzengruber-Stück »Das vierte Gebot«, das unter dem Titel »Somewhere in France« in Washington DC das Rampenlicht erblickte – um bereits fünf Tage später sang- und klanglos unterzugehen.

Das Einkommen war minimal, »wir hielten uns gerade eine Stufe über der Verelendung«. Sie hausten primitiv, sie trugen anderer Leute abgelegte Kleider. Liccie, die nie zuvor in ihrem Leben auch nur ein Ei weichgekocht hatte – in ihren besten Tagen beschäftigten die Zuckmayers vier Dienstboten –, entwickelte sich zur Meisterköchin, konkurrenzlos in der Herstellung köstlicher Gerichte aus den einfachsten und billigsten Zutaten. Da sie es auch noch verstand, ihre Küche typisch wienerisch zu gestalten, war ihr der Ruhm in der österreichischen Emigranten-Kolonie sicher. Hans Jaray konnte noch Jahre später von ihrem gekochten Rindfleisch mit Kohl schwärmen.

Nachdem Hitler in Europa einen »Blitzkrieg« nach dem anderen gewonnen hatte, nachdem es fast aussichtslos erschien, jemals in die alte Heimat zurückzukehren, und Zuck schmerzlich erfahren hatte, daß er seinen eigentlichen Beruf nicht befriedigend zu erfüllen vermochte, beschloß das Ehepaar, etwas anderes, etwas ganz und gar Neues zu versuchen. Und sie wollten frei und unabhängig sein.

Eine Rolle bei diesem Entschluß dürfte auch gespielt haben, daß die beiden allmählich in eine Außenseiterposition gerieten. Es blieben ihnen nur die intimsten Freunde. Den Fernerstehenden, vor allem aus dem Kreis der deutschen und österreichischen Flüchtlinge, war die Toleranz der Zuckmayers fremd, vielleicht sogar anrüchig: Sie weigerten sich nämlich, alle Deutschen und alle Österreicher pauschal als Hitler-Anhänger zu verdammen. Sie glaubten an die »andere« Heimat, die »man nicht mit der Nazijauche gleichsetzen und anschütten« dürfe (Zuckmayer).

Liccie und Zuck hatten die für europäische Ohren ziemlich abwegig klingende Idee, ihr Glück als Farmer zu versuchen. Prompt fielen die Freunde unisono über sie her und erklärten sie schlichtweg für nicht normal. Die Amerikaner hingegen klopften ihnen ermutigend auf die Schultern und fanden die Sache okay – Amerikaner liebten Initiative, Risikobereitschaft, Mut und Beweglichkeit. Unzählige ihrer Landsleute hatten zu Zeiten der großen Rezession nach 1929 den Wechsel vom städtischen zum bäuerlichen Leben gewagt und sich hervorragend bewährt. Spontan bot ihnen eine New Yorker Bekannte ein unbefristetes Darlehen an, weil sie fand, daß man derart kühne Unternehmungen unterstützen müsse.

Die Wahl fiel auf den Bundesstaat Vermont, den die Zuckmayers während zweier Sommeraufenthalte kennen- und wegen gewisser Ähnlichkeiten mit den Landschaften der Heimat liebengelernt hatten. Im Sommer – wohlgemerkt. Vom Winter in Vermont mit bis zu fünf Meter hohen Schneeverwehungen und minus 40 Grad Kälte in diesem Staat nahe der kanadischen Grenze hatten sie so gut wie keine Ahnung.

Als erstes erstanden sie einen Gebrauchtwagen um 360 Dollar, suchten sich ein passendes Quartier, von dem aus sie sich auf die Suche nach einer geeigneten Farm machten. Liccie fuhr tagelang kreuz und quer durch die Gegend – ohne fündig zu werden. Zuck, noch immer ohne Führerschein, noch immer nicht aufs Autofahren versessen, machte sich zu Fuß auf den Weg, bis zu acht Stunden täglich.

Müde und verzweifelt, weil sie wieder einmal erfolglos gewesen war, kehrte Liccie eines Abends nach Hause zurück und fand ihren Mann, friedlich an seiner Pfeife ziehend, lässig in den Ohrensessel gelehnt, und so ganz nebenbei sagte er: »Ich habe *das* Haus gefunden.«

Das Haus war eine wunderschöne, aus dem 18. Jahrhundert stammende Farm, inmitten von Wiesen und Wäldern, an einem kleinen See, aber fernab jeder Zivilisation gelegen. Es gab kein Fließwasser, kein Badezimmer, keine Elektrizität, kein Telefon, nur einen einzigen mächtigen Kamin. Das Gebäude war zwölf Jahre lang leergestanden und dementsprechend kalt und feucht.

Die Vorliebe der beiden fürs Romantische triumphierte über alle praktischen Bedenken. Mit dem Besitzer der Farm, einem Geschäftsmann aus der nächsten Kreisstadt Woodstock, dem sie offenbar sympathisch waren, wurden sie bald handelseins. Sie bekamen das Haus für eine Monatsmiete von lächerlichen 50 Dollar, und der Eigentümer verpflichtete sich, Wasser, Elektrizität und Telefon in das antike, aber äußerst stabile Gebäude einleiten zu lassen. Es trug den bezeichnenden Namen »Backwoodsfarm« – Hinterwaldfarm.

Wenigstens um die Einrichtung brauchten sie sich keine Sorgen zu machen. Freunde, die wie sie emigriert waren, denen es aber noch gelungen war, ihre Möbel mitzubringen, überließen ihnen Riesenstücke, die in ihren New Yorker bienenwabenkleinen Wohnungen keinen Platz fanden. In der geräumigen Backwoodsfarm prangten alsbald ein Renaissanceschrank, ein Refektoriumstisch, schöne alte Bauernkästen, zwei reichgeschnitzte Kirchenbänke.

Ehe sie darüber nachdenken konnten, auf welche Weise sie den Bauernhof bewirtschaften sollten, um daraus ihren Lebensunterhalt zu bestreiten, mußten sie lernen, mit Handwerkszeug umzugehen. Zuck, der bis dahin nicht imstande gewesen wäre, auch nur einen Nagel einzuschlagen, brachte es bald so weit, mit Axt und Säge zu hantieren, ohne sich Finger und Zehen abzuhacken. Liccie spezialisierte sich aufs Feinmechanische. Sie legte und reparierte Leitungen und nähte – alles mit der Hand, denn eine Nähmaschine besaß sie nicht. Beide bekamen schwielige, oft blutige Hände, von den Rücken- und Muskelschmerzen ganz zu schweigen.

Letzten Endes aber wären sie verloren gewesen, hätte es nicht das Departement für Landwirtschaft mit Zweigstellen in jedem Bundesstaat gegeben, das Menschen wie ihnen immer hilfsbereit und immer geduldig mit Ratschlägen zur Seite gestanden ist. Das Institut gab gut lesbare, auch für Voll-Ignoranten verständliche Broschüren über alle nur denkbaren Fachgebiete heraus: »Das Farmbudget«, »Wie wählt man ein gutes Pferd aus?«, »Milben und Läuse im Geflügel«, »Milchwirtschaft für Anfänger«, »Der trockene Keller«, »Messerschleifen«, »Herstellung von Sesselbezügen«, »Trocknen von Arzneipflanzen«, »Auswahl der Hennen für Eierproduktion« – und so weiter und so fort. Man konnte in die Außenstellen gehen und, so Liccie, »ihnen die ahnungslosesten und absurdesten Fragen stellen, ohne daß sie oder ich errötet wären«.

Sie entschieden sich für die Geflügel- und Ziegenzucht (Ziegenmilch wurde damals zur Behandlung verschiedener Magenerkrankungen verwendet). Binnen kurzer Zeit schafften sie sich siebenundfünfzig Hühner, zwanzig Enten, fünf Gänse, vier Ziegen, zwei Schweine (nur für den Eigenbedarf), zwei Hunde und zwei Katzen (fürs eigene Vergnügen) an. Das Futter, Mais, Rüben, Klee und Sojabohnen, bauten sie selbst an, für den menschlichen Gebrauch

Kartoffeln und Gemüse. Wer je mehr als ein Haustier zu versorgen gehabt hat, kann sich ausrechnen, wieviel Arbeit und Probleme dieser kleine Zoo für zwei Stadtmenschen bedeutet haben mag.

Vom heutigen Standpunkt aus betrachtet, waren die Zuckmayers lupenreine Biobauern. Die Enten, die Gänse, die Hühner, die Ziegen und die Schweine liefen frei auf der Wiese herum und wurden durch und durch »natürlich« gehalten. Die Einnahmen aus dieser Kleinviehzucht waren bescheiden und deckten mit Mühe die Unkosten. Die beiden Farmersleute konnten nur überleben, weil sie zu fast hundert Prozent Selbstversorger waren.

Grausam und kaum erträglich waren die Winter in Vermont, denn die Zuckmayers waren so gut wie abgeschnitten von der Außenwelt. Täglich mußten sie sich durch die Haustür graben; der Schnee lag meist bis zu den Fenstern des ersten Stockwerks. Das Auto blieb weit unten im Tal abgestellt. Ihre Transportmittel waren Ski und Schneereifen, die an die Schuhe geschnallt wurden. Zwar hatten sie sich wie Hamster für die langen Wintermonate mit Vorräten eingedeckt – das eine oder andere aber wurde doch gebraucht und mußte mühsam mit dem Rucksack herangeschleppt werden.

Manchmal waren auch die letzten Wege vollkommen unpassierbar, und es konnte Tage dauern, bis der Schneepflug zur Hinterwaldfarm durchdrang. Extrem kritisch wurde die Lage, wenn dann auch noch Strom und Telefon ausfielen.

Die Misere des arktischen Winters, die körperlichen Anstrengungen bis zur totalen Erschöpfung – die haben sie gemeinsam guten Mutes überstanden. In beängstigende Ungewißheit und höchste Alarmbereitschaft wurden sie wieder versetzt, als Amerika, Anfang Dezember 1941, in den Krieg eintrat. Auf einmal waren sie »feindliche Ausländer«. Würde man sie, so wie in Frankreich geschehen, unter den gräßlichsten Umständen internieren? Oder, so wie in England, verschicken?

Panik überfiel die beiden, als der allseits gefürchtete Orts-Sheriff samt Hilfs-Sheriff, beide je zwei gut sichtbare Pistolen am Gürtel, herangestapft kam.

Die zwei gebärdeten sich bei weitem nicht so grimmig, wie sie aussahen, nahmen artig einen Drink, beäugten die Einwanderungspapiere. Nun ja, meinte der Sheriff, es werde eigentlich nur nach Spionen gefahndet, die sich als Exilanten tarnten – aber was gäbe es denn hier schon zu entdecken? Wie tief das Thermometer gesunken sei? Wie viele Skunks nachts ums Haus schlichen?

Unter dröhnendem Gelächter über seine eigenen Witze verabschiedete sich der Sheriff, nicht ohne eingestreut zu haben, daß auch seine Familie aus Deutschland stammte. Good bye ... Gerettet. Davongekommen! Das Schlimmste, was den beiden passierte: Sie mußten aus ihrem Radioapparat den Kurzwellenbereich entfernen, und sie durften weder Kameras noch Feuerwaffen besitzen. Geschenkt!

Dennoch: Liccie fand das innere Gleichgewicht nicht so bald wieder. Sie reagierte ihre Unruhe mit hektischem Keksbacken ab, produzierte Berge von Lebkuchen, Zimtsternen, Nußkugeln und Vanillekipferln, als gälte es, eine ausgehungerte Kompanie Soldaten und nicht nur zwei Erwachsene und zwei halbwüchsige Töchter auf Weihnachtsferien zu verköstigen. Zuck brachte eine Riesentanne, die er im Wald eigenhändig gefällt hatte, nach Hause. Das Fest verlief in schönster Harmonie. Dennoch: Liccie konnte sich nicht wirklich freuen, »ich kann nur versuchen, mich nicht allzusehr zu fürchten«, notierte sie.

Bei Zuck scheinen Zuversicht und ein fanatischer Wille, die gegenwärtigen Mißlichkeiten zu meistern, überwogen zu haben. Das läßt sich aus einem Aufruf an Leidensgenossen herauslesen, den er Ende Februar 1942 verschickte, unmittelbar nachdem der Selbstmord von Stefan Zweig bekanntgeworden war. »Vergiß nicht, wie Brot schmeckt, vergiß nicht, wie Wein mundet – in den Stunden, in denen du hungrig und durstig bist. Vergiß nicht die Macht deiner Träume. Gebt nicht auf, Kameraden.«

In all dem Jammer überfiel Liccie nagender Hunger – Hunger nach geistiger Nahrung. Wann immer es ihre Zeit erlaubte, machte sie sich auf den Weg nach Hannover, um sich in der Bibliothek des Dartmouth College mit Wissen vollzusaugen. Im Winter mußte sie über Nacht in dem Universitätsstädtchen bleiben, denn der Weg war zu mühsam, um in einem Tag hin und zurück zu kommen. Während ihrer Abwesenheit versorgte Zuck die Tiere und den Haushalt vorzüglich. Kein Stäubchen lag herum, kein Bröselchen beleidigte das Auge der heimkehrenden Hausfrau, das Geschirr stand, tadellos gespült, dort, wo es hingehörte.

Er arbeitete schwer, er war zu jeder Stunde mit irgend etwas beschäftigt, die Zeit war ihm stets zu kurz – zum Lesen kam er schon gar nicht. Oder wollte nicht dazu kommen, ganz zu schweigen vom Schreiben. Sein Hirn glich einer trockenen Wüste.

Als sie auf die Farm zogen, hatte er noch hochfliegende Pläne, eine Menge Ideen, dann aber doch nicht die Kraft, sie zu verwirklichen. So geriet das Thema »Schreiben« allmählich zum Tabu. Es war so, als hätte er nie etwas geschrieben und als würde er niemals mehr etwas schreiben.

Aber wir wissen es aus der Biologie: auch unter der Wüste keimt und regt sich Leben, das nach oben drängt. Und wir wissen es seit Sigmund Freud: Das Hirn mag noch so träge sein, aber das Unbewußte ruht und rastet nicht, nicht im Wachen, nicht im Schlafen, bis es sich manchmal explosionsartig in Bewußtes verwandelt.

Es war in den letzten Wochen des Jahres 1941, als Zuck in einer Zeitung eine winzige Notiz las, daß Ernst Udet, fünfundvierzig Jahre alt, Generalluftzeugmeister der Deutschen Luftwaffe, beim Probeflug einer neuen Maschine tödlich abgestürzt sei. Er hätte ein Staatsbegräbnis erhalten. Aus. Punkt. Nichts weiter.

Ungefähr ein Jahr später schleppte sich Zuck, einen schweren Tragkorb auf dem Rücken, heimwärts zur Farm, als er plötzlich stehenblieb und sich laut sagen hörte: »Staatsbegräbnis«. »Staatsbegräbnis« ist das letzte Wort in Zuckmayers Tragödie »Des Teufels General«, und da er es ausgesprochen hatte, stand schlagartig das ganze Stück vor ihm, Szene für Szene, Satz für Satz.

Wie es Glück oder Zufall wollte, kam Winnetou gerade zu diesem Zeitpunkt in die Weihnachtsferien und nahm dem Vater einen Teil seiner Arbeit ab; er konnte sich ab dem Nachmittag in eine Kammer unter dem Dach zurückziehen und »wie in Trance« den ersten Akt niederschreiben sowie Bruchstücke des letzten, der, wie erwähnt, mit dem ominösen Wort »Staatsbegräbnis« endet.

Es war nicht nur eine geistige Anstrengung ersten Ranges, sondern gleichermaßen eine physische. Die Innenseiten seiner Finger waren von tiefen Rissen und Schrunden durchzogen, die manchmal bluteten, verkrusteten, wieder aufsprangen. Er war kaum imstande, einen Bleistift zu halten, um sich Notizen zu machen. Das Tippen auf der Maschine war eine nicht enden wollende Qual, auf den Tasten blieben bräunliche Flecken von eingetrocknetem Blut.

Liccie hätte nur zu gern gewußt, was ihr Mann da oben in seiner Klause eigentlich trieb. Drei Wochen lang ließ er sie im Ungewissen, ehe er sein Geheimnis lüftete und zugleich resigniert bemerkte: »Das ist mein erstes Stück, das ich für die Schublade schreibe. Es wird nie gespielt werden, aber ich mußte es tun.«

Aus zwei Gründen hielt Zuck das Stück für nicht spielbar: Er sah damals, mitten im Krieg, keine Chance, daß es in einem von Hitler beherrschten Europa auf die Bühne kommen könnte – nicht einmal unter einem Decknamen, denn Zuck selbst stand ja auf dem Index. Eine Aufführung in der übrigen Welt schien ihm ebenso undenkbar, denn es kamen darin auch »gute Deutsche« vor, an deren Existenz er unbeirrbar glaubte.

Heute wissen wir es besser. Heute wissen wir, daß »Des Teufels General« nach dem Krieg in Deutschland und überall sonst eines der meistgespielten Stücke wurde und auch in der Filmversion nichts von seiner Faszination eingebüßt hat.

Die Geschichte des Generaloberstn Harras (= Ernst Udet), der, um seiner närrischen Liebe zur Fliegerei ungehindert frönen zu können, Hitler seine Seele verkauft und der dann, als er endlich die Erbärmlichkeit seines Tuns erkennt, in den Freitod stürzt, ist von beklemmender Wirklichkeitsnähe. Immer wieder haben sich die Leute gefragt, wie ein Mensch, der Tausende Meilen vom Zentrum des Geschehens entfernt lebte, ein so genaues Bild der Vorgänge im Inneren Deutschlands zeichnen konnte.

Doch die Erklärung ist einfach und einleuchtend: Zuck kannte Udet ziemlich genau, der ihm einmal gesagt hatte: »Ich bin der Flie-

gerei verfallen ... Aber eines Tages wird uns alle der Teufel holen.«
Er kannte aus dem Ersten Weltkrieg den Kasino-Originalton und, aus eigener bitterer Erfahrung, die Mechanismen des SS-Staates. Den Rest besorgten das Wissen um das Wesen der deutschen Seele, Scharfsicht und Einfühlungsvermögen des geborenen Dramatikers.

Nachdem Zuck die fertigen Szenen seiner Frau vorgelesen hatte, rief sie hingerissen: »Ja, ja, so ist es, so muß es sein!«

»Es war«, so erinnert sich Zuck, »eine aussichtslose Arbeit, aber sie begeisterte uns bis zu einer Art von Ekstase.« Sie tranken die letzten Bierflaschen leer und den letzten Rest von Whisky, der sich noch irgendwo verborgen gefunden hatte, und sie fielen »berauscht, beglückt, verzweifelt ins Bett«.

Der Rausch und die Ekstase hielten nicht an. Es gab, wie immer, die tägliche Tretmühle der Arbeit, und es sollte bis 1945 dauern, ehe das Stück fertig geschrieben war. Da war dann – endlich – der Krieg zu Ende.

Ich weiß, ich werde alles wiedersehn,
und es wird alles ganz verwandelt sein.
Ich werde durch erloschne Städte gehn,
darin kein Stein mehr auf dem andern Stein ...

... lauteten die Anfangszeilen eines prophetischen Gedichtes, das Zuck kurz nach Kriegsausbruch in Amerika geschrieben hatte – damals war noch nicht eine einzige Bombe auf Deutschland gefallen! Nun, nach Kriegsende, wünschten Zuck und Liccie nichts sehnlicher als dieses Wiedersehen – so schrecklich es auch sein mochte.

Zuck war, weit mehr wohl als seine Frau, »a German and a patriot«, wie Dorothy Thompson es einmal so treffsicher ausgedrückt hat. Es zog ihn unwiderstehlich in die alte Heimat, nicht ahnend, in welche inneren Konflikte er sich stürzen würde.

Zunächst war es schlichtweg unmöglich, in das besetzte Europa zu gelangen, Zuck und Liccie blieben notgedrungen auf ihrer Farm und gingen ihren üblichen Beschäftigungen nach. Der Betrieb warf, wie in all den Jahren zuvor, kaum genug ab, um die Familie zu ernähren. Nun aber versuchten sie, den Eltern Zuckmayer, die sich vor den Bomben nach Bayern gerettet hatten, mit Lebensmittelpaketen zu helfen, die natürlich nicht umsonst zu haben waren. Also gewöhnten sie sich das Rauchen ab, sie tranken keinen Schluck Whisky mehr, sie sparten jeden Cent, den sie nur irgendwie erübrigen konnten, wie damals in New York lebten sie an der Armutsgrenze.

1946 ergab sich für Zuck die Möglichkeit, als Zivilbeamter in den Dienst der amerikanischen Regierung zu treten Er tat es in der Hoffnung, innerhalb absehbarer Zeit als Kulturbeauftragter nach Deutschland geschickt zu werden. Liccie würde warten müssen. Zivilisten war die Einreise nach Deutschland streng untersagt.

Zuck wurde im Oktober 1946 ausgeschickt, um in Deutschland und Österreich die gegenwärtige Lage des kulturellen Lebens zu ermitteln und Pläne für dessen Wiederaufbau auszuarbeiten. Er hat es nie ausgesprochen, aber es darf vermutet werden, daß diese Mission in irgendeinem Zusammenhang mit dem »Umerziehungs- und Demokratisierungsprogramm« gestanden ist, das die Amerikaner damals aufzogen – mit naivem Enthusiasmus und geringem Erfolg. Man kann nicht ein ganzes Volk »umerziehen« ...

Das erste Wiedersehen mit dem zerbombten Frankfurt, wo er einst studiert hatte, trieb ihm die Tränen des Schmerzes in die Augen, das erste Gespräch mit einem Deutschen Tränen der Freude. Der Portier des Hotels, in das man ihn einquartiert hatte, betrachtete seinen (nun amerikanischen) Paß, strahlte und fragte den neuen Gast, ob er womöglich gar *der* Zuckmayer vom »Fröhlichen Weinberg« sei. Als Zuck dies bestätigte, schüttelte ihm der Mann, überrascht und erfreut, die Hand und überreichte ihm feierlich ein weißes Handtuch. Üblicherweise, teilte er dem bewunderten Autor mit, üblicherweise bekämen die Gäste keine Handtücher. Es würde zuviel geklaut.

Zuck reiste nach Berlin, nach Darmstadt, nach Köln, nach München, erledigte die ihm erteilten Aufträge, traf Freunde, die irgendwie überlebt hatten – untergetaucht, dem KZ entkommen –, besuchte Gräber und fand endlich Zeit und Gelegenheit, seine alten Eltern im Allgäu wiederzusehen.

In einer der ergreifendsten und zugleich sehr nachdenklich stimmenden Passage seiner Autobiographie »Als wär's ein Stück von mir« schildert Zuck seine Gefühlslage, als ihm »das Glück« widerfuhr, »nicht hassen zu müssen«. Ein brauner Oberbonze hatte durch allerlei geschickte Manipulationen die »nichtarische« Herkunft der Amalie Zuckmayer in deren Papieren so geschickt vertuscht, daß sie unbehelligt blieb. Bis an sein Lebensende beschäftigte Zuck die Frage, was er wohl gedacht, was er wohl getan hätte, wäre seiner Mutter ein Leid geschehen. Er konnte es nicht sagen.

Während Zuck kreuz und quer durch die zerbombte Heimat reiste, zu Ruinen zerfallene Theater sah, liefen in Zürich die Proben für die Uraufführung von »Des Teufels General«, die am 12. Dezember 1946, genau vierzehn Tage vor dem 50. Geburtstag des Dichters, stattfinden sollte. Die Besetzung war – aus heutiger Sicht – überaus prominent mit Gustav Knuth in der Titelrolle, mit Robert Freitag, Heinrich Gredler und Hans Holt in weiteren Partien. Die Namen sagten Zuck damals nichts, nur der Regisseur Heinz Hilpert war ein aus Berliner Tagen erprobter Weggefährte.

Bei dieser Gelegenheit sollten Zuck und Liccie einander endlich wieder treffen. Liccie war die Einreise nach Deutschland noch immer verwehrt, aber in die Schweiz konnte sie fahren, wenn auch nur mit Visum, das zu beschaffen nicht eben leicht gewesen war. Der Grund der Einreise mußte im Visum ausdrücklich vermerkt sein. Am 5. Dezember erreichte sie, aus Frankreich kommend, die Grenze, und sie bekam ein flaues Gefühl in der Magengegend, als der Schweizer Zollbeamte den Paß drehte und wendete, jede Seite genau studierte, Liccie immer wieder kopfschüttelnd ansah, um endlich, sichtbar verwirrt, seinen Stempel in das Dokument zu drücken. Durchaus verständlich, daß der gute Mann irritiert war. Denn unter der Rubrik »Grund der Einreise« stand zu lesen: »Des Teufels General.«

Aus allen zeitgenössischen Berichten läßt sich ablesen, daß die Uraufführung des Stückes bei Presse und Publikum gleichermaßen Begeisterung wie Erschütterung auslöste. Jedoch kaum ein Wort darüber findet sich weder in Zucks noch in Liccies Lebenserinnerungen.»... es gibt Empfindungen und Erfahrungen, die sich der Beschreibung entziehen«, schreibt Zuck. »Wenn einer scheintot begraben worden wäre und dann wieder ausgebuddelt und zum Leben erweckt, könnte er vermutlich auch nicht viel davon reden.«

Tausende Male ist die Tragödie inzwischen in aller Welt gegeben worden. Die Aufführung in Deutschland aber wurde zunächst verhindert. Ausgerechnet die Kontrollbehörde, der Zuck selbst angehörte, legte ein Veto ein. Sie erblickte in dem Drama einerseits eine Verherrlichung der deutschen Offizierskaste (Harras sieht seine schweren Fehler ein und begeht Selbstmord, ein Leutnant Hartmann trägt die Hoffnung des »anderen« Deutschland) – andererseits befürchtete sie Demonstrationen von seiten der unverbesserlichen Nazis.

Erst ein Jahr später, im November 1947, kam es zur Premiere in Frankfurt am Main, und das Stück erregte tiefe Betroffenheit. Verwundert, erstaunt und wohl auch beschämt, plötzlich wissend um Dinge, die sie nicht hatten sehen und wissen wollen, verließen die Menschen das Theater. Niemals in all den Jahrzehnten seither hat ein sogenanntes Zeitstück den Nerv so genau getroffen wie dieses.

Sechzehn Jahre später eine Entscheidung des Dichters, die den meisten rätselhaft und unfaßbar schien, aber, denkt man ernsthaft darüber nach, eine begreifliche tiefere Ursache hatte: Er ließ »Des Teufels General« für die deutschen Bühnen sperren. Zu viele Mißverständnisse hatte es gegeben, und in einer Zeit, da die später viel zitierte »Vergangenheitsbewältigung« noch nicht einmal ansatzweise stattgefunden hatte, sahen sich allzu viele Mitläufer des Hitlerregimes von aller Verantwortung losgesprochen. Das aber war nun ganz bestimmt nicht die Absicht Zuckmayers gewesen ...

Im Anschluß an die Frankfurter Premiere, nachdem Zuck klar geworden war, daß viel Aufklärungsarbeit in Sachen Demokratie zu leisten war, führte er ein unstetes Wanderleben von Stadt zu Stadt, von Schule zu Schule, von Universität zu Universität, von

Gewerkschaftshaus zu Gewerkschaftshaus, um mit jungen Menschen zu diskutieren. Sie waren in der Hitlerjugend aufgewachsen, hatten in der Wehrmacht oder bei der SS gedient, waren völlig orientierungslos und unfähig, an eine bessere Zukunft zu glauben. Vermutlich hat er mit seinem Enthusiasmus, seinem persönlichen Einsatz mehr erreicht als die Amerikaner mit ihrem pompösen »Umerziehungsprogramm«.

Liccie war meist an seiner Seite, dann aber begann sie, selbst Vorträge zu halten, weniger sichtbar um Läuterung bemüht. Sie erzählte einfache, oft heitere Geschichten mit einem deutlich fühlbaren humanen Kern.

Sie hatte, noch in Vermont, spontan begonnen, die Erlebnisse mit dem schrecklichen Hund Mucki aufzuschreiben; aus der Hinterwaldfarm hatte sie Freunden anschaulich über den Alltag einer Neu-Bäuerin berichtet. Erich Kästner bewog sie, daraus Bücher zu gestalten. Sowohl »Das Scheusal« (Mucki) als auch »Die Farm in den grünen Bergen« erlebten Traumauflagen, die denen des Ehemannes sehr nahe kamen. »Das Kästchen«, die Geschichte ihrer ersten Wiener Jahre, erreichte nicht so viele Leser: Eine traurige Kindheit hatten zahllose Menschen selbst erlebt – aber gerade dieses Buch verrät sehr viel über die zarte Empfindsamkeit und große Verletzlichkeit einer immer wieder als »stark« und »zupackend« beschriebenen Frau.

1948 kam es zu einem plötzlichen und harten Einschnitt im Leben des Paares: Zuck brach nach einem Vortrag mit einem Herzinfarkt zusammen: Seine wilde Jugend, der rauschhafte, kometenartige Erfolg, die Verfolgung, die Flucht, der schwierige Neuanfang in den USA, die körperliche Herausforderung auf der Farm, die Euphorie der Heimkehr, die Rastlosigkeit seiner Vortragsreisen, das alles forderte nun seinen Tribut. Zuck war erst 52 Jahre alt, und er brauchte fast zwei Jahre, bis er vollkommen erholt war.

Bis er und Liccie endgültig zur Ruhe kamen, sollte es noch weitere sieben Jahre dauern. Es will scheinen, daß der Fußtritt, den ihnen das Schicksal 1938 versetzt hatte, eine so gewaltige Wirkung ausübte, daß sie, wie von unsichtbaren Kräften gehetzt, ständig durch die Welt schweifen mußten. Sie besaßen eine Wohnung in Chardonne, wo sie die ersten Monate ihres Exils verbracht hatten, ein kleines Häuschen in Vermont – die Farm war verkauft worden –, sie lebten teilweise in Zürich bei Freunden, sommers in einer Mietwohnung in dem idyllischen Bergdorf Saas Fee: Aber meist waren sie unterwegs, Koffer auf, Koffer zu und wieder weiter.

»Wir sind zurückgekehrt, aber nicht heimgekommen«, hat Zuck einmal gesagt, und Liccie beschreibt in einem ihrer Bücher den seltsamen Schwebezustand, in dem sie sich befanden: Sie waren nicht mehr Amerikaner, obwohl sie dort eine zweite Heimat gefunden hatten, sie waren aber auch nicht mehr Deutsche. Zum ersten Mal fühlten sie sich wirklich heimatlos, obwohl oder weil sie nun zwei Heimatländer hatten.

Eine gewisse Rolle dürften auch Ereignisse gespielt haben, wie sie der tiefsten Liebe, der glücklichsten Ehe widerfahren können, und die Liccie in delikater Weise so beschreibt: »Es gab Zeiten, in denen Zuck manchmal verlorenging, aber immer wieder zu sich selbst fand. Ich war keine Leidende, eher eine Zornige, und sparte nicht mit Unverständnis, in manchen Fällen mit Verachtung gemischt. Die hatte ich eh und je für Frauen, wenn sie ihr Spiel trieben, mit einer Aggressivität, die mir fremd und zuwider war ... Ich überschritt unseren Kreis nur sehr selten, und dann waren es Phantasiegestalten, die später meine lebenslangen Freunde wurden.«

Das Haus, der Fels, der ihnen Grund und Boden und festen Halt für den Rest ihres Lebens geben sollte, wurde von Liccie gefunden, im geliebten schweizerischen Saas Fee, überragt von nicht weniger als dreizehn Viertausendern.

Er sei lieber in Saas Fee bei schlechtem Wetter als anderswo bei gutem, hat Zuck einmal gesagt, und: »Jeder Tag, den ich nicht in Saas Fee verbringe, ist für mich ein halber Tag. Nur hier lebe ich ganz.«

Was lag näher, als auf der Stelle zuzugreifen, nachdem Liccie auf einem Spaziergang, ein gutes Stück außerhalb des Dorfes, das riesige, aus Holz gebaute, mit schweren Natursteinplatten bedeckte Haus, das ihnen schon immer gefallen hatte, zum Verkauf ausgeschrieben fand.

Ein Jahr dauerte der Umbau, um es den Bedürfnissen der Familie anzupassen, 1958 konnte es endlich bezogen werden – ständiger Wohnsitz für das Ehepaar, Ferien- und Zufluchtsort für die Töchter. Michaela hatte in Amerika Psychologie und Musik studiert und sich in New York verheiratet. Winnetou hatte, ebenfalls in den Staaten, Sprachen studiert, dann aber nach ihrer Heimkehr – wie die Mutter, wie die Großmutter – den Beruf einer Schauspielerin ergriffen, ehe sie den österreichischen Dichter Michael Guttenbrunner heiratete und Mutter einer Tochter wurde.

Niemals verstummte die Frage, warum die Zuckmayers sich nicht in Deutschland niedergelassen hatten, wo sie mit Freuden und in Ehren aufgenommen worden waren, wo Zucks Stücke und Filme pausenlos gespielt, seine Bücher verlegt wurden und er selbst Auszeichnungen und Preise sonder Zahl verliehen bekam.

Zuck hat es mehrfach zu erklären versucht. Sie waren zwar amerikanische Staatsbürger, dennoch hatte es sie mit allen Fasern nach Deutschland gezogen. Aber: »Da war ein Schatten«, schreibt er, »den man nicht überschreiten konnte.« Er meinte den Schatten jenes Verbrechens, das möglicherweise auch bei anderen Völkern hätte geschehen können, das aber gerade bei jenem Volk geschehen war, das sie liebten und immer weiter lieben würden – und das nicht hätte geschehen *dürfen*. Sie fühlten sich weder den Siegern noch den Besiegten zugehörig. Das nagende Gefühl der Heimatlosigkeit wich erst, als sie die Schweizer Staatsbürgerschaft erwarben.

Allmählich wuchsen sie, so wie einst in Henndorf, in die kleine Dorfgemeinschaft hinein, fast mit jedem auf du und du, und sogar die (zumindest im Anfang ihres Aufenthaltes) dort verbreitete Mundart lernten sie verstehen. Es war kein Schwyzerdütsch. In den abgelegenen Hochtälern hatten sich Anklänge ans Althochdeutsche erhalten, und wenn jemand sagte: »Im Uestag sind die Gille volli

Hopschla«, dann wußten sie, daß das »Im Frühling sind die Teiche voller Frösche« hieß. »Di Burscht sind am Frontag älliwärdi gsi, hita sindsch fini«, übersetzte sich so: »Die Kinder waren am Donnerstag schlimm, heute sind sie brav.«

In den ersten Jahren waren die Zucks noch immer viel unterwegs, sie machten Reisen, sie hielten Vorträge, später engte sich ihr Radius ein, und beider Hauptvergnügen waren stundenlange Wanderungen mit Proviant im Rucksack.

Zuck arbeitete bis zuletzt mit größter Disziplin in einer Klause, die er sich im obersten Stockwerk eingerichtet hatte. Er war ein Frühaufsteher, bereitete sich sein Frühstück selbst, schrieb vormittags und nachmittags je drei Stunden; das gleichmäßige Stakkato seiner Schreibmaschine war im halben Haus zu hören. Er schrieb direkt in die Maschine und machte sich nur auf den ausgedehnten Spaziergängen, die er in den Pausen unternahm, kurze handschriftliche Notizen.

Sein Lebenswerk ist enorm: Siebzehn Bände umfaßt die anläßlich seines 100. Geburtstags von der Tochter Winnetou betreute Gesamtausgabe. Seine späten Dramen »Der Gesang im Feuerofen«, »Barbara Blomberg«, »Das kalte Licht« und »Die Uhr schlägt eins« heimsten zwar Achtungserfolge ein, so populär wie seine früheren Stücke wurden sie nicht. Die Filme allerdings (»Der Hauptmann von Köpenick« mit Heinz Rühmann, »Schinderhannes« und »Des Teufels General«, beide mit Curd Jürgens in der Hauptrolle) begeisterten ein Massenpublikum.

Auch Liccie hatte nichts von ihrer lebenssprühenden Energie eingebüßt. Wie ein Wirbelsturm fegte sie durch Haus und Garten, immer auf dem Sprung, etwas zu tun, etwas zu organisieren, und mit großer Freude die zahlreichen Gäste, die aus aller Welt nach Saas Fee zu Besuch kamen, zu betreuen.

Das Paar lebte einträchtig zusammen, eine beschauliche Philemon-und-Baucis-Idylle boten sie dennoch nicht. Dazu war beider Temperament zu vulkanisch, wie es Dorothy Thompson einmal festgestellt hat, und vor allem Zucks Jähzorn hatte auch mit den Jahren nichts von seiner Heftigkeit eingebüßt. Hin und wieder gab

Alice und Carl Zuckmayer in Saas Fee

es lautschallenden Streit zwischen den beiden, der jedoch ebenso schnell verhallte, wie er ausgebrochen war, und abends saßen die beiden dann wieder friedlich vor dem Kamin zusammen, ein Gläschen des vorzüglichen Weines genießend, der in Zucks vielgerühmtem reichbestückten Keller lagerte.

Im achten Lebensjahrzehnt stehend, begannen Zucks Gedanken, wie wohl bei den meisten Menschen dieses Alters, um das unabwendbar bevorstehende Ende zu kreisen. »Es ist nicht der Tod, vor dem ich mich fürchte«, schrieb er. »Der Tod muß nicht grausam würgen, er kann auch ... mit rascher, gnädiger, barmherziger Klinge treffen.« Als »frommen Wunsch« bezeichnete er selbst, was sich in Gedichtform so liest:

Ich werde einmal plötzlich auf die Nase fallen
Allein im tiefen Wald. Vom Schlag gestreckt.
In kurzem Kampf noch zuckend mit den Beinen,
Dieweil das Auge staunend schon erlischt ...

Der »fromme Wunsch« erfüllte sich nicht. Am 20. November 1976, fünf Wochen vor seinem 80. Geburtstag, erlitt Zuck einen leichten Schlaganfall, erholte sich aber bald so weit, daß er nach »der besten Flasche Bordeaux aus dem Keller« verlangte. Der zweite Schlag traf ihn Anfang Dezember, und man brachte ihn ins Spital. Der dritte Anfall, am Silvesterabend, verdammte ihn zur sprachlosen Bewegungsunfähigkeit. Im Spital von Visp wurde er am 18. Januar 1977 von seinen Leiden erlöst.

Liccie hat die Umstände von Zucks Tod niemals offiziell preisgegeben. In einer Lebensbeschreibung der »Blätter der Carl-Zuckmayer-Gesellschaft« lesen wir darum auch: »Er starb ... kurz nach seinem 80. Geburtstag im benachbarten Visp an den Folgen eines Sturzes.« Da drängt sich augenblicklich das Bild des passionierten Bergwanderers auf, der, es kann ja passieren, wenn man bereits achtzig ist, auf gerölligem Felspfad ausgleitet, schwer verletzt ins »benachbarte Visp« transportiert wird und dort sein Leben aushaucht. Allerdings war Zuck nach seinem ersten Schlaganfall einmal gestürzt, aber nicht in der freien Natur, sondern in seinem Schlafzimmer.

Wir können es eben nicht ertragen, unsere Idole und die Menschen, die wir am meisten lieben, dem körperlichen Verfall preisgegeben zu sehen wie andere Sterbliche auch – schon gar nicht, wenn es sich um einen Mann von derartiger geistiger Potenz und körperlicher Vitalität wie Carl Zuckmayer handelt.

Welch eine Gnade, daß Liccie nicht voraussehen konnte, wie erbarmungswürdig dermaleinst ihr eigenes Ende sein würde.

Nach dem Tod ihres Mannes wurde Liccie mehr denn je von hektischer Betriebsamkeit befallen. Ein Jahr lang war sie fast ständig unterwegs, verließ (floh?) das Haus in Saas Fee, um sich der Aufarbeitung des umfangreichen literarischen Erbes von Carl Zuckmayer zu widmen. Zwischendurch besuchte sie Kinder und Enkel in Wien und New York.

Nach einem Jahr wurde sie ruhiger, zunehmend stiller. Noch einmal blühte sie zu funkelnder Lebhaftigkeit auf, als die Heimat ihres Mannes ihr den 80. Geburtstag ausrichtete. Alle Verwandten, alle Freunde versammelten sich im Mainzer Schloß zum Gala-Empfang. Gastgeber war der Ministerpräsident von Rheinland-Pfalz, Bernhard Vogel, persönlich. Auch Zucks Geburtsort Nackenheim stand nicht nach, alles war auf den Beinen, als die Witwe des berühmtesten Sohnes erschien – als »Alice von Wallis« nun schon selbst eine wohlbekannte Persönlichkeit.

Auch später noch, als ihre Angehörigen längst begriffen hatten, daß Liccie immer älter wurde, aber längst nicht mehr die alte war, lief sie zu voller Größe auf, wenn es um Interviews oder Fernsehauftritte ging. Anschließend fiel sie um so mehr in sich zusammen. Ihr einst brillanter Geist verabschiedete sich sozusagen aus dem Heute und wandte sich immer mehr dem Gestern zu, um zuletzt ganz die Orientierung zu verlieren. Viereinhalb Jahre lang war die einstmals so sprühende Liccie ein armer Pflegefall im Spital in Visp, wo sie am 11. März 1991, kurz vor ihrem 90. Geburtstag, starb.

Literaturverzeichnis (Auswahl)

Ayck, Thomas: Zuckmayer, Reinbeck 1993
Bauer, Arnold: Carl Zuckmayer, Berlin 1970
Baeumer, Gertrud: Eleonora Duse, Tübingen 1958
Berdrow, Otto: Frauenbilder aus der neueren deutschen Literaturgeschichte, Stuttgart o. J.
Byron: Briefe und Tagebücher, Frankfurt am Main 1960
Castle, Eduard: Lenau und die Familie Löwenthal, Leipzig 1906
Gazetti, Maria: Gabriele d'Annunzio, Reinbeck 1989
Germain, André: La vie amoureuse de d'Annunzio, Paris 1954
Gray, Austin: Teresa – the story of Byron's last mistress, London 1948
Hammer, Jean Pierre: Lenau, Paris 1987
Herdan-Zuckmayer, Alice: Das Kästchen, Frankfurt am Main 1962
Herdan-Zuckmayer, Alice: Das Scheusal, Frankfurt am Main 1996
Herdan-Zuckmayer, Alice: Die Farm in den grünen Bergen, Wien 1947
Herdan-Zuckmayer, Alice: Genies sind im Lehrplan nicht vorgesehen, Frankfurt am Main 1981
Hirschfeld, Georg: Lord Byron, Wien – Leipzig o. J.
Imseng, Werner: Carl Zuckmayer in Saas Fee, Zürich 1983
La Varende, Jean de: Flaubert, Hamburg 1996
Lamb, Caroline: Glenarvon, London 1995
Lottmann, Herbert: Flaubert, Frankfurt am Main – Leipzig 1992
Minckwitz, F. (Hg.): Nikolaus Lenau und Sophie von Löwenthal, Weimar 1963
Manchester, Sean: Mad, bad and dangerous to know, London 1992
Marshall, Dorothy: Lord Melbourne, London 1975
Maurer, Doris: Eleonora Duse, Reinbeck 1988
Müller, Hartmut: Lord Byron, Reinbeck 1992
Mickel, Gunther, und Weiß, Ulrike: Marbacher Katalog (Ausstellung anläßlich des 100. Geburtstags von Carl Zuckmayer), Marbach 1996
Plessix-Gray, Francine de: Was wir träumen, wenn wir lieben. Das Leben der Louise Colet, München 1995.
Resnevic-Signorelli (Hg.): Eleonora Duse – Briefe, Gütersloh 1952
Rheinhardt, Alfons: Das Leben der Eleonora Duse, Berlin 1943
Rhodes, Anthony: The Poet as superman, London 1959

Sadger, Isidor: Aus dem Liebesleben Nikolaus Lenaus, Wien 1909
Schoenig, Heinz: Ludwig Ritter von Koechel, Wien 1957
Schurz, A. X.: Lenaus Leben, Stuttgart 1855
Vogelsang, Hans: Carl Zuckmayer, Leben und Werk, Wien 1967
Vogelsang, Hans: Nikolaus Lenaus Liebestragödie, Wien 1952
Vorbeck, Daniele: Die Darstellung der Frau aus der Sicht des Supremo Gabriele d'Annunzio, Wien 1987
Wagener, Hans: Carl Zuckmayer, München 1983
Weaver, William: Duse – a biography, London 1984
Zauner, Erich: Muse oder Antimuse, Wien 1990
Zuckmayer, Carl: Als wär's ein Stück von mir, Frankfurt am Main 1994

Bildnachweis:

Agence photographique de la réunion des musées nationaux, Paris/ Châteaux de Versailles et de Trianon (© Photo RMN – Gérard Blot): S. 137 links; Archiv Maria W. Guttenbrunner-Zuckmayer: S. 229 beide, S. 271 (Foto: Wolfgang Isser); Bildarchiv der Österreichischen Nationalbibliothek Wien: S. 17 beide, S. 39 beide, S. 91 oben, S. 137 rechts, S. 171, S. 191 beide; aus: Berdrow, Otto: Frauenbilder aus der neueren deutschen Literaturgeschichte, Stuttgart o.J.: S. 91 unten, beide; Schiller-Nationalmuseum/Deutsches Literaturarchiv, Marbach: S. 237 (Foto: Lotte Jacobi).

In jenen Fällen, in denen die Bildrechte nicht geklärt werden konnten, bleiben berechtigte Ansprüche gewahrt.

SERIE PIPER

Biographien

Thea Leitner
Habsburgs verkaufte Töchter
*272 Seiten mit 16 Abbildungen.
SP 1827*

Thea Leitner bringt in ihrem Bestseller eine unbekannte Seite der europäischen Geschichte zur Sprache, nämlich die Biographien Habsburger Prinzessinnen, die schon im Kindesalter der Politik verschrieben wurden. Obwohl von Kindesbeinen an über sie verfügt wurde, waren sie als erwachsene Frauen keineswegs passive Opfer ihrer Herkunft.

Habsburgs vergessene Kinder
*288 Seiten mit 34 Abbildungen.
SP 1865*

Thea Leitner verfolgte die Spuren von Nachkommen des Erzhauses, die von der Geschichtsschreibung bislang kaum beachtet wurden. Dabei stieß sie auf Menschen »mit ihren Ängsten und Leidenschaften und Verstrickungen, ihren heroischen Höhepunkten und ihren abgrundtiefen Nöten«.

Skandal bei Hof
Frauenschicksale an europäischen Königshöfen. 320 Seiten SP 2009

Vor dem Hintergrund europäischer Politik eröffnen diese erschütternden Tragödien ein Gesellschaftsbild, das die Skandale heutiger gekrönter Häupter als harmlose Geschichten erscheinen läßt.

Die Männer im Schatten
An der Seite berühmter Herrscherinnen. 260 Seiten mit 35 Abbildungen. SP 2324

Mit kriminalistischem Spürsinn folgt Thea Leitner dem Leben der Ehemänner berühmter Frauen: Maria Stuart, Katharina die Große, Maria Theresia und Queen Victoria. Sie beschreibt anschaulich, unterhaltsam und kenntnisreich die zu Nebenrollen verdammten Männer und wirft damit ein neues Licht auf die Biographien der berühmten Frauen.

Fürstin, Dame, Armes Weib
*Ungewöhnliche Frauen im Wien der Jahrhundertwende.
352 Seiten mit 38 Abbildungen.
SP 1864*

Biographien

Brigitte Hamann
Elisabeth
Kaiserin wider Willen. 660 Seiten mit 57 Fotos. SP 2990

Das übliche süße Sisi-Klischee wird man in diesem Buch vergeblich suchen: Elisabeth, Kaiserin von Österreich, Königin von Ungarn, war eine der gebildetsten und interessantesten Frauen ihrer Zeit: eine Königin, die sich von den Vorurteilen ihres Standes zu befreien vermochte. Häufig entfloh sie der verhaßten Wiener »Kerkerburg«, weil sie nicht bereit war, sich von den Menschen »immer anglotzen« zu lassen. Statt dessen war sie monatelang auf Reisen, lernte Sprachen und trieb – im Rittersaal der Hofburg! – Sport. Schon vor dem Attentat war sie eine legendäre Figur geworden.

Meine liebe, gute Freundin!
Die Briefe Kaiser Franz-Josephs an Katharina Schratt aus dem Besitz der Österreichischen Nationalbibliothek. Herausgegeben und kommentiert von Brigitte Hamann. 560 Seiten mit zahlreichen Abbildungen. SP 2228

Rudolf
Kronprinz und Rebell. 534 Seiten mit 35 Abbildungen. SP 800

»... ein Buch, das keineswegs nur historisch interessierte Leser fesseln kann, sondern auch eine reiche Fundgrube für psychologisch Interessierte bedeutet, weil Rudolfs späteres unglückliches Schicksal hier ganz klar und eindeutig aus den katastrophalen äußeren Umständen seiner Kindheit und Erziehung erklärt wird.«
Wochenpresse, Wien

Kronprinz Rudolf »Majestät, ich warne Sie...«
Geheime und private Schriften. Herausgegeben von Brigitte Hamann. 448 Seiten. SP 824

Diese Schriften geben einen aufschlußreichen Einblick hinter die Kulissen der k.u.k. Monarchie.

»Hier kommt der Kronprinz unmittelbar zu Wort... Es spricht ein erschütternd wirkender Zeuge für eine sich ausweglos abzeichnende Lage, die der sensible Prinz offenbar schon sehr früh erkannt hatte und nicht ändern konnte.«
Die Presse, Wien

SERIE PIPER

SERIE PIPER

Biographien

Dirk Van der Cruysse
»*Madame sein ist ein ellendes Handwerck*«
Liselotte von der Pfalz – eine deutsche Prinzessin am Hofe des Sonnenkönigs. Aus dem Französischen von Inge Leipold. 752 Seiten. SP 2141

Ein unvergleichliches Bild ihrer Zeit hat Liselotte von der Pfalz in ihren 60000 Briefen hinterlassen. In diesen Universalreportagen beschreibt sie ihr Leben am Hof ihres Schwagers, des Sonnenkönigs Ludwig XIV., freimütig, spöttisch, oft derb. Die Intrigen und Ränkespiele, die politischen Krisen und die glänzenden Feste bei Hof fanden in »Madame«, der Tochter des Kurfürsten Karl Ludwig von der Pfalz, eine kluge und geistreiche Beobachterin.

»Van der Cruysses Werk berichtet so frisch, wie es seinem Objekt zukommt.«
Die Zeit

»Dirk Van der Cruysse gelang es in bravouröser Weise, diese ungewöhnliche Frau zu rehabilitieren.«
Die Welt

Helga Thoma
»*Madame, meine teure Geliebte...*«
Die Mätressen der französischen Könige. 251 Seiten mit 11 Porträts. SP 2570

Die Herrscher des 17. und 18. Jahrhunderts konnten zwar ungehindert Kriege führen, Abgaben eintreiben und Schlösser bauen, beim Heiraten aber mußten sie sich der Staatsräson beugen: Fürstenehen hatten den dynastischen Erfordernissen zu entsprechen, der Repräsentation zu dienen und Thronerben hervorzubringen. Fürs Herz hielten sich insbesondere die französischen Könige Mätressen: geistreiche, schöne, sinnliche Frauen, die mit Intelligenz und diplomatischem Geschick erheblichen Einfluß auf die Staatsgeschäfte der Monarchen gewannen. Daß sie keineswegs nur genußsüchtige, eitle und verruchte Geschöpfe waren, zeigt Helga Thoma in sieben Porträts berühmter Mätressen der französischen Könige, und sie bricht eine Lanze für diese Frauen, die beim Volk verhaßt, aber bei Hof von großem Einfluß waren.

Biographien

Martha Schad
Bayerns Königinnen
407 Seiten mit 4 Abbildungen.
SP 2569

Über die aus dem Hause Wittelsbach stammenden Monarchen gibt es zahlreiche Veröffentlichungen. Doch wer waren die Frauen an der Seite dieser kunstsinnigen Herrscher? Bayerns Königinnen stammten alle aus führenden Dynastien Europas, waren schön und hochgebildet. Sie wirkten vor allem in ihren Familien, engagierten sich aber auch auf sozialem und kulturellem Gebiet, sie förderten Toleranz, Frömmigkeit und Liberalität im jungen Königreich, erlebten politische Niederlagen genauso wie privates Glück. Für ihre biographischen Studien zog Martha Schad bisher unerschlossene Briefe und Tagebücher aus dem Geheimen Hausarchiv der Wittelsbacher heran und schildert eindrucksvoll und kurzweilig das öffentliche und private Leben der bayerischen Herrscherinnen.

Kaiserin Elisabeth und ihre Töchter
201 Seiten mit einunddreißig Farb- und achtundzwanzig Schwarzweißabbildungen.
SP 2857

Einundzwanzig Salutschüsse kündigten 1855 die Geburt von Erzherzogin Sophie von Österreich an, der ersten Tochter des österreichischen Kaiserpaars Elisabeth und Franz Joseph. Ein Jahr später wurde Erzherzogin Gisela geboren. Als nach dem plötzlichen Tod der gerade zweijährigen Sophie endlich der ersehnte Thronfolger Rudolf zur Welt kam, war die Freude am Hof und beim Volk überwältigend. Zehn Jahre später folgte Marie Valérie, der erklärte Liebling von Mutter Elisabeth, der kleine Sonnenschein am Kaiserhof. Martha Schad schöpft für diese Familienchronik wie eine intime Freundin aus dem privaten Fundus der Kaiserfamilie. Anhand von Briefen, Tagebüchern, Gemälden und Photographien folgt sie den Lebenswegen der Töchter der Kaiserin und denen ihrer Nachkommen bis in die Gegenwart.

SERIE PIPER

SERIE PIPER

Biographien

Bruce Seymour
Lola Montez
Eine Biographie. Aus dem Amerikanischen von Renate Sandner. 552 Seiten mit 16 Schwarzweißabbildungen.
SP 2784

Ihre außergewöhnliche Schönheit wurde ihr zum Verhängnis, ihr skandalumwittertes Leben brachte sie in Verruf, ihre Liebschaft mit König Ludwig I. machte sie unvergeßlich: Die gebürtige Irin Eliza Gilbert (1821–1861), die unter ihrem Künstlernamen Lola Montez berühmt wurde, führte ein bewegtes Leben in den Metropolen Europas. Als »spanische Tänzerin« am Münchener Hof eroberte sie 1846 das Herz des bayerischen Königs im Sturm. Ludwig I. war hingerissen von Lolas Feuer, von ihrem Geist und ihrer Schönheit, und er beauftragte den Hofmaler Joseph Karl Stieler mit einem Porträt für seine Schönheitsgalerie. Als Mätresse des Königs in den Adelsstand erhoben, löste sie mit ihrem provozierenden Auftreten und ihrem intriganten Wesen heftige Unruhen in der bayerischen Hauptstadt aus, bis sich der Monarch schließlich gezwungen sah, 1848 die Krone niederzulegen. – Bruce Seymour schildert in seiner Biographie, die sich auf bisher unveröffentlichte Dokumente und den Briefwechsel zwischen Lola Montez und Ludwig I. stützt, das bewegte Leben dieser faszinierenden Femme fatale.

»Bruce Seymour hat mit eminentem Fleiß das skandalöse Lebenskunstwerk und Lügengebilde von Lola Montez auf den Boden unabweisbarer Tatsachen gestellt.«
Süddeutsche Zeitung

Biographien

Joan Haslip
Marie Antoinette
Ein tragisches Leben in stürmischer Zeit. Aus dem Englischen von Christian Spiel. 436 Seiten. SP 1743

Marie Antoinette, jüngste Tochter der österreichischen Kaiserin Maria Theresia, war ein Opfer der Politik. Um einen alten Erbfeind als neuen Verbündeten zu gewinnen, wurde sie völlig unvorbereitet mit vierzehn Jahren an den späteren König Ludwig XVI. verheiratet. Das unpopuläre Bündnis und die Heirat stießen in Frankreich auf bittere Ablehnung. Königin Marie Antoinette war den Intrigen bei Hof nicht gewachsen und geriet schnell ins politische Abseits. Sie übersah die Zeichen der Zeit und beschleunigte die tragischen Ereignisse. Die Französische Revolution bedeutete das Ende der absolutistischen Monarchie, das mit der öffentlichen Hinrichtung des Königspaars besiegelt wurde. Joan Haslip zeichnet ein einfühlsames Bild dieser widersprüchlichen Herrscherin.

Friedrich Weissensteiner
Franz Ferdinand
Der verhinderte Herrscher. 246 Seiten mit 77 Abbildungen. SP 1532

Eine bekannte Figur auf der geschichtlichen Bühne ist Franz Ferdinand vor allem durch seinen Tod. Die Schüsse von Sarajewo haben den Plänen ein gewaltsames Ende gesetzt, die dieser markanteste Kopf der ausgehenden Donaumonarchie für sein Land entworfen hatte.

Die rote Erzherzogin
Das ungewöhnliche Leben der Tochter des Kronprinzen Rudolf. 288 Seiten mit 27 Abbildungen. SP 1527

Reformer, Republikaner und Rebellen
Das andere Haus Habsburg-Lothringen. 320 Seiten. SP 1954

Die »anderen« Habsburger, das sind die Aufklärer und Liberalen im Erzhaus.

Große Herrscher des Hauses Habsburg
700 Jahre europäische Geschichte. 384 Seiten mit zahlreichen Abbildungen. SP 2549

SERIE PIPER

SERIE PIPER

Biographien

Vincent Cronin
Katharina die Große
Biographie. Aus dem Englischen von Karl Berisch. 423 Seiten.
SP 2319

Vincent Cronin porträtiert die schillernde Persönlichkeit der russischen Kaiserin, ihr ereignisreiches Privatleben und ihre großen Leistungen als Regentin – gerade auch bei der Verwirklichung weitreichender Sozialreformen.

Im Jahre 1762 bestieg die deutsche Prinzessin Sophie Friederike von Anhalt-Zerbst in Moskau den Thron der russischen Zaren und wurde Katharina II. Die Geschichte verlieh ihr den Beinamen »die Große«. Bis zu ihrer Thronbesteigung hatten erschreckende Brutalität, derbe Ausschweifungen und Günstlingswirtschaft das Leben am Zarenhof geprägt. Doch dann lenkte Katharina während einer glänzenden Regierungszeit von mehr als dreißig Jahren ihr Land mit politischem Weitblick. Das russische Volk verdankt ihr Reformen in Justiz und Verwaltung, die Verbesserung der sozialen Wohlfahrt und die Neuordnung des Bildungswesens. Katharina die Große war es auch, die 32000 deutsche Bauern an der Wolga ansiedelte und ihnen je 142 Morgen Land gab. Unter Verwendung neuer Quellen korrigiert Vincent Cronin ein falsches Geschichtsbild und läßt vor dem Hintergrund von Katharinas widerspruchsvollem Leben die bewegte Epoche der europäischen Aufklärung und des höfischen Rokoko lebendig werden.

»Cronins Werk ist *das* Musterbeispiel einer geglückten Lebensbeschreibung überhaupt.«
Die Welt

Prinz Roman Romanow
Am Hof des letzten Zaren
1896–1919. Herausgegeben von Prinz Nikolai und Prinz Dimitri Romanow. Aus dem Dänischen von Lothar Schneider. 480 Seiten mit 32 Seiten Abbildungen.
SP 2460

Eine interessante Innenansicht der prächtigen, streng abgeschirmten, fast mystischen Welt der Zarenfamilie.

Biographien

Heinz Ohff

Der grüne Fürst
Das abenteuerliche Leben des Hermann Pückler-Muskau. 327 Seiten mit 30 Abbildungen. SP 1751

Ein luxusverwöhnter, exzentrischer Snob, der Duelle focht und mehr Liebschaften hatte als Casanova; ein Abenteurer, der zu Pferd halb Afrika durchquerte, von höchstem Adel, aber republikanisch gesinnt, begabter Autor, genialer Gartenarchitekt: So jemanden wie den Fürsten Pückler-Muskau hat es im Deutschland des 19. Jahrhunderts nicht noch einmal gegeben.

Ein Stern in Wetterwolken
Königin Luise von Preußen. Eine Biographie. 493 Seiten mit 34 Abbildungen. SP 1548

Heinz Ohff zeichnet in seiner Biographie das Bild einer Frau zwischen Legende und Historie und vermittelt zugleich einen lebendigen Eindruck der damaligen Zeit.

»Ein lesenswertes, kluges Buch.«
Die Presse

Karl Friedrich Schinkel oder Die Schönheit in Preußen
285 Seiten mit 38 Schwarzweiß-Abbildungen. SP 2965

In seinem kurzen Leben hat Karl Friedrich Schinkel die Schönheit Preußens erfunden. Es gibt nichts, was Schinkel nicht gebaut hätte: staatliche Gebäude, Akademien, Kirchen, Kasernen, Repräsentationsbauten. Wer Berlin und Brandenburg heute bereist, stößt überall auf seine Spuren. Der große Biograph Heinz Ohff erzählt mit der ihm eigenen Leichtigkeit Schinkels Leben für und mit der Architektur. Der Bogen spannt sich über eine politisch bewegte Zeit von den Napoleonischen Kriegen bis in die Mitte des 19. Jahrhunderts mit dem Vordringen von Wissenschaft und Technik.

Theodor Fontane
Leben und Werk. 463 Seiten mit 26 Abbildungen. SP 2483

»Diese wunderbare Biographie macht neue Lust auf den Autor Theodor Fontane.«
Brigitte

SERIE PIPER

SERIE PIPER

Richard Friedenthal

Goethe
Sein Leben und seine Zeit.
660 Seiten. SP 248

Richard Friedenthal ist die Gesamtdarstellung des Lebens Johann Wolfgang Goethes vor dem Hintergrund seiner an Ereignissen so reichen Zeit meisterhaft gelungen. Gleich nach ihrem ersten Erscheinen wurde diese geistreiche und lebendige Biographie als Ereignis gefeiert und ist heute ein Standardwerk. Denn Friedenthal war nicht nur ein zuverlässiger Biograph, sondern auch ein Erzähler von hohen Gnaden. Überzeugend und unbefangen schildert er den bürgerlichen Lebenslauf des Genies, eines Menschen, der sich unablässig wandelte und im Kampf auch mit der eigenen Natur sich immer wieder neu verwirklichte. Dabei entfaltet sich das breite Panorama einer Epoche, die – voller Umwälzungen und Katastrophen – einen der Höhepunkte abendländischer Geistesgeschichte darstellt.

»Friedenthal zeigt – verstehend, aber nicht beschönigend, die Dinge, wie sie wirklich sind ... und siehe da, statt zu verlieren, gewinnt der Betrachtete noch an Vielfalt und Plastizität. Der Autor begreift sein Gegenüber als ein Geschichtsphänomen: Nicht der Heroisierte, sondern der Zeitgenosse beschäftigt die Phantasie ...«
Walter Jens

Luther
Sein Leben und seine Zeit.
681 Seiten mit 38 Abbildungen.
SP 259

»Daß Friedenthals Luther-Biographie in einem lebendigen, brillanten Stil geschrieben ist, mit einer erstaunlichen, anschaulich erzählten und dadurch niemals aufdringlichen Kenntnis des ungeheuren historischen Stoffes, versehen mit zahlreichen anekdotischen Einzelzügen, geistreichen Pointen und interessant aufgesetzten Lichtern – das schämt man sich bei einem Autor von dieser Qualität fast zu erwähnen.«
Heinz Zahrnt

»Diese Biographie liest sich so romanhaft fesselnd, sie verführt so unwiderstehlich, im Ozean der Geschichte zu baden, wie dies bisher wohl noch kein Luther-Buch tat.«
Frankfurter Allgemeine Zeitung

Martin Green

Else und Frieda
*Die Richthofen-Schwestern.
Aus dem Amerikanischen von
Edwin Ortmann.
416 Seiten. SP 2323*

Die Schwestern Else und Frieda von Richthofen, Töchter aus altem preußischem Offiziersadel, imposante Schönheiten von hoher Intelligenz und rebellischem Freiheitsdrang, stehen für zwei entgegengesetzte Ausbruchsversuche aus der patriarchalischen Welt ihrer Zeit. Else, Muse der kritischen Intelligenz, lebte ihre verschwiegene Liebesgeschichte mit Max Weber als geistige Partnerschaft aus. Frieda, Idol erotischer Imagination, heiratete D. H. Lawrence. Und für beide war der radikale Freud-Schüler Otto Groß, der gegen die bürgerliche Sexualität, Ehe und Monogamie zu Felde zog, der erste befreiende Liebhaber gewesen. Vor dem Hintergrund der Lebens- und Emanzipationsgeschichte der Richthofen-Schwestern gelingt Martin Green eine der »scharfsinnigsten Analysen der deutschen Sozial- und Geistesgeschichte der letzten hundert Jahre.«

Merkur

Wolfgang Leppmann

Rilke
*Sein Leben, seine Welt, sein Werk.
484 Seiten mit 20 Abbildungen.
SP 2394*

Rilkes Leben war lange in ein fast mystisches Dunkel gehüllt. Mit seinem Hang zur Isolation und gleichzeitig seinem Umgang mit Fürstinnen, Gräfinnen, Herzoginnen, die ihn auf ihre Schlösser einluden und aushielten, gab der »unbehauste Salondichter« viele Rätsel auf. Wolfgang Leppmann verbindet die Stationen und Ereignisse von Rilkes Leben zu einem fast romanhaftem Fresko und ergründet auch seine viel beredten Schwächen, darunter seinen pubertären Snobismus, seinen Mutterkomplex, verbunden mit der Fälschung der Vaterfigur, sein Versagen als Ehemann und Vater, seine Schnorrer-Allüren.

»Farbigkeit und Anschaulichkeit der Darstellung, die breite und stets sorgfältige Wiedergabe des Zeithintergrunds und nicht zuletzt die hohe Lesbarkeit zeichnen das Buch dieses gelehrten, aber gelassenen Erzählers aus.«

Marcel Reich-Ranicki

Vor 100 Jahren, am 10. September 1898, wurde eine Legende ermordet: **ELISABETH** von Österreich. Ihr Kampf gegen Konventionen, ihre Flucht in Phantasiewelten faszinieren bis heute. Johannes Thieles Prachtband zeigt die Bilder ihres bewegten Lebens.

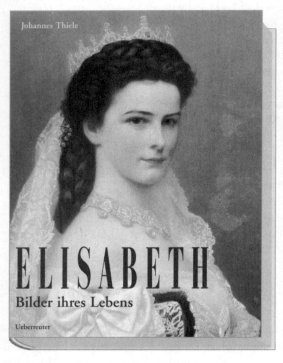

Johannes Thiele • ELISABETH • Bilder ihres Lebens
208 Seiten, Leinen mit SU, durchgehend Farb- und SW-Abbildungen
DM 78,–/S 569,–/sFr 71,– • ISBN 3-8000-3693-2